U0936306

全国乡村振兴优秀案例

中国小康建设研究会　编

人民出版社

编委会成员

江西省上饶市万年县农业农村局

山东省潍坊市临朐县农业农村局

湖北省宜昌市宜都市农业农村局

四川省成都市邛崃市农业农村局

四川省成都市郫都区农业农村和林业局

贵州省毕节市七星关区农业农村局

甘肃省张掖市甘州区农业农村局

东北农业大学现代农业发展研究中心

中国电信集团有限公司

平安银行股份有限公司

京东集团

北京一亩田新农网络科技有限公司

浙江甲骨文超级码科技股份有限公司

河北同福集团

齐全农牧集团股份有限公司

安徽朗坤物联网有限公司

序 言

在 2020 年《全国乡村振兴优秀案例》即将出版发行之际，应中国小康建设研究会之邀代为作序，虽欣然提笔，仍倍感责任重大。

乡村振兴战略是党的十九大提出的一项重大战略。是以习近平同志为核心的党中央着眼党和国家事业全局，深刻把握现代化建设规律和城乡关系变化特征，顺应亿万农民对美好生活的向往，对“三农”工作作出的重大决策部署。党的十九届五中全会进一步提出了到 2035 年基本实现农业现代化的战略目标，做出“优先发展农业农村，全面推进乡村振兴”的战略部署，强调坚持把解决好“三农”问题作为全党工作的重中之重，走中国特色社会主义乡村振兴道路，全面实施乡村振兴战略，强化以工补农、以城带乡，推动形成工农互促、城乡互补、协调发展、共同繁荣的新型工农城乡关系，加快农业农村现代化。2020 年末，习近平总书记在中央农村工作会议上强调，在向第二个百年奋斗目标迈进的历史关口，巩固和拓展脱贫攻坚成果，全面推进乡村振兴，加快农业农村现代化，是需要全党高度重视的一个关系大局的重大问题。全党务必充分认识新发展阶段做好“三农”工作的重要性和紧迫性，坚持把解决好“三农”问题作为全党工作重中之重，举全党全社会之力推动乡村振兴，促进农业高质高效、乡村宜居宜业、农民富裕富足。

2020年，是乡村振兴战略实施的重要结点。乡村振兴的制度框架和政策体系基本形成，各地区各部门乡村振兴的思路举措得以确立，全面建成小康社会取得伟大历史性成就，决战脱贫攻坚取得决定性胜利。中国小康建设研究会能将这个特殊时间段的乡村振兴优秀案例汇编成册，意义非凡。

书中汇编的30个乡村振兴优秀案例来自上海市、河北省、山西省、辽宁省、黑龙江省、江苏省、浙江省、安徽省、福建省、江西省、山东省、湖北省、四川省、贵州省、甘肃省等15个省（直辖市）。案例内容丰富，比较集中地反映了实施乡村振兴战略的丰硕成果，几乎涵盖了乡村振兴的方方面面。有发展特色产业的、有壮大集体经济的、有建设宜居宜旅村寨的、有创新利益联结机制的、有产销对接创品牌的、有农村财务管理的、有互联网交易平台的、有数字乡村建设的、有人才队伍建设的、有乡村振兴示范村创建的、有从贫困村蜕变成旅游示范村的等。案例创新性强，体现了基层单位在乡村振兴实践中不断探索创新的工作热情，理念创新、工作创新、制度创新比比皆是，一些新方法新途径跃然纸上。比如，"城乡等值"政策向村集体"还权赋能"、种业为乡村振兴输入"芯"动力、"田保姆"服务粮食生产、基于区块链技术实现全产业链信息追溯等。这些来自乡村振兴一线的优秀案例鲜活生动、颇具特色，突出做法、突出过程、突出亮点，着重于提出问题、解决问题，通过成效与反响，进行探讨与评论，具有较强的可操作性，值得我们去思考、去学习、去推广。

2021年是实施"十四五"规划和2035年远景目标的开局之年，民族要复兴，乡村必振兴。在"两个大局"背景下，在贯彻新发展理念、构建新发展格局的战略指引下，做好"三农"工作，推进全面乡村振兴，对全面建设社会主义现代化国家具有重要意义。《全国乡村振兴优秀案例》通过总结归纳各地乡村振兴战略实施中的新经验、新成就、新典型、新解法，为各地推进实施乡村振兴战略提供了可学习借鉴、可复制推广的经验，示范引领作用毋庸置疑。

收笔之际，谨向奋战在乡村振兴一线的广大农民、农业工作者以及关心支持“三农”事业的社会各界人士致以崇高的敬意！

第十三届全国人大农业与农村委员会副主任委员　李春生

目　录

中国·上海
SHANGHAI · CHINA
天域·新义田园综合

上海，中华人民共和国省级行政区、直辖市、国家中心城市、超大城市，国务院批复确定的中国国际经济、金融、贸易、航运、科技创新中心。截至 2018 年，全市下辖 16 个区，总面积 6340.5 平方千米，建成区面积 1426 平方千米，常住人口 2423.78 万人，城镇人口 2135.35 万人，城镇化率 88.1%。地处中国东部、长江入海口，东临东海，北、西与江苏、浙江两省相接，位于东经 120° 52′ ~ 122° 12′，北纬 30° 40′ ~ 31° 53′，是国家物流枢纽。春秋战国时期，是楚国春申君黄歇的封邑，故别称“申”。晋朝时期，因渔民创造捕鱼工具“扈”，江流入海处称“渎”，因此松江下游一带称为“扈渎”，后又改“沪”，故上海简称“沪”。

上海被 GaWC（Globalization and World City）发布的 2018 年世界城市体系排名评为“世界一线城市”。上海在科尔尼发布的 2019 年全球城市综合排名中列为世界第 19 位，中国第 3 位。在 2019 年全球城市营商环境指数暨百强城市排行榜中，上海排名世界第 48 位，中国第 4 位。2019 年 10 月 31 日，上海入选首批 5G 商用城市名单。2019 年上海市地区生产总值 38155.32 亿元，按可比价格计算，比上年增长 6%。2019 年 12 月 15 日，荣登年度中国城市品牌前 10 强。

高标准　高质量　稳步推进乡村振兴示范村建设

上海市农业农村委员会

为贯彻落实习近平总书记两次进博会期间考察我市工作的讲话精神，从2018年起，上海分三批开展了70个乡村振兴示范村的创建。日前，浦东新区川沙新镇连民村等28个第二批乡村振兴示范村完成了既定的建设任务，相继通过了区级验收和市级复核，整体成效初显，在推进农民相对集中居住、乡村产业融合发展、乡村基层治理等方面涌现出不少新亮点，通过创建示范村作为乡村振兴主要抓手的理念在上海已深入人心。据问卷调查，28个村3771位村民对乡村振兴示范村创建的满意度达到98.8%。

一、创建情况

从总体看，第二批示范村创建的显示度、示范性、带动性较首批示范村进一步增强，呈现如下特征：一是涉及面广量大。28个示范村分属9个涉农区，近、中、远郊均有分布，村域总面积106.07平方千米，总农户数2.5万户，总人数73849人。二是产业类型多样。形成了特色农业型、产业融合型、生态保护型、休闲旅游型、区域联动型五类创建风格。三是项目领域多元。合计建设项目401个，村均14.3个，涉及农民相对集中居住、基础公共服务设施、生态环境优化、现代都市农业、乡村新产业新业态、发展机制培育等方面。

与首批示范村相比，第二批示范村建设始终践行“人民城市人民建，人民城市为人民”的理念，秉持了“高位推动、部门联动、基层发动、村企互动”的做法，努力做到“五个更加，五个做好”。

（一）更加注重夯实产业，做好富民文章

坚持把产业兴旺作为着力点，各村结合自然禀赋和资源特点明确长远发展方向，做大做强都市现代农业，谋划乡村产业融合发展，促进农民持续增收。

一是打好“特色牌”。既立足传统产品，又开拓新兴市场，持续放大特色效应。浦东新区公平村、大河村立足“一村一企一联合体”，打造农

图 1–1 中国藏红花之乡——崇明区永乐村

产品加工销售产业链，实现带动农民就业增收。崇明区永乐村以打造“中国藏红花之乡”名片为重点，引进社会资本和科研机构，形成以藏红花种植加工为核心的特色产业集群。

二是构筑“产业链”。搭建农业“接二连三”的桥梁，最大限度实现价值溢出效应。青浦区将示范村的农业招商纳入全区整体招商格局，积极招引上海华固、上海佰麟园林等一批影响力大、专业性强的企业扎根当地，实现农业一三产业联动发展。

三是探索“新经济”。28 个村新产业新业态实现 100%植入，提升开发乡村产业融合项目 48 个，发展了 10 余种新业态。宝山区聚源桥村引进安然园艺、一水间等花卉企业，在淘宝网等平台以“直播带货”的方式销售 200 多种多肉花卉，年销售额达 3000 多万元，并开办电商创业指导课和互联网直播培训，帮助村民实现网上售货。浦东新区长达村与盒马鲜生共建“数字盒马村”，打造数字农业示范基地。

（二）更加注重机制创新，做好改革文章

坚持把解决“急难愁”问题作为出发点，通过改革加快释放制度红利，“地、钱、人”等各类要素不断激活。

一是盘活“地”的资源。让各业用地发挥最大价值，筑牢产业之基。嘉定区联一村引入地产集团实行市场化运作，在全市率先探索集体建设用地使用权作价入股，将全村域整建制集中归并节约出的 150 亩宅基地统一调整为集体经营性建设用地用于商业开发。

二是撬动“钱”的价值。引进社会资本参与村庄发展，形成多方共赢的局面。松江区南杨村引进上市民营企业，利用农村集体建设用地入市发展农创、农旅产业和精品客栈等，实现村集体经济净收益 4800 万元。金山区待泾村围绕“花开海上”项目，搭建企业和村集体利益联结机制，确

图 1–2 乡悦华亭新居——嘉定区联一村

定园区门票收入的 10%返还给村集体，生态停车位的全部收益归村集体，流转土地费用比同类土地费用高 5%，园区招工优先招录本村人。

三是激发“人”的活力。加大“筑巢引凤”力度，吸引青年人、高端人才进村入乡安居乐业。奉贤区沈陆村、青浦区徐姚村以镇、村、社会资本合作的方式成立招商平台，统一流转农民的闲置宅基地房屋，打造符合企业需求的乡村人才公寓，促进形成了“一栋房屋一家企业、一栋房屋一群创客”的人才振兴局面。

（三）更加注重突出重点，做好宜居文章

坚持把“牛鼻子”工程作为关键点，农民相对集中居住和乡村风貌塑

造两项重点建设工程着力向示范村聚焦，体现“各炒一盘菜、共摆一桌席”的集成示范效应。

各涉农区在充分尊重农民意愿的基础上，共计完成示范村内农户签约2429户，其中“上楼”的有1798户，占74%；“平移”的有631户，占26%。总体上看，各涉农区的实践实现了“三个集约”：一是实现土地资源集约，各示范村节地率均达到了25%以上，预留了建设用地指标；二是实现资金使用集约，用足市、区两级基础设施配套补贴、节地补贴等多项补贴政策，减少镇级资金压力；三是实现配套设施集约，将有限的资金集中投入到社区服务站、中心卫生室、村民大食堂等少量的设施，打造高品质乡村公共空间。

图1–3 田间茶坊——浦东新区界浜村

示范村以擦亮山水林田湖生态底色为基础，自然环境、村庄肌理、历史文脉实现了重塑和再造，农房建设和风貌管控进一步规范，乡村风貌水平进一步提升。浦东新区以规划建设“大三园”为目标，做优做精做实“小三园”，各示范村以“洁、齐、美”为标准实现宅田路水林统筹建设；嘉定区举办乡村设计大赛，建立乡村规划师人才储备库，形成乡村规划师咨询服务支撑团队，提高了全区乡村建设的质量。

（四）更加注重集群创建，做好带动文章

坚持把提升集聚效应作为落脚点，发挥示范村的辐射带动作用，实现景观集成、产业集成，为加快城乡融合发展奠定基础。

一是实现“连片建设”。化“盆景”为“风景”，促进由示范村向示范镇的转变。宝山区罗泾镇以打造长江口“五村联动”为抓手，建设沪北乡村振兴连片发展示范区，在空间联动上策划多条主题线路，分别做强“一朵花、一对蟹、一袋米、一篮菜、一蒸糕”，让鸡犬相闻的村落邻里呈现整体协同效应。青浦区强化点片面结合，规划重固镇S26北部片区、朱家角镇沈太路片区和练塘镇朱枫公路片区三大乡村振兴示范片区，促进规模联动、功能共享、整体打造，通过集中集聚拓展乡村振兴显示度。

二是实现“联动发展”。注重发挥示范村功能性设施对周边乡村的辐射和服务作用，在改“单兵作战”为“集团发展”方面有新进展。据观察，联动发展有两种类型。第一类是省际联动，例如，金山区山塘村联合毗邻的浙江平湖南山塘村联手打造“明月山塘”项目，搭建长三角乡村振兴农创平台，实现村域管理联防联控，努力把南北山塘村建成风貌统一、彰显特色、优势互补、协同发展的4A级景区。第二类是片区联动，例如，浦东新区连民村做足“四轮驱动”的文章，建立以“民宿+”为核心的产业发展联盟，带动周边9个村共同致富。

（五）更加注重党建引领，做好善治文章

坚持发挥党建在创建乡村振兴示范村中的引领、服务和保障功能，构建三治融合的乡村治理新格局，农民群众的精气神越来越旺，实现了示范村从“要我建”到“我要建”的转变。

一是创新治理手段。发挥农村基层党组织的战斗堡垒作用和团结凝聚群众作用。例如，青浦区在示范村开展“五星四责三色”管理，对村民小组长进行“五星考评”，每季度评选出五星组长 2 名，对出租房屋进行“四责管理”“三色挂牌”，实现村庄长治久安。在示范村建设过程中，引导村民广泛参与。例如，金山区待泾村建立“四员一户一周”轮岗“值日”制度，以埭为基本单位设立环境卫生保洁员、垃圾分类宣讲员、社情民意摸排员、矛盾化解调解员，以户为值日单元，一周为轮值周期，推动村民问题村民调，埭上问题埭上解决。

二是弘扬文明乡风。深入挖掘乡土文化，延续江南水乡气质文脉，提升乡村软实力。例如，闵行区同心村对有百年历史的金氏宗祠进行修缮，打造文化客堂间、新时代文明实践站，不定期地邀请专家学者上门讲学，提升村民文化素养。

三是实行智慧管理。推进平安乡村建设，用信息化技术、网格化手段实现农村长治久安。例如，宝山区、松江区以“雪亮工程”为抓手，推进实施示范村免费 WiFi 全覆盖，配齐门禁系统、高清探头、人脸和车辆识别装置，用“天眼”和“微脑”实现了管理端口前移，案件发生率显著降低，有效提升了村民的安全感。

二、体会启示

第二批 28 个乡村振兴示范村创建克服了新冠肺炎疫情、不利气候等因素的考验，回顾一年来的历程，创建之所以取得成功，我们有五方面的体会：

一是领导重视是关键。全市上下贯彻落实“五级书记”抓乡村振兴的要求，建立“一把手”工程的领导体制。

二是健全机制是保障。各涉农区建立“挂图作战”的工作机制，在镇设立指挥部，在村设立工作组，销项式完成建设任务。

三是形成合力是支撑。各涉农区选派规划、建设等专业人员驻村现场指导，聚焦人力、物力、财力，统筹各条线资源，做到“多个渠道蓄水，一个龙头放水”。

四是创新方式是动力。市、区两级有关部门开辟绿色通道，创新采用可容缺审批方式，构建“并联式”项目审批机制，确保按照时间节点高质量完成建设任务。

五是村民参与是根本。在村党组织的发动和带领下，村民参与创建的主动性和积极性有了明显提高。

下一阶段，上海将持续深化已建示范村的建设成果，提炼推广创建过程中的好经验、好做法，努力解决短板和瓶颈问题，着力推进两方面的工作：一是积极探索将“美丽风景”转化成“美丽经济”的有效途径，使示范村健康可持续发展；二是积极探索打造乡村振兴示范片区、示范镇，使“盆景”转化成“风景”，努力使我市的乡村振兴工作实现新突破，创造新成果，形成新特色。

河北·迁安
QIAN’AN · HEBEI

迁安市位于河北省东北部，总面积1208平方千米，总人口77.8万人，1996年撤县设市，辖17个镇、4个街道办事处、534个行政村。先后获评全国文明城市、国家卫生城市、国家园林城市、中国宜居城市，是国家海绵城市、智慧城市创建单位，位居全国新型城镇化质量百强县市第12位。

近年来，迁安市围绕乡村振兴“产业兴旺、生态宜居、乡风文明、治理有效、生活富裕”二十字总要求，高标准规划、高质量推进，建成省级美丽乡村15个，打造了“红峪口长寿村”“徐流口豆香小镇”“东高庄草莓小镇”等一批独具田园风光的美丽乡村特色品牌。2015年、2016年度，连续获评河北省美丽乡村建设先进县（市）；2017年度获评中国美丽乡村建设示范县（市）；2018年、2019年度，连续获评河北省实施乡村振兴战略实绩考核先进单位。2020年1月，市委六届六次会议提出，利用两年时间，投资10亿元，补短板、强基础、壮实力，打造“全国有位置、全省第一流”的乡村振兴“迁安样板”。目前，已完成投资5.06亿元，建设“五化”样板村100个，2021年计划投资5亿元，全面补齐农村基础设施短板，打造精品路线，实现全域秀美。

补短板　强基础　壮实力　打造全国有位置、全省一流的乡村振兴“迁安样板”

河北省迁安市农业农村局

近年来，迁安市按照中央、省、唐山市部署，从全局和战略高度把握和处理工农关系、城乡关系，向改革要动力、依改革激活力、靠改革增红利，探索了以工补农、以城市反哺农村的城乡融合发展之路，打造了全省一流的乡村振兴“迁安样板”。

一、背景与起因

农业农村农民问题是关系国计民生的根本问题，随着工业化步伐的不断加快，解决好这一问题显得更为紧迫和重要。党的十九大作出了推进乡村振兴的战略部署，为我们明确了目标、指明了方向。迁安市经济发达，城镇化水平高，但城乡二元结构依然存在，针对自身特点，因地制宜、因情施策，采取切实可行的举措，建立完善乡村振兴推进机制和模式，不断提高村民在产业发展中的参与度和受益面，彻底解决农村产业和农民就业问题，确保群众长期稳定增收、安居乐业。

二、做法与经过

（一）注重顶层设计、坚持高标定位，努力实现全国有位置、全省一流

市委市政府将乡村振兴工作作为“一把手”工程，并列入七项重点工作，主要领导定期召开调度会，听取工作进展情况，分析存在问题，安排部署下步工作，把乡村振兴的“设计图”变成“施工图”。一是持续投入。注重谋划先行，靶向投入，构建“多个渠道引水、一个龙头放水”的资金整合投入机制，化“零钱”为“整钱”，统筹使用各级“三农”资金28亿元，同比增长10.2%，占总支出比重31.8%，比上年提高0.9个百分点。其中本级投入资金16.5亿元，同比增长12.6%。另落实抗疫特别国债24583万元，用于全市人居生态环境整治、污水处理厂、小区改造提升、垃圾焚烧发电和困难群众保障等方面，实际投入超30亿元，高标准推进“三农”领域各项重点工作。二是专班专责。成立市委书记任组长的农村工作领导小组，下设办公室，农业农村局党组书记任办公室主任、局长任副主任，局内单独设立农办秘书科，负责日常工作。同时，抽调精干力量，成立分管市领导任部长的市乡村振兴项目部（50人），下设“一办七专班”；纵向成立镇街党政“一把手”挂帅的5人乡村振兴工作专班，横向成立31个责任部门协调配合的乡村振兴推进专班，全市上下形成统筹协调、密切配合、共同推进的工作局面。三是挂图作战。按照有目标、有重点、有措施、有完成时限的要求，形成了“1+10”政策体系及“2+5+4”年度目标任务体系，制定任务清单、时间表，挂图作战、有的放矢，确保各项目标任务有人干、干得好。四是督导问效。整合市委市政府督查室力量，结合乡村振兴各项任务指标和时间节点安排，统一调度指挥、集中开展督导检查，定期梳理工作进度，持续跟踪问效，每月对任务完成情况进行评价

图 2-1　中国好人——“嫂娘”杜玉茹

打分，奖优罚劣，切实做到有推进措施、有牵头部门、有责任领导、有监督问责，确保各项工作任务圆满完成。五是全域提升。在全市农村基础现状调查的基础上，建立唐山市乃至全省首个乡村振兴大数据平台，并逐村绘制“一村一图”，涵盖产业兴旺、生态宜居、乡风文明、治理有效等内容，开启乡村振兴智慧化、数字化的新时代。今明两年，我市计划投资 10 亿元，对全市所有村庄“五化”建设进行全面提升，全力打造“全国有位置、全省一流”的乡村振兴“迁安样板”。

（二）注重全域统筹，坚持规划引领，全力做到一张蓝图绘到底久久为功

迁安市作为首批全省城乡总体规划编制试点，率先编制了全省第一批实用性城乡总体规划，把全市 1208 平方千米作为一个整体，规划为包括 1 个中心城区、3 个城镇组团、38 个新型农村社区、48 个特色保留村的“1—3—38—48”四级城镇体系。按照“全域覆盖、全要素管控”的原则，编制了迁安市“多规合一”总体规划，实现全市一本规划、一张蓝图，为全市城乡发展与建设奠定了坚实基础。在全域布局上，以“三纵一横”4 条绿道为轴线，将全市划分为东南西北中五大片区，北部长城山野绿道片区涉及 4 个镇乡 137 个村，围绕北部长城山野绿道，依托浓厚的历

史底蕴及丰富的自然禀赋，打造长城村落、古韵乡愁；西部森林生态绿道片区涉及4个镇街78个村，围绕西部森林生态绿道，以生态修复为支撑、以山水旅游为引领，打造矿山幽谷、唯美乡情；南部“两高”沿线片区涉及4个镇乡74个村，围绕京哈高速、京哈铁路、津秦客专沿线，重点实施“六三一”工程，打造“短时间、长记忆”的景观廊道；东部滨河田园绿道片区涉及3个镇乡79个村，围绕东部滨河田园绿道，发展高效农业、设施农业，打造休闲观光、多彩田园；中部山水融城绿道片区涉及6个镇街166个村，依托滦河湿地景观，放大旅游城市特质，打造滦河岸边、水墨乡恋。

图2–2　“三区”同建新型社区——马兰社区

（三）注重因地制宜，坚持创新突破，聚力打造乡村振兴“迁安样板”

我市积极探索“以三转促三变”的乡村经济发展之路，通过“转思路、转机制、转动能”，激活要素资源，实现“民居变民宿、田园变公园、矿区变景区”，推进全域乡村振兴。一是矿山修复，“三连”共振。迁安依矿而起，因钢而兴，鼎盛时期矿山企业多达735家，经济由此迅猛发展，但14.8万亩废弃矿山日益成为心头之痛。2019年，我市把矿山修复作为转型发展的突破口，计划投资49.1亿元，采取国有工矿废弃地治理、固废资源利用、土地整治复垦、矿山修复绿化、矿山存量再开发五种模式，进行全域整治。金岭矿山公园利用民间资本8.5亿元，借鉴加拿大布查特矿山公园的经验，致力打造“中国矿山生态修复文化旅游目的地”；棒磨山现代农业产业园利用复垦土地，建设集农业综合开发、生产经营、游览观光等功能于一体的生态休闲农业示范园；利合耕养项目将废弃矿坑与先进的养殖模式相结合，其基于浮动式循环水养殖模式填补了省内空白。在此基础上，独创景村连体、园民连利、绿富连兴的“三连”机制，辐射周边

图 2–3　金岭矿山生态修复及旅游观光项目

图 2–4 桃源花海——亚滦湾现代农业项目

201个村在劳动力输出、业态运营、农产品销售等方面全流程对接，一体化发展。二是休闲旅游，强村富民。围绕“农”字下功夫，突出农村天然、朴实、绿色、清新的环境氛围，强调天趣、闲趣、野趣，分层次开发建设休闲农业与乡村旅游产品，建设系列休闲农业与乡村旅游示范区，构建休闲农业与乡村旅游精品体系。形成涵盖传统观光农业游、都市科技农业游、休闲度假农业游、自然生态游和民俗农家乐游的五大品牌。拥有全国休闲农业与乡村旅游示范点1家，全国休闲农业与乡村旅游星级企业（园区）6家，河北省星级休闲农业园区、采摘园2家，辐射周边144个村，实现村有特色产业、户有致富门路、人有增收能力。三是现代农业，示范引领。以生态、高效、富民为主线，构建“三区、四带、五业、六优”（三区，即都市农业区、休闲农业区、高效农业区；四带，即休闲农业经济带、建彭路沿线高效生态农业经济带、万太路沿线地质及文化休闲旅游经济带、新三抚路沿线生态农庄旅游农业经济带；五业，即绿色种养业、农产品加工业、现代园区农业、休闲观光农业、现代农业服务业；六优，即奶牛、生猪、干鲜果品、蔬菜、花生、食用菌等特色优势产业）的发展格局。发挥亚滦湾、乐丫、乡伊香等园区、龙头企业的引领示范作用，现代农业快速发展。迁安板栗、迁安桑皮纸等产品享誉全国，辐射周边216个村，村民再就业，离土不离乡。四是全民就业，劳务增收。全市现有市场主体近8万家，就业岗位丰富，培训体系完备，就业培训“点对点”、传授知识“面对面”、专业设置“人对人”全市33万有劳动能力的农民，80%在二三产业就业，户均达到1.5人。2019年，农村居民人均可支配收入25418元，位居全省榜首。

三、成效与反响

通过乡村振兴战略的实施，迁安市农业产业、农村面貌、农民生活发生了翻天覆地的变化。一是产业兴旺。迁安市通过深化农业产业结构调整，农业产业再次燃起生机活力，形成了“三区、四带、五业、六优”的发展格局。二是乡村美丽。迁安市在开展美丽乡村、美丽庭院创建活动的同时，将国家文明城市创建理念和成果向农村延伸，内外兼修、表里如一，农村面貌焕然一新，真正实现了“人美、院美、室美、厨厕美、村庄美”，被评为“全省农村人居环境整治全域完成示范县”，万宝沟村被评为“全国环境整治示范村”，白羊峪村入选“河北不得不访的十大美丽乡村”。三是农民富裕。迁安市通过产权制度改革、土地入股等，使农民变股民；多点发力、多措并举转移农村劳动力，使全市33万有劳动能力的农民实现全部就业，农民在得到股权收益的同时，还能获得更多工资性收入。2019 年，农村居民人均可支配收入 2.5 万元，位居全省榜首，高于全省平均水平 1 万元。

图 2–5　长城脚下的村落——白羊峪村民宿

四、探讨与评论

一是要强化党的领导。坚持以党建为纲是我们取得一切工作胜利的法宝，乡村振兴是我们党对农村工作的战略部署，是深入践行全心全意为人民服务宗旨的具体体现，且工作涉及内容多、涵盖范围广、情况复杂，迁安市各级党组织书记负总责，统筹推进本区域乡村振兴工作，为圆满完成各项任务提供了坚强的组织保障。实践证明，必须把加强党的领导贯穿始终。二是要坚持以人为本。“三农”问题的核心是农民问题，农民生产生活稳定，很多问题便迎刃而解。迁安市围绕农民需求，坚持以问题为导向，大力度改善农村生产生活环境，千方百计拓宽农民就业增收渠道，为推动乡村振兴打下了坚实的群众基础。三是要坚持因地制宜。农村情况千差万别，落实乡村振兴战略过程中，迁安市不搞一刀切，无论是在推进人居环境整治、基础设施建设，还是产业振兴、富民增收等方面，坚持因地制宜、因情施策，注重差异化发展，各美其美，具有很强的示范意义。四是要发挥主体作用。农民是乡村的主人，是乡村振兴的最大受益者，在工作中，迁安市注重发挥农民主体作用，变授之以鱼为授之以渔，积极引导从业就业，增强自身致富能力；人力、物力、财力优先向有干劲、干得好的村倾斜，充分调动和激发广大农民的热情，积极投身环境整治和基础设施建设，实现由“要我干”到“我要干”的转变。

山西·寿阳
SHOUYANG · SHANXI
黑水
HEISHUI VILLAGE

寿阳地处太原、晋中、阳泉三地之间，总面积2110平方千米，辖7镇7乡、2个城区管委会、8个社区、163个行政村，总人口近22万人。各级基层党组织749个、党员16770人。

区位交通优势明显。石太铁路、太旧高速、307国道、339国道及216省道横贯全境，素有三晋"金三角"和山西"旱码头"之称。

矿产资源禀赋突出。煤炭地质储量98亿吨，是全国重点产煤县。有16座矿井，总产能2520万吨。石灰岩地质储量100亿吨，有石灰岩生产企业11家，年生产规模320万吨，是太原周边最主要的建筑石料供应地。

农业基础得天独厚。拥有耕地104万亩，人均耕地6亩。年产粮食7亿斤、蔬菜40万吨，是全国粮食生产先进县、全国无公害蔬菜基地县、山西省优质杂粮生产基地县、全省有机旱作农业示范县。

自然气候特色鲜明。地势隆起，四面环山，平均海拔1200米左右。拥有方山国家森林公园、鹿泉山省级森林公园，林木覆盖率39.4%。夏季平均气温17℃，是华北地区重要的消夏避暑胜地。

历史文化源远流长。至今已有2500多年历史，是中国寿星文化之乡、寿文化研究基地，是清朝"三代帝王师"祁寯藻乡梓，刘胡兰式女英雄尹灵芝的故里，国家级传统村落13个。

2019年，寿阳地区生产总值完成125.23亿元，增长4.1%；规模以上工业增加值完成64.19亿元，增长1.1%；固定资产投资完成40.47亿元，增长30.9%；社会消费品零售总额完成32.97亿元，增长8.6%；一般公共预算收入完成12.72亿元，增长11.6%；城镇常住居民人均可支配收入完成36865元，增长6.6%；农村常住居民人均可支配收入完成15040元，增长10.2%。

乡村振兴战略视角下的“黑水路径”

山西省寿阳县农业农村局

实施乡村振兴战略是新时代“三农”工作的总抓手。我们以平头镇黑水村为典型示范，专门组建调研组对我县乡村振兴实施情况开展了专项调研，对好的做法经验以及存在的问题进行了深入分析，对黑水村发展的路径进行了深入探讨，形成了四方面的理性思考。

一、从旧貌到新颜——黑水村的历史及现状

黑水村位于山西省晋中市寿阳县平头镇西侧，鹿泉山下，背靠有20万亩森林覆盖的省级森林公园鹿泉山，旅游公路穿村而过，总面积4.05平方千米，耕地面积4488亩，辖10个自然村，全村373户900余人。该村交通便利，地理位置优越，距太原32公里、榆次25公里，紧邻榆次、太原辖区两大3A级旅游景区，属于太原的半小时经济圈。随着太原东二环高速（鹿泉驿站）、东山隧道建设，到太原车程仅需15分钟。在这样一个区位优越、生态环境得天独厚的古村落，不仅非物质文化遗产项目保留丰富，同时还完好保存了国家级文物保护单位——元代建筑福田寺和国家级非物质文化遗产——傩舞“爱社”，兼具了生态产业特色和历史文化特色，是发展旅游业和避暑度假的上选之地，未来发展潜力巨大。

图 3-1 黑水村福田寺

很长一段时间，由于规划管理滞后，这里的村容村貌和人居环境不容乐观。街道破损、尘土飞扬，环境“脏乱差”明显；民居老旧、散乱无序，房前屋后违建十分普遍。自 2019 年乡村振兴示范廊带建设以来，黑水村将全面整治农村人居环境作为打响乡村振兴第一场硬仗。坚持系统推进、全域整治，坚持因村制宜、分类施策，乡村环境面貌发生了颠覆性改变。现在的黑水村摆脱了过去“脏乱差”的标签，摇身一变，成为“国家森林乡村”和“全国乡村治理示范村”。

不仅仅是黑水村的村庄面貌焕然一新，村民的精神面貌也大为改观。过去黑水村的村民苦于没有出路，只有面朝黄土背朝天，仅靠种植玉米、蔬菜、杂粮等维持生计，年人均收入 6000 元左右，辛苦且收入低。乡村振兴和“五地一产”入市改革成为最关键因素，依托路桥集团苗木基地和物流园区，全村的耕地全部流转，仅此一项人均增收 2700 元，村集体增收 200 万元。村民从土地上解放出来就近打工、发展乡村旅游、成立合作社和公司等，增收渠道更加多样化。目前，村民年人均收入可达 18000 元左右。

二、从生根到结果——“黑水路径”的成功经验

由过去远近闻名的落后村到今天的乡村振兴示范廊带上的一颗明珠，每一处改变都是“黑水路径”的不断探索，我们从中整理出五点成功经验。

（一）坚持因地制宜，坚持规划引领

习近平总书记强调，“要科学把握不同村庄变迁的发展趋势，分类指导，因地制宜，精准施策”。黑水村在改造初期，就专门制定了生态康养体验区、全域旅游先导区、融合发展样板区的多重目标。聘请了国内一流专家团队，编制片区总体规划和生态建设、乡村风貌、产业发展专项规划。秉承“看得见山、望得见水，记得住乡愁”的理念，在原有建筑风格和历史风貌的基础上，采取设计、施工、管理一体总包、整体推进的 EPC 方式，不搞大拆大建，不改变乡村风貌，最大限度保留了区域特色。

（二）坚持全面整治，扮靓乡村颜值

按照县委提出“违建全拆除、旱厕全改造、街巷全硬化、污水全入网、垃圾全收集”和“取暖要清洁、庭院要整洁、网络要连通、空地要绿化、村落要美丽”的“五全五要”标准整体推进。整村累计拆除私搭乱建、小散乱污、有碍观瞻的临时建筑共 27 处 6000 余平方米，做到了违建清零，清理四堆 176 处。完成硬化 2.7 万平方米、污水管网 4100 米、通信管网 4700 米、电力管网 5100 米、自来水 3700 米，新建小景点 11 处绿化面积 3.5 万平方米。实现了垃圾“村收集、乡转运、县处理”，人居环境发生了质的改变。新设计修建的 1986 平方米党群服务中心包括：办公场所、村民议事、

图 3–2 黑水村美丽庭院

游客接待、培训学校、医疗卫生、日间照料、代表联络等主要功能场所，生态宜居的美丽乡村样板村基本成型。

（三）坚持产业带动，提升乡村治理

依托山西交控集团，耕地全部流转给苗木体验基地，每亩每年流转费用 1100 元，流转期限为十年，流转费用一次性兑付农户。广大农户通过土地流转增收创富的同时，从耕地解放出来的富余劳动力为项目方提供苗木种植、养护等务工服务，实现“土地流转 + 务工”的“双增收”，户均增收 3 万余元；针对地处鹿泉山寿星文化休闲度假旅游区核心地带和太原都市后花园的优越区位优势，濒临 307 国道、太原东二环高速、东山隧道的交通优势，鹿泉山森林茂密和苗木绿化基地树木葱茏的生态优势，以及清凉无暑的气候优势，以打造寿阳乡村旅游示范村为目标，大力开发民宿旅游，走出了多渠道带动农民增收，实现乡村产业振兴的新路子。

（四）坚持党建引领，丰富乡村内涵

从强化支部战斗堡垒作用入手，从抓班子建设入手，进一步树立全村上下一盘棋思想。广泛发动全体党员群众参与乡村振兴，以两委干部和党员为基础，将全村所有农户划分为10个网格，整合人力、物力、财力资源，对护林防火、计生、综治、安全进行全面统筹，把群众所需服务带入网格，“零距离”服务群众，把基层管理真正放在网格上，确保治理的科学性和有效性，第一时间推进晋中市二十五条和县十项措施在农村基层的实施。坚持“六化提治”即：数字化编户、信息化监测、多元化服务、动态化管理、差异化考核、民主化监督，以网格化管理提升支部组织力，以信息化支撑提升工作精准度，以经常化入户提升群众亲切感，实现了管理无空白，服务全覆盖。充分发挥了党组织的核心领导作用和党员干部的先锋模范作用，彻底扭转了黑水村多年来全县问题村、矛盾村的负面形象和被动局面，干部群众主动作为、干事创业热情空前高涨。

（五）坚持融合发展，弘扬乡村新风

黑水村先后挖掘整合了国家级非物质文化遗产“傩舞”“耍叉”等，投资600万元新建了集非遗展示、游客服务、党群服务、便民服务等功能为一体的综合服务中心，组织了“农耕主题文化展”“寿阳县非遗文化展”。同时，以新时代文明实践站建设为契机，深入开展道德模范、最美家庭等精神文明创建活动，推动社会治理重心向基层下移，实现了“零上访、零事故、零案件”。规范村级便民服务点，实现了27类54项便民服务“一站式”代办。重新修订完善村规民约，增加了婚事新办、丧事简办、殡葬改革等内容，教育引导群众移风易俗，实现“德治、法治、自治”三治融合。

三、从现在到未来——着眼长远做好黑水发展文章

黑水村在全面推进乡村振兴、建设美丽乡村上下了很大功夫，取得了显著成效。下一步，我们将继续深化乡村振兴各环节工作，立足村情，精准发力，打造全省乡村振兴示范高地。

（一）精心打造鹿泉小镇项目

鹿泉小镇是集生态康养、休闲旅游于一体的经济繁荣、资源节约的特色小镇。积极培育北方乡村特色民宿、精品度假酒店、民俗文化非遗文化传承体验、地方特色美食等内容，形成综合开发型康养产业基地。它是落实晋中市“五地一产”入市改革政策的样板焦点项目，更是作为深化农村产权改革的具体体现来成为乡村振兴的突破口。

所谓“五地一产”就是：集体非承包耕地、林地、四荒地、宅基地、集体经营性建设用地和集体经营性资产。“鹿泉小镇”项目采用的就是通过清理一户多宅、废旧宅基地，整合凋敝村小组，以调整的方式整合集体建设性用地 234.8 亩作为“小镇”建设土地。而能够实现“小镇”可持续发展的重要产业支撑就是位于“小镇”北（黑水村内），与“小镇”无缝衔接、融会贯通的太原东二环高速旅游服务区——“鹿泉驿站”。它既能满足高速公路司乘的休憩休闲购物功能，又为鹿泉山旅游线的过往游客提供休息购物需求，更将成为太原市半小时周末度假休闲生活的卫星区域及辐射寿阳等周边地区的城市休闲综合体。

“驿站”整体采用大面积水域，把主体建筑营造在水域环境，有别于太原其他类似项目的识别度。通过采用大面积玻璃、老料石材的运用装饰，以新中式的建筑手法，融入山西特色人文景观，重点打造传统古建

筑、水中塔影、曲径老桥、观景茶庐等文化建筑元素，整体营造中央文化水景，汇聚人气，传达“康养”理念（豁达、禅静、安宁、养生），藏风纳气。围绕中央水景，周围设置休闲购物、住宿、特色餐饮、中央餐厅、公共卫生间等服务功能区域。环境打造不跟“山西大院”之风，着重提炼山西传统禅意文化精髓，让传统文化与当代生活有机结合，正能量传播山西的人文文化、环境的可持续发展。通过其整体建筑及景观的无缝对接，营造老少兼宜的景观度假式服务区模式，成为未来“鹿泉森林康养小镇”的综合休闲购物区。“鹿泉驿站”服务区与“小镇”融合互补的区位衔接设计将为“小镇”持续引流，为其能够持续发展提供坚实的产业支撑。

“小镇”的运营预计增加黑水村集体经济收入1500万元，同时解决流转土地后，本村及周边村组的闲散劳动力350余人，每年人均可增收3000元、可带动村民增收创富267.6万元。

（二）持续改善农村人居环境

黑水村将继续加大宣传和治理力度，引导广大村民养成良好生活习惯，组织大家开展村庄美化行动、推进厕所革命，针对生活垃圾、旅游污染等拿出切实可行的办法；积极借鉴其他地区的先进经验和管理模式，建立完善农村垃圾处理的长效机制，实现农村垃圾集中处理的全覆盖；同时对农村人居环境整治加大资金投入，逐步完善基础公共服务设施，不断提高村民的幸福感、获得感。

（三）多措并举吸引和培养人才

推进乡村振兴，人才是基本保障。出台相关激励措施，对高学历高素质人才回乡创业放宽政策。要“筑巢引凤”，多方鼓励引导返乡农民工、大中专毕业生、科技人员、退役军人等返乡做“创客”，投身乡村振兴。

要营造“靠环境引人才，用服务留人才”的良好氛围，制定创业等优惠政策，搭牢拓宽人才干事创业平台。要加大本土人才培养扶持力度，制定完善本土人才成长发展机制，充分调动乡村人才的积极性、创造性，发挥乡村人才的技术优势，带动相关产业快速发展。

（四）全量利用集体林地、四荒地

全村共有四荒地面积 600 亩，林地面积 644.232 亩。村集体除 50 亩林地服务在建“鹿泉驿站”项目建设外，将零星可栽植的四荒地和村边的片儿林全量利用进行发展经济林，为下一步林下散养、发展农耕体验经济，开展采摘、农家乐打下基础。

四、从经验到启示——探索乡村振兴的有效之策

当前，全国已经有不少地方就乡村振兴战略作出有益的探索，一批产业兴旺、生活富裕的村镇不断涌现。总结黑水村的成功经验以及启示，实施好乡村振兴要处理好三种关系。

（一）处理好“破”与“立”的关系

一是处理好整治上破与立的关系。黑水村在建“新”时，既保持了村庄原貌，充分尊重乡村的自然机理和历史文脉，把挖掘原生态村居风貌和引入现代发展元素结合起来，又保留了“乡愁”，让美丽宜居乡村不仅有颜值，更有了内涵。二是处理好发展上破与立的关系。坚持特色发展，把农村生态环境保护、乡村环境整治与发展特色民宿经济、优质农产品电子商务、乡村休闲旅游、养生健康结合起来，加快培育乡村产业发展新业态，推动生态资源和生态优势转化为产业优势和农村竞争力。三是处

理好文化上破与立的关系。黑水村拥有国家级、省级非物质文化遗产“傩舞”“耍叉”，在乡村快速发展的同时，更不能在文化传承上掉队。必须要采取群众喜闻乐见的形式开展文化传承保护，让陈旧的文化搭上新时代的快车，焕发出新的光彩。

（二）处理好“内”与“外”的关系

一方面要加强乡村振兴的外部支持。以黑水村为例，山西交控集团的引进，极大地带动了当地产业的发展。但要想持续不断发展，必须要把社会力量参与作为振兴乡村产业的重要助力。另一方面要充分激发乡村自身的内在活力。通过提升农村基层干部、农民群众等建设主体的文化技能素质，促进内生能力成长。

（三）处理好“人”与“无人”的关系

一方面是强化乡村信息化建设。黑水村虽然地理位置得天独厚，但信息化水平偏低，没有真正把整体的联动效益发挥出来。只有大力发展乡村商务经济，打开通道、扩大市场，让更多黑水村的优势资源走出乡村，走向市场，才能保证农村的活力源源不断。另一方面是完善人才队伍建设机制。只有加强人才队伍建设，才能实现科学决策、创新发展，才能强有力地推进乡村振兴战略。积极推动大学毕业生和先富起来的农村能人返乡创业，促进各路人才“上山下乡”投资创业。积极引进国内外有实力的优秀企业和团队，探索多种形式的合作经营模式，推动建立乡村发展多元机制。

辽宁 · 法库

FAKU · LIAONING

法库县隶属于辽宁省沈阳市管辖，位于辽宁省北部，长白山山脉与阴山山脉余脉交汇处，辽河右岸，自然地貌特征为“三山一水六分田”。区域总面积 2320 平方千米，耕地面积 198 万亩。户籍人口 45 万人，21 个民族。辖 17 个乡镇、2 个街道、1 个省级开发区、225 个行政村、17 个社区。

法库县聚焦优势特色产业发展，扎实推动县域经济社会保持良好发展态势。陶瓷建材产业加快发展，拥有产业链条相对完整的现代化陶瓷产业集群，产品远销美、日、韩、俄等 20 多个国家和地区，法库已成为东北亚地区规模最大、影响力最强、市场辐射能力最广的现代化陶瓷产品研发、生产和销售基地。通用航空产业加快集聚，形成了以通航、无人机产业为主体，以现代农业、文旅产业为两翼的“一体两翼”发展格局，先后获得国家级通航产业综合示范区、国内首批国家级航空飞行营地、中国最具投资价值通用航空产业园、辽宁省通用航空高技术产业基地等殊荣。农业产业结构加快调整，十间房通航小镇、大孤家子白酒小镇、叶茂台驴产业小镇等特色小镇建设扎实推进，形成了农村电商“法库模式”，以菲仕兰乳业等为龙头的养殖产业拉动作用持续增强。教育、科技、文化、卫生等各项社会事业蒸蒸日上，文体设施日益齐全，百姓生活富裕幸福，社会大局和谐稳定。法库地区盛产优质大米、无公害蔬菜和葡萄、树莓、辣椒、花生等农产品，是国家首批水果类出口农产品质量安全示范区、全国产粮大县、国家级农产品质量安全示范县。

建设“三优”人才队伍　破解乡村振兴发展难题

辽宁省法库县农业农村局

实施乡村振兴战略，是党的十九大作出的重大决策部署，是决胜全面建成小康社会、全面建设社会主义现代化国家的重大历史任务。事业成败，关键在人。法库县委以人才振兴为基础，通过选优、育优、培优，致力打造一支多元化、全方位的人才队伍，推动乡村全面振兴发展。

一、背景与起因

伴随着时代的变迁，城市化进程的加快，当前农村正处于社会转型关键期，农村青年纷纷奔向城市，尤其法库县距离省会城市沈阳仅 80 余公里，受城市“虹吸”影响更大，导致推动乡村发展所需的各类专业人才越来越少，科技型人才、管理型人才、法律型人才、教育型人才等供需比例严重失衡，由于青年流失，带来的还有农村党员队伍年龄老化、村干部能力不强且后继乏人等问题。例如，目前全县共有农村党员 11926 名，其中 35 岁及以下的仅 1350 名，占农村党员总数的 11.3%；36—45 岁的 1913 名，占农村党员总数的 16%；46—60 岁的 3341 名，占农村党员总数的 28%；61 岁及以上的 5322 名，占农村党员总数的 44.6%，农村缺人气、缺生机、缺活力现象愈演愈烈。俗话说“一马当先才有万马奔腾”，但目前农村人才振兴首先面对的甚至不是人才而是人的问题，那么如何激发现有人才活力，发挥引领示范、带动辐射作用，从而建设一支能够支撑乡村发展的人才队伍，成为法库县委首先破解的难题。乡村振兴关键在党，只有加强党的领导，充分发挥党组织引领作用，对内充分整合资源加强培育，对外不断拓宽渠道注重引进，才是破解人才制约振兴发展难题的"金钥匙"。

二、做法与经过

法库县委以"人才是第一资源"为理念，牢固树立人才优先发展战略，不断加大人才工作的重视程度，坚持以人才振兴推动乡村振兴。

（一）坚持组织引领，积极培育青年党员人才

为破解农村青年人才流失严重、农村党员年龄老化、村干部队伍后继乏人等难题，法库县委于2019年3月在19个乡镇街分别成立青年人才活动中心，同步建立青年人才党支部，将农村优秀青年人才汇聚一起、集中培养、强化锻炼、大胆使用，为村干部队伍注入新鲜血液，调动农村党员积极性，激发农村社会活力，走出了一条人才引领发展的道路。一是坚持选优育优，按照"个人自荐、组织推荐、乡镇选拔、择优吸纳"的原则，重点吸纳致富能手、返乡大学生、外出经商返乡人员、退伍军人加入青年人才活动中心，同时各中心积极与外出优秀青年人才取得联系，建立在外青年人才和党员信息库。二是集中培养强化锻炼，采取"全县统筹、乡镇自主"的方式，通过开展"能力提升""分类培育""导师帮带""顶岗实践""先锋服务""示范引领"六大工程，让青年人才和党员在实践中不断锤炼党性修养、提升能力本领。三是强化激励保障，县委组织部制定《法库县青年人才活动中心和党支部考核细则》，进行半年和年末考核，根据

工作开展情况从党费中拨付不同数额的专项活动经费，用于支持支部和中心建设，2020 年共投入资金 14 万元，同时对表现突出的 6 名青年人才和 3 名优秀青年党员进行宣传报道。经过一年的培养锻炼，目前全县各中心共汇聚培养优秀青年人才 1111 名，其中青年党员 405 名，培养入党积极分子 63 名，新发展党员 42 名。

（二）优化服务管理，引进和派驻干部型人才

法库县共有选派干部 312 人，其中省派干部 17 人、市派干部 84 人、县派干部 193 人、6 个省市驻村工作队 18 人，派驻到乡镇 67 人，派驻到村任第一书记 233 人，驻村工作队队员 12 人。县委高度重视选派干部这支乡村人才队伍，寓管理于服务之中，通过思想上重视、生活上关心、工作上支持，为选派干部打造干事创业环境。一是强化制度保障，制定了《法库县选派到乡村工作干部管理办法（试行）》，明确选派干部的职责任务、日常管理、年度考核、激励约束及工作保障等内容。二是坚持沟通交流，定期召开全县选派干部自我管理组会议，以“拉家常”形式互动交流，随时了解选派干部的思想动态、工作进展和生活状况。2020 年 1 月 9 日、10 日分三次组织召开省派干部座谈会，同省派干部们共同研究驻村工作规划，详细了解他们在工作生活上的需求，保证选派干部留得下来、沉得下心、干得用心。三是注重正向激励，对工作表现好、能力强的选派干部提供更加广阔的平台，两年来共选拔 19 名同志到乡镇街挂职副乡镇长，其中市派干部 17 人、县派干部 2 人。选派 17 名同志到乡镇任党委第一副书记，其中省派干部 5 人、市派干部 11 人、县派干部 1 人。

（三）精心搭建平台，引进和培养治理型人才

近年来，法库县委围绕加快推进社会治理现代化，坚持以人民为中心

的发展思想，在借鉴新时代“枫桥经验”的基础上，以平安法库建设为主线，在法律援助、社会治理等方面积极尝试，探索出了一套社会治理现代化的新模式。成立由县委书记、县长担任组长的市域社会治理现代化工作领导小组，党委政府主要领导亲自挂帅，靠前指挥，专班项目化推进，并将加强和创新社会治理工作纳入全县经济社会发展“十四五”规划。按照“1+3+N”工作模式，扎实推进三级综治中心标准化建设，2020 年以来，县级和 19 个乡镇（街道）、19 个示范村的综治中心（站）已经全部达到了“六到位、一联通”标准，即，场所、标牌、上墙版面、显示器、档案、人员六到位，实现综治视联网和中央、省、市互联互通。坚持运用法治思维破解社会治理难题，用法治规范社会行为、引领社会风尚、保障社会治理。县法院开展“办事、办案、反映问题不用找关系”活动，不断增强群

图 4–1 综治中心

众对司法的信服度和认同感。县检察院建立涉民营企业和企业家案件备案报告制度、专项统计和质量评查制度，最大限度减少司法办案对民营企业正常经营的影响。县公安局建设28个盛京驿站，打造“盛京义勇”队伍，推动专群结合、群防群治，最大化实现社会力量的融合和资源力量的有效释放。县司法局认真对接一村（社区）一法律顾问工作，积极引进律师人才，实现245个村（社区）全覆盖。一年来，律师共入村（社区）44人次，法律咨询655人次，法制讲座和法律宣传54次，发放法律宣传资料3000份，为各村捐献法律图书5000册，参与解决矛盾纠纷19件，帮助村委会整理合同39份，有效推进了依法治县进程和经济社会发展。

（四）完善体制机制，引进和培育乡村实用型人才

县委把县农业农村局、县农业技术推广与行政执法中心作为重点组成部门吸纳到县人才办中，围绕乡村振兴所需要的各方面人才有计划、有组织地开展培育、引进工作。2020年，全县共开展农民科技培训22期，培训新型职业农民80人；培训农民专业技术人员310人；科技引领、设施农业县特色作物栽培技术培训60人；电商培训150人。广泛吸引新兴领域和交叉学科的农业科学家及其团队到法库创业兴业，在沈阳隆泰生物科技有限公司、沈阳山山伟业食品有限公司等农事龙头企业建立了院士工作站（陈温福院士）和专家工作站（辽宁科学院专家团队），吸引集聚支持更多农业科技人才将他们的科技成果在法库实现转化。实施农村实用人才“职业素质与能力提升计划”，不断加大“青年农民上大学”专项计划推进力度，2020年全县又有52名优秀青年农民走进沈阳农业大学开始为期一年的学习，目前我县已累计培养结业600名青年农民大学生，他们成为种养殖能手、农产品经纪人、农资经销商，都是推动当地农业产业发展的主力军。同时，还与沈阳农业大学合作开展了“校地科技共建”工程，为全县

图 4–2 实用人才培训

68 个种植花生、辣椒、葡萄、草莓、树莓的特色产业专业村，每村选派 1 名大学科技人才定期做培训指导。以“新型职业农民培训”为重点开展农村实用人才培训，截至目前全县共培养（颁证）新型职业农民 736 人，累计培养家庭农场主、农民专业合作社负责人、农村经纪人等各类农村实用人才近 1.4 万人，培养出葡萄种植专家李洪军、寒富苹果种植能手高国辉等一批“土专家”“田秀才”。

三、成效与反响

法库县委以党建为统领，通过不断完善人才工作体制机制，加强农村青年人才“引、育、选、用”，搭建社会治理平台等，不仅有效破解本地推动乡村振兴发展缺乏人才的关键难题，更激发了全县广大干部群众热爱家乡、建设家乡的内生动力和家国情怀。

（一）乡村建设，注入源源不断新动力

青年人才在“快车道”上迅速成长，还需要在广阔的天地施展才华，实现价值。法库县委广开人才使用渠道，提供更多机会、更大空间，让他们尽情发挥特长，在乡村发展的不同领域做出成绩。一是补充村干部队伍。各党支部和中心共培养村级后备干部263名，有30名优秀青年人才和党员充实到村干部队伍。特别是在2020年推行“一肩挑”工作中，5名优秀青年党员脱颖而出，担任了“一肩挑”。二是引领乡村经济发展。青年人才和党员依托自身专业优势、产业优势、资源优势在带领群众致富、发展壮大村级集体经济、拉动周围群众创业就业等方面发挥了积极作用。慈恩寺乡刘红艳带动全乡150多名农村妇女承接手工艺品订单销往俄罗斯，平均每人每月增收2000元；柏家沟镇张春风、魏丹丹夫妇创办大山肉牛养殖场，与村集体合作养牛，实现合作共赢。三是投身农村人居环境整治。各党支部和中心统一青年人才和党员思想，充分认识农村人居环境整治的重大意义，并积极投身其中。和平乡组建的人居环境整治青年人才志愿服务队，在每一项整治任务中都冲锋在前，不怕苦、不怕累、起早贪黑、任劳任怨，赢得群众一片赞誉。

（二）产业发展，带动增收致富新模式

法库县的各级选派干部在县委的真心服务、尽心帮助下，积极融入乡村、立足基层，在抓实党建、加强基层治理、推动经济发展等方面作出了积极贡献。沈阳市现代农业研发服务中心派驻到法库县四家子蒙古族乡红砂地村党支部第一书记郭东峰同志，通过调研、学习，探索出了“村民代村集体

养羊”的模式，实现集体增收、百姓致富的目标。由村集体出资购买小尾寒羊，采取委托方式将村集体羊交给农户代养，村集体承担市场风险，技术培训等，农户负责提供养殖场地、饲料、防疫、种羊繁殖等，并负责养殖风险。一年后，村集体收回发放羊原斤数乘以130%，剩余母羊和多生产小羊归农户所有。2020年3月末，第一批养殖户合同期满，农户通过“代养羊”最多的一年净收入2万元，村集体收入3.3万元。这种互利双赢的模式，逐渐得到村民认可，现在已经累计和22户农户签订了“代养羊”协议，同时为巩固脱贫攻坚成果，村集体利用养羊盈利资金为村里6户立卡户，分别发放大母羊各两只，每户每年可以增收5000元左右，帮助他们找到了一条自力更生的道路。这种“代养”模式正在全县进行推广，已有3个乡镇开始实施，计划2021年底每个乡镇至少有1个村采取这种模式发展壮大村集体经济产业。

图4–3 签订“代养羊”协议

（三）乡村治理，完善矛盾纠纷化解新机制

法库县委坚持和发展新时代“枫桥经验”，不断提高基层社会治理能力和公共服务水平，推动乡村振兴发展。出台了《法库县关于坚持发展新

图 4-4 沈阳市王公正调解室

时代“枫桥经验”构建大调解工作格局，推进矛盾纠纷多元化解机制的实施细则》，积极组建调解队伍，将党员干部、网格员、村（社区）干部、志愿者以及社会组织等专兼职力量纳入调解队伍，建立起职业化、专业化、社会化、本土化的主力军。法库县双台子乡司法所原所长王金福同志，通过多年工作经验总结出“四心、三头、应季”调解法，因公正调解、群众信任，人称“王公正”。2017 年，经县、市司法局批准在双台子司法所成立了“王公正”调解室。几年来，“王公正”共受理各类矛盾纠纷 1018 件，调解成功 1013 件，调解成功率 99.5%，预防群体性上访事件 12 起，没有因调解不及时和方法不当导致矛盾纠纷激化或民转刑案件发生。县司法局在每个村设立“评理说事点”，通过打造金牌调解员这支法律人才队伍，让群众切实感受到公平正义就在身边，不断增强群众对司法的信服度和认同感。县法院依托与市律协联合设立律师工作室，建立全省首个民商事纠纷中立评估室，引导当事人对诉讼结果作出合理预期，提供“预断”服务，2020 年以来诉前化解案件 945 件。县公安局以党建引领，组建 64 个“盛京义勇”党支部，以 329 名党员为主力军，建设“盛京义勇”队伍。先后组建了 234 个义务巡逻队开展全天候、无缝隙的巡逻守望和治安管控，积极协助“压警情、控发案、保平安”，成为平安法库建设的“千里眼”“顺风耳”，累计排查化解矛盾纠纷 100 余件，“盛京义勇”们已成为辖区企业和乡里乡亲的“知心人”“贴心人”。

（四）乡风文明，典型引领提升群众精气神

选好一个干部，造福一方百姓，2020 年法库县委开展了“立足岗位 争当先锋”先进典型评选活动，对那些工作在基层一线，倾情尽力为百姓付出、为事业发展奉献的干部进行表彰。其中，四家子蒙古族乡李祥堡村村主任乔成贵就是杰出代表。2017 年，乔成贵将荒废多年的旧小学打造成远近闻名的“龙泉书社”，“龙泉书社”在 2019 年被辽宁省社区教育指导中心授予辽宁省终身学习品牌项目，中国成人教育协会吴进副理事长亲笔题词：“幸福龙泉”。乔成贵多方联系，充分利用大学生义务支教资源，先后从沈阳理工大学、辽宁传媒学院、沈阳大学、沈阳城市学院、沈阳师范大学等五所大学为村里请来支教人才，至今先后支教近 500 余人

图 4–5 龙泉书社

次，受益儿童150余名，涵盖周边十余个村屯。2020年，李祥堡村又成为中国老龄事业发展基金会居家养老十个试点之一，乔成贵充分利用项目资金，建设助老餐厅、助老浴池、洗衣间等，如今在餐厅吃饭留守老人和失能人员已有27人，助餐服务不仅为老人的儿女安心工作解决了后顾之忧，更进一步文明了乡风，提升了群众的幸福感。

四、探讨与评论

乡村振兴涵盖了产业振兴、人才振兴、文化振兴、生态振兴、组织振兴等五个方面的内容，但最关键的是人才振兴，可以说乡村振兴，关键在人。人才振兴是乡村振兴的前提、基础，没有人才振兴，乡村产业就不能实现现代化、科技化，乡村文化就得不到有效保护和开发，乡村生态就缺乏规划与谋划，基层组织就不能发挥党建引领作用，只有让更多人才留在乡村、返回乡村，乡村振兴才能扎实推进。

（一）要在“引”上做好文章

要进一步完善人才引进机制，结合自身产业发展需要，明确人才引进方向，多举措引进懂技术、懂市场、懂农业的农村实用人才。注重人才回流，让曾经“走出去”的成功人士“走回来”，把在外积累的经验、技术以及资金带回本乡本村，改变人才由农村向城市单向流动的困局。对返乡发展特色旅游、电子商务、绿色农业的人才实行更加开放的人才引进政策。要进一步加大人才激励力度，对致力于乡村振兴事业的实用型、科技型、创业型人才在用地住房、子女上学等各个方面给予扶持，让人才留得住、干得好。要进一步创新人才引用机制，坚持“不求所有，但求所用”的柔性引进原则，以引才引智并重为理念，鼓励吸引优秀企业家、科技达人、专家学者等利用空余时间到乡村实地讲学或投资兴业，为他们在本职单位与乡村之间的流动提供便利条件。畅通乡村基层人才向上流动渠道，对于那些对乡村振兴事业作出突出贡献的优秀干部人才给予重用或提拔，为他们提供更广阔的发展空间。

（二）要在“留”上下足功夫

对法库县而言，虽制定了《法库县“引才育才并举，助力创业兴业”工作方案》，但对乡土人才的奖励政策还没有普惠性。要降低政策实施门槛，将乡土人才纳入进来，用政策留住人才，尤其是种养殖大户等致富带头人，从培养成才、吸引返乡创业、引进外来人才三个维度同时进行。针对不同类型的人才，从贷款扶持、营商环境、政治待遇等不同角度上下功夫，切实为致富带头人提供政策支持，创造条件给人才发挥作为的空间。要营造爱才敬才的社会环境，不断加强电视、网络等新闻媒体对乡村人才政策与人才事迹的广泛宣传，让尊重知识、尊重人才成为良好的社会风尚，鼓励各类人才投身到乡村振兴的伟大事业中，增强他们的自豪感和荣誉感。要加强农村人居环境建设，加大对乡村基础设施建设的持续投入，提升教育、医疗、文化等公共服务的供给水平和质量，为在乡村施展才华的各类人才提供宜居的生活环境，竭尽所能帮助解决各种困难，为人才扎根基层创造良好条件，增强他们的幸福感和安全感。

（三）要在“育”上力求突破

要逐渐构建清晰的人才梯队，分层次、分领域、分方向地实施定向分类培养，重点加大高精尖端、技术创新等高端型人才以及“土专家”“田秀才”等实用型人才培养力度。注重学用结合，依托农业院校、科研单位、职业教育、技能培训等平台，强化乡村人才理论结合实践能力，努力培育一批爱农村、懂技术、会经营的乡村人才队伍。培育致富能人，发掘和选育一批受教育程度高、思维活跃、有拼劲闯劲的能手，带动农民就业增收。通过专家授课、专题讲座、参观学习等方式，重点对本土人才和返乡创业人员开展技能性培训，提升他们对实用性技术的运用能力以及对现代生产方式、经营模式、科技知识的了解和掌握。同时，要把课堂搬到田间地头，增强乡土人才理论联系实际的能力，强化乡村振兴的智力支撑。

（四）要在“用”上务求实效

进一步强化“凭能力给位置，以实绩论英雄”的用人导向，把能力突出、业绩突出，有专业能力、专业素养、专业精神的优秀干部及时用起来。不断加大村干部队伍建设力度，尤其是要进一步拓宽来源渠道，选优配强村党组织书记。从适应城乡改革发展、基层治理、服务民生等工作需要出发，注重从本村致富能手、外出务工经商返乡人员、本乡本土大学毕业生、退役军人、农民专业合作经济组织负责人、村医村教、社会工作者、本村在外的机关企事业单位退居二线或退休干部等群体中发现和选拔优秀人才，不断提升村干部服务群众、助力乡村振兴的能力。建立“户籍在外人才资源库”，通过“项目、亲情、政策”吸引人才回乡创业，打通人才与家乡的双向服务通道，使一些在外人才有服务家乡的平台，提高人才集聚程度，为家乡建设出谋划策，为乡村振兴增活力、添后劲。

浙江·鄞州
YINZHOU · ZHEJIANG
AUX

鄞州，地处长江三角洲南翼，浙江省东部沿海，位于宁波市区南端，总面积 817.1 平方千米，户籍人口 90 余万人，是一座具有 2200 多年历史底蕴的文明古邑。

经过多年的发展和努力，鄞州区在宁波市的都市核心区地位初步确立，2020 年全区实现地区生产总值 2260 亿元，同比增长 2.5%，成为宁波市第一个迈上“2000 亿元俱乐部”的区（县）市。连续 5 年位居全国综合实力百强区第 4 位；“一核三治五共”全域治理模式，成为全国乡村治理体系建设首批试点、省社区治理和服务创新实验区；“365 社区治理工作规程”入选全国创新社会治理十佳典型案例；基层公权力“三清单”运行法成为第二批全国乡村治理典型案例；“178 网络社会柔性治理”入选中国网络理政十大创新案例。成为中国美丽乡村建设示范县、全国乡村振兴示范区、省级生态文明建设示范区，连续两年获评中国最具幸福感城市。

鄞州是一片美丽富饶的神奇土地，拥江、揽湖、滨海，沃野千里，犹如镶嵌在东海之滨的一颗璀璨明珠。当历史的滚滚车轮踏入 21 世纪 20 年代，鄞州，正向世界张开双臂，以崭新的姿态迎接新时代的到来！

打造种业强区　为乡村振兴输入“芯”动力

浙江省宁波市鄞州区农业农村局

鄞州“半城半乡”，既是宁波都市核心区，也是传统农业大区，积极推进现代种业发展，实现种业强区，是鄞州区实施乡村振兴战略的重要举措之一。

一、背景与起因

种业是农业的芯片，是农业高精尖科技的聚合体。发展现代种业是解决我区资源环境约束趋紧、农业发展动能不足、产业转型不快、发展活力不强等问题，实现“小种子大产业、小空间大发展、小尖兵大创新”种业强区的迫切需要，高度契合鄞州打造“两高四好”示范区的总体战略。

1. 创新链强。鄞州位列全国科技创新百强区第一位。域内集聚了市农业科学研究院、浙江万里学院、市海洋与渔业研究院等一流的种业研发机构和团队，以及宁波市种业股份公司、微萌种业等市场创新主体。

2. 产业链全。鄞州拥有滨海揽江拥湖优势，水稻、蔬果、畜禽、水产、林特、花卉等种业研发和生产体系完整。同时，具有优越的种业创新创业发展和公平公正竞争环境。

3. 资本链长。鄞州一直是广受海内外投资者瞩目和青睐的一方投资热土，区内民营企业众多，部分企业家具有乡土情结和反哺情怀，具有投资农业、发展农业的强烈意愿。

4. 政策链优。鄞州一直把实施美丽经济提振升级行动，作为推进乡村振兴的重中之重来抓。以工业化理念发展农业，以服务业方式经营农业，具有推进现代种业发展的先发优势和比较优势。

二、做法与经过

面对当前农业产业发展新趋势新要求，鄞州区以打造种业强区为抓手，谋划推进产业大发展大提升大融合。

（一）布局上，重点打造三大基地

坚持集聚发展，优化种业产业新布局，制定出台《关于推进现代种业发展，着力打造种业强区实施意见》。根据全区自西北向东南的平原—山脉—滨海地形，依托甬台温高速复线，将全区种业产业布局为蔬果粮食种业集聚区、林特种业集聚区和滨海水产养殖种业集聚区，形成“一轴三区”的总体框架。

1. 强化领导促发展。把现代种业发展作为推进全区现代农业发展的重要抓手，加快形成统一领导、分工负责、合力推进的工作机制。成立由区政府领导任组长，相关单位负责人为成员的种业强区工作领导小组，协同各有关部门，合力推进落实各项任务和措施。

2. 土地流转促集聚。大力实行土地整村流转、跨村连片流转、整镇流转和土地股份制等行之有效、宜于推广的土地流转模式。土地承包经营权流转率达 85%，实行整村流转的行政村 83 个，占比 41%；流转期限在 5 年以上和经营规模在 50 亩以上的土地占流转总面积的 73%以上。

图 5–1 微萌种业的实验大棚

3. 园区建设促提升。聚力农业“两区”建设，以“一区两镇三基地”为龙头，开展现代农业园区提升行动。现有各级现代农业园区 62 个，建设总规模近 5 万亩。建成微萌蔬菜种子种苗精品园、咸祥丹艳青蟹育苗精品园、椿霖水产精品园、晟丰水产种子种苗精品园、易中禾铁皮石斛组培精品园、宁波芳华菊花鲜切花组培与种植精品园等现代种业精品园区，累计投入资金近 4 亿元。

（二）措施上，重点实施三大战略

1. 科研院所带动。依托浙江大学、宁波大学、宁波市农业科学研究院、宁波市海洋与渔业研究院、浙江万里学院、浙大宁波理工学院的科研基础，辐射带动主要农作物、蔬果、渔业育种百花齐放。与浙江大学共建

“蔬菜精准育种中心”，并创建“蔬菜育种省级重点农业企业研究院”；宁波市农科院的马荣荣团队育成了“甬优系列”杂交水稻；爱卡畜牧科技有限公司建立的吴常信院士工作站，建成全省首家猪人工授精中心，累计推广优质精液50万瓶以上。

2.招商引资拉动。坚持“高端化、精品化、特色化、集群化、国际化”方向，引进了一批知名种企。落地企业带来的先进育种技术和管理理念，拉动优化了种业布局，提升了全区育种创新能力。2019年，通过招商引资重组的宁波种业股份有限公司，共育成不育系29个，“甬优系列”杂交水稻组合58个，其中国审品种11个、超级稻品种7个；引进的宁波芳华农业科技有限公司种植菊花鲜切花在日本市场广受欢迎。此外，鄞州海洋水产种质工程中心（拟建项目），计划投资1.9亿元，将建设南美白对虾、银鲳和滩涂贝类大型现代化水产育种基地。

3.本土种企驱动。通过实施种业提质增效工程，不断促进本地种子企业快速发展和壮大，着力培育具有研发育种能力的本土种企。最具代表的微萌种业，经过重点培养和政策扶持，目前已取得农业农村部植物新品种授权15个、国家非主要农作物登记品种21个，自主选育品种占销售额的80%以上。公司名列中国蔬菜种业信用骨干企业第4位，是“叶菜新品种选育和育种技术研究项目”的主持单位，已成为浙江省最大的瓜菜种业企业。

（三）保障上，重点完善三大机制

1.政策扶持机制。加大财政涉农资金统筹整合力度，每年从财政支农专项中安排资金，采取“以奖代补”“先建后补”等形式，支持全区现代种业发展。充分发挥财政资金的引导作用，撬动社会资本和金融资源投向种业。落实种业企业各项税收金融扶持政策，扩大政策性农业保险覆盖范围。

2. 人才保障机制。支持种业领域高层次人才和创新团队申报“3315计划”“泛3315计划”和“泛创业鄞州·精英引领计划”等人才项目。对入选的团队和人才按有关政策给予补贴资助；进入种业企业从事育种工作或种质资源保护工作的高校毕业生，可享受农业生产领域就业创业扶持政策，且不受扶持人数限制。微萌种业薄永明成功入选第四批国家“万人计划”，5个现代农业创业团队（人才）分别入选“泛3315计划”和“泛创业鄞州·精英引领计划”。累计培育高素质新型农民620人，发放补助资金2000多万元。

3. 要素倾斜机制。对重大育种项目的引进采取“一事一议”政策，引进的种业企业享受区级相关招商引资政策。切实改进用地管理，努力满足种业企业设施农用地需求。对研发型种业企业、种业科研机构和种业重点项目用地需求，优先予以保障。

三、成效与反响

目前，我区已初步集中了全市主要的蔬果、粮食、水产、畜牧等方面的种业龙头企业和科研单位，所形成的产业集群，在多个领域处于全省甚至全国领先地位，有两家企业进入全国行业领域前10强。

1. 优势农作物品种选育能力显著增强。籼粳杂交水稻、青菜、番茄、西甜瓜等作物品种选育能力位居全国前列。特别是高产杂交水稻“甬优系列”享誉全国，年经营推广面积已突破550万亩，“甬优12”以亩产1106.39公斤成为全省最高亩产新标杆；自主研制的杂交青菜实现了进口替代，推广种植面积20万亩，实现产值近5亿元；“美都”西瓜种子已占据了南方地区冬季大棚西瓜95%的市场份额，每亩净效益高达5000元，

图 5-2 甬优水稻新品种

2019 年推广面积 65 万余亩，联结带动农户 1.3 万户，为浙江瓜农创造了约 80 亿元的产值。

2. 种业企业育繁推一体化进程加快。成立了宁波市蔬菜育繁推一体化示范项目工作领导小组，带动种企创新能力和竞争实力进一步提升。特别是微萌种业经营规模进一步扩大，被认定为“浙江省重点农业企业研究院”；创办了“浙江大学——宁波微萌蔬菜精准育种研究中心”；与国内外一流的科研院所开展密切合作，分别在鄞州和美国加州建立了分子育种实验室；在浙江、河南、福建、安徽、陕西等地建立了 7 个研究农场；总投入近 1 亿元的微萌蔬菜育种研发中心也即将启动建设。

3. 种业管理服务体系逐步健全。强化农作物种子品种、质量、市场以

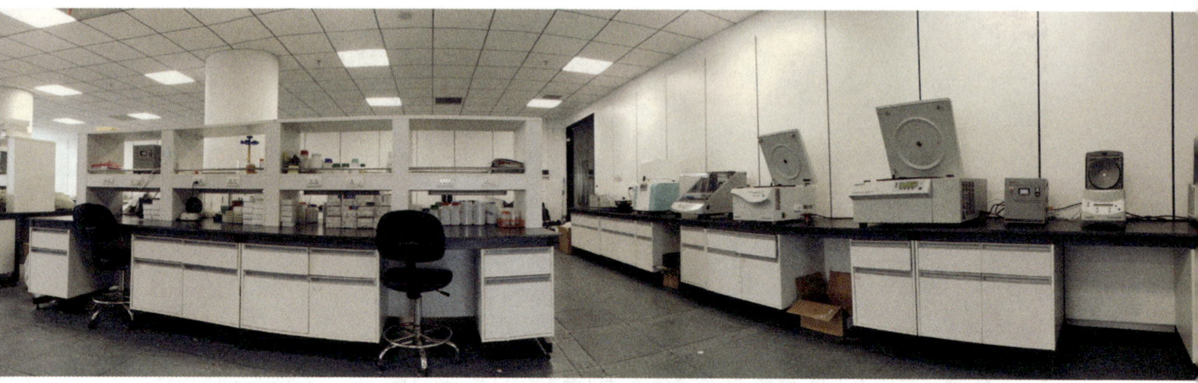

图 5–3　微萌蔬菜精准育种研究中心

及生产经营许可管理，加大优势良种的示范推广和不适宜品种退出的监管力度，不断优化全区蔬果种植结构，进一步提升了种子品质。认真做好品种试验展示示范工作，积极参加省瓜菜种业博览会，积极举办果蔬新品种、新技术示范推广现场观摩会，以点带面辐射带动，加快果蔬新优品种、新技术在全区范围内推广应用。2020 年，我区选送的果蔬样品在浙

图 5–4　微萌种业培育的甜瓜新品种——红酥手

江省精品甜瓜评比中获得 1 个金奖，在宁波市草莓评比中获得 1 个金奖、2 个银奖，在宁波市番茄评比中获得 1 个金奖、2 个银奖。

四、启示与思考

1. 打造种业强区，提升种业创新能力是核心。要推进体制机制创新，促进产学研紧密结合，构建现代种业科技创新体系，加大良种联合攻关力度，增强核心竞争力。鼓励高校和科研院所建设种业科研试验基地，鼓励种业企业开展国内外科技交流合作，引进海内外高层次人才和创新团队，加大研发投入。

2. 打造种业强区，培育现代种业企业是基础。加快培育壮大一批育种创新能力强、市场占有率高、经营规模大、产业链长的种业企业，提升种业企业的整体发展水平。支持种业企业建立健全现代企业制度，通过兼并重组、吸引社会资本、上市融资等方式，做长做深产业链，提升竞争力。鼓励引进区外优势种业企业落户或参股区内种业企业。积极发展特色中小种业企业，完善和优化种业企业群体结构。鼓励种业企业开拓国内外种业市场，延伸种业产业链，实施种业品牌战略，打造知名种业企业。

3. 打造种业强区，建设种业生产基地是关键。立足现有发展基础和资源禀赋，优化产业布局，打造种业集聚区，重点突出主导种业和生产性能好、适应范围广的主导品种，建立规范有序的市场秩序，营造有利于种业企业公平竞争的发展环境。进一步加大对种业企业建设生产基础设施、附属设施以及采购设备仪器等扶持力度，打造优质种质种苗基地。

4. 发展种业强区，健全完善政策支撑是保障。发挥政府主导作用，加大种业财政投入力度，建立稳定的投入机制，引导和带动种业各方面力量走联合协作之路。建立新型收入分配制度，出台加快成果转化的支持政策。提高科研人员、企业投入科技创新的积极性，建立人才培养机制，鼓励企业与高等学校和科研单位联合培养高素质人才，加强创新平台建设，积极争取税收、信贷等优惠政策。

规范村社公权力 筑牢第一道防线 着力开创农村财务管理新局面

浙江省宁波市鄞州区农业农村局

鄞州区非常注重创新规范基层权力，推进基层公权力“三清单”运行法城乡全覆盖，是着力打造全国基层公权力运行样板区和全域社会治理标杆区的重要工作内容。

一、背景与起因

鄞州区是宁波市最大的市辖区，地区生产总量全省排名第 3 位，连续 5 年名列全国综合实力百强区第 4 名。全区共有股份经济合作社 281 个，集体总资产 266.8 亿元，净资产 172 亿元，年总收入 23.6 亿元，自营收入 15.5 亿元。随着集体经济的快速发展，财务管理压力不断增大，近年来有多名农村干部受到党纪处分。为进一步加强农村财务管理，鄞州区通过创新实施城乡基层公权力“三清单”运行法，狠抓区委对村社巡察问题的整改，全面构建农村财务“第一道防线”工程，进一步建立健全横向到边、纵向到底的立体化的财务监管体系。

二、举措与实践

（一）全面推动“三清单”运行法，着力规范农村财务管理中的公权力

村社基层公权力不规范，是农村财务管理滋生腐败的重要原因。在原有小微权力清单基础上，全区率先在全国实施基层公权力“三清单”运行法，大大提升了农村财务管理规范化制度化水平。“三清单”运行法，被人民网评为全国十大基层社会治理创新案例。

1. 谋划打造小微权力 2.0 升级版。“三清单”运行法主要包括权力清单、负面清单、责任清单和针对权力清单的工作流程图，简称“三清单一流程”。从权力性质上看，将小微权力升级为公权力；从实施范围上看，将农村为主实施升级为城乡一体推进，将行政村、个别社区和股份经济合作社实施升级为行政村、所有社区和股份经济合作社同步全面实施；从清单种类上看，将权力清单 1 项清单升级为权力清单、责任清单和负面清单 3 项清单。根据行政村、社区、股份经济合作社这三类组织的不同特点，坚持“一项权力、一项流程、一张图表”，共整理编制清单 170 条、流程图 93 个，全面厘清每个事项的权力框架、运行轨道，让基层用权有“固定路线”、干部服务能“看图做事”、群众办事能“按图索骥”。

2. 编制合作社“三清单一流程”。股份经济合作社方面，共梳理出 31 项权力清单、12 项负面清单、区镇村 3 个层面的责任清单。权力清单，包括权力事项和重要便民利民服务事项，权力行使必须按规定流程和要求操作，不能越界。负面清单，是明令禁止的内容，配套制订廉政风险防范措施。责任清单，是指区有关职能部门、乡镇、村社及其党员干部在执行、管理、监督等方面的具体职责，必须做到责任“五到”，即到科室、到人员、到时间节点、到措施、到方式。

3. 精心组织实施。“三清单”运行法是一项综合性强、关注度高、涉及面广的系统工程，因此要求各职能部门凝心聚力，共谋共进，层层部署，强化责任不掉链。区级层面，把“三清单”运行法作为“基层治理创新年”的重要内容，由区委主要领导任组长，强化工作统筹抓总；20 个成员单位建立联席会议制度，成立综合督导、培训指导、宣传引导、制度建设、示范点建设等五个专项工作组，明确职责，协同发力。镇（街）层面，镇（街）党（工）委承担主体责任，制定具体实施方案，排定任务计划，进行动员部署，将精神传达至每个镇（街）干部和工作人员。村（社）层面，第一时间对标落实，明确有权不任性、有责不缺位、有线不突破等“三个不”。对重点难点问题建立健全“一位领导牵头、一批部门协同、一打措施跟进、一次性协调解决”机制。同时，开展全区“三清单”运行法打擂台竞赛活动，评选出一批工作先进，并汇编了 21 个经典案例。

图 6–1 “三清单”运行法宣传墙

（二）全面开展村社“巡察问题整改行动”，着力解决农村财务管理中的漏洞

为全面贯彻落实“三清单”运行法，区委巡察组“下巡一级”，对全区 281 个合作社进行全覆盖巡察，发现了一大批农村财务管理中的漏洞。为了充分发挥巡察利剑作用，全区以问题为导向，全面开展村社“巡察问题整改行动”，着力提升农村财务管理规范化制度化水平。

1. 明确整改目标。根据区委巡察办的整改意见，区农业农村局制订整改实施方案，出台了《关于开展村社巡察问题整改行动实施方案》。要求对区委巡察办查出的所有问题（包括近 3 年审计的问题），做到“三个到位”，即问题整改到位、原因倒查到位、监管措施到位，化解三资管理问题的存量，努力确保今后不出现类似的重大问题。

2. 狠抓整改措施。一是抓整改落实，能整改的马上整改，不能马上整改的要制订整改计划。二是抓风险排查，见事见人，倒查财务管理漏洞。三是抓制度完善，重点建立完善银行竞争性存款、工程招投标、物业出租、非生产性开支中的人员工资发放等制度。四是抓长效监管，吸取教训，举一反三，对违法违纪行为按相关纪律处分规定执行，把监管机制落到实处。

3. 建立长效机制。对各镇的问题整改进行审计抽查，确保每一个问题都得到整改落实，并将整改落实情况纳入全区农村三资管理年度考核，在全区范围内进行排名通报。在此基础上，建立和完善农村财务管理长效机制，制订出台了“五大制度”体系，即严禁私设小金库等明令禁止性、规范资产处置等程序规范性、非生产性开支定项限额等监督制约性、合同管理等风险防范性、基层干部等廉洁自律性五大类制度，并实行分级分类管理，提高了监管效率，受到上级充分肯定。

（三）全面实施“第一道防线工程”，着力夯实农村财务管理的基层基础

乡镇三资管理服务中心代理会计、村出纳和文书，是农村财务管理的具体经办人和直接责任人。在“巡察问题整改行动”中，对照“三清单一流程”，坚持见事见人，倒查责任，全面实施农村财务管理“第一道防线”工程。

1. 建立八项制度。针对农村财务管理最薄弱的三个关键岗位，制定出台了《鄞州区股份经济合作社三资管理“第一道防线”工程的实施意见》文件，建立代理会计信息报告制度、特殊财务支出会商制度、代理会计联村上门服务指导制度、文书内部重事项管理责任制度、重大会议台账留痕制度等八项制度，着力加强农村财务管理的第一道防线。

2. 明确岗位职责。明确农村三资管理服务中心代理会计、文书、村出纳这三者的具体责任和权限，并针对人、事、岗位，设定详细的可操作性强的制度，切实做到责任到人，标准清晰，流程规范，有章可循。同时，

图 6–2 村级财务人员在看财务工作流程图

为确保“第一道防线”落到实处，组织全区农经干部、三资管理服务中心代理会计、村出纳和文书等集中学习和培训，共计 500 多人次。

3. 建立表彰先进和责任追究制度。制订对代理会计、村出纳和文书的考核细则，每年进行考核。对优秀人员予以表彰和奖励，对基本合格和不合格人员将对其存在问题予以通报，并督促抓好整改。对连续两年考核不合格的，建议乡镇解聘。对严重失职造成集体资产损失的，按照有关规定追究责任。

图 6–3　培训村级财务人员

三、成效与反响

通过规范基层公权力、开展巡察问题整改、构建第一道防线，鄞州区农村财务管理工作明显提高。一是财务管理更加规范。“三清单”运行法以规范权力为核心、以严格监管为手段、以严肃纪律为保障，切实做到了“还群众一个明白、还干部一个清白”。财务公开制度确保所有财务票据的合规和真实，不仅紧紧把牢了村级财务管理的“安全阀”，而且每一笔账都“晒”得清楚明白，让村民一目了然了解收支项目、金额、经手人等审批流程，吃上“定心丸”。群众对干部的无端猜疑和误解减少了，对村组织和村干部的满意度进一步提高，也增进了党委政府的公信力。如东郊街道宁舟股份经济合作社对照权力事项，在股东代表大会上表决通过“三清单”细化事项，制订“三委会”成员岗位权责分解图，使权责边界更加明确，顺利完成 1.8 亿元拆迁补偿款的分配。二是干部用权更加规范。给基层干部履行职权量身定制了“交通法则”和“护身符”，把村级财务代理的会

图 6–4 农村财务管理宣传漫画墙

计业务与监督职能、审计业务分离，再次将基层微权力的运行加上了一道保险，真正实行“科技管账”“流程管事”“制度管人”。公权力行使的自由空间越来越小，基层干部用权更加规范，暗箱操作空间被大大挤压，广大基层党员干部的规矩意识、责任意识、执行意识进一步增强。2019 年以来，全区反映村社干部廉洁自律问题的初信初访量下降 34.5%。三是内部监督更加到位。不仅规范了基层公权力，而且通过“第一道防线”工程落实了财务管理中关键人、关键事、关键岗位的职责，形成了“能监督、愿监督、会监督”的良性轨道，构建了保护村干部、保护集体资产的“防火墙”，促进了公平公正和廉政建设，极大增强了村干部工作过程中的规范性，给予村干部清清白白办事的良好环境。如云龙镇上李家村通过“三清单”运行法和“第一道防线”工程，实现了村监会“四个一”工作法再升级，实现对村务决策、资产管理、工程项目等情况的全过程监督。

四、启示与思考

1. 抓好农村财务管理是乡村振兴的重要保障。农村集体的资源、资产、资金是实现共同富裕与发展农村经济的物质保障，对提高农民收入，增强农村的集体经济实力，提高农民的凝聚力意义重大。要想发展农村经济，完善乡村经济体系，就必须抓好农村财务管理工作，体现农民群众的根本利益。只有不断提高对农村集体“三资”的监管，加强农村财务管理，才能保证农村财政支出得到有效利用，进而为振兴乡村奠定基础。

2. 抓好农村财务管理是乡村治理的重要任务。村级财务管理在乡村治理体系中尤为重要。完善村级财务管理体制、流程，保证村级财务公开，加强群众监督，有效规范村级财务管理，有助于干群之间形成良好的关系，对促进乡村发展、维护社会稳定有积极作用。政府应积极规范村级会计委托代理制、事务公开制，加强对村级集体经济的监管，加强对村干部经济责任的审计。

3. 抓好农村财务管理是推进基层党风廉政建设的关键。在反腐败斗争的强压下，村级党员干部因违反财经纪律被举报的现象越来越多。农民群众对涉农资金以及集体资金的关注度越来越高。因分配不合理、使用不规范而引发事故的情况频繁出现。只有加大对村级资金的监控力度，才能有效规范村级干部的行为，避免滥用、挪用、贪污公款，确保每一笔专项资金都能准确落实，从源头上制止腐败。

浙江·龙湾
LONGWAN · ZHEJIANG

龙湾区是温州市四大主城区之一，位于瓯江入海口南岸，东朝东海，南接瑞安市，西邻鹿城、瓯海二区，北濒瓯江，与永嘉县、乐清市隔江相望。龙湾历史悠久，古属瓯越、东瓯，唐宋以来，经济文化不断发展。1984 年 12 月，经国务院批准建立龙湾区，经过历次行政区划调整，现下辖 6 个街道，有 52 个行政村，23 个社区，96 个村股份经济合作社。龙湾区陆域面积 323.09 平方千米，常住人口 71.51 万人，户籍人口 33.77 万人。2019 年，全区实现地区生产总值 704.52 亿元，人均生产总值 20.78 万元，农业总产值 4.52 亿元，城镇居民人均可支配收入 61248 元，农村居民人均可支配收入 37642 元。

“城乡等值”共享城市发展红利 “还权赋能”壮大村级集体经济

浙江省温州市龙湾区农业农村局

龙湾区高度重视“三农”工作，特别是在发展壮大村集体经济方面，近年来坚持“城乡等值”的政策取向和“还权赋能”的工作路径，实现了村级集体经济高速增长和高质量发展。主要思路和经验是：抓住城市化快速推进的历史契机，让乡村共享城市化发展红利，逐步朝着“城乡等值”的方向迈进；高度重视、强化和保障村集体经济发展权，把传统上集中于上级政府的村集体经济发展权“还权”给村集体经济组织，为集体财产权利市场化“赋能”，通过“赋权”“让权”“强权”“扩权”，将村集体经济带入“依靠市场、自我造血”的良性发展轨道。2019 年，龙湾区村集体经济收入总量突破 4.71 亿元，所有村经营性收入都超 50 万元，村均集体经济收入高达 490 万元，90%的村居为“百万强村”。龙湾区用好政府和市场“两只手”，在壮大村集体经济领域，初步探索出了一些可复制、可推广的经验做法。

一、背景与起因：突破农村难以共享城市化发展的困境

世界上最先提出“城乡等值”概念的是德国，基本内涵就是把城市和

乡村价值同等看待，在城乡统筹发展和城乡一体化上公平地对待农村。二战以后，德国乡村的医院、学校、道路等基础设施落后，产业薄弱，农业凋敝，大批农民卖掉土地，涌入城市，造成农村人口大量流失，城乡经济社会差距迅速拉大。在此背景下，德国实施“城乡等值化”发展战略，激发乡村主体活力，经过几十年的努力，成功实现城乡一体化发展目标，成为城乡差距和贫富差距最小的国家。龙湾区“城乡等值”的概念和做法，在借鉴国外经验的基础上，重点通过稳定和保障农村发展权，强化农村“造血功能”，补农业农村短板，在公共服务、基础设施、商业发展等方面，逐步缩小城乡差距、弱化城乡分割，最终实现城乡等值。

龙湾区“城乡等值”的政策取向和“还权赋能”的工作路径，是在长期面对“城乡发展差距大”和“城市化快速发展红利农村难以共享”的困境中逐步探索出来的。如何在快速推进城市化过程中，让乡村共同分享城市化红利、逐步缩小城乡差距，是龙湾区必须面对的政策难题、必须抓住的历史契机。

（一）城中村改造的历史契机：共享城市化红利、缩小城乡差距和城乡分割

自 2015 年启动新一轮城中村改造以来，全区累计拆迁 48 个整村（区块），涉及总改造户数 33008 户，拆迁村数占了总村数的 50%。为加快拆后地块开发利用，龙湾区将城中村改造“清零”工作作为全区工作的重中之重。2018 年，全区启动 2015—2017 年城中村改造攻坚村“清零”行动，当年完成 719 处建筑“清零”（含任务 129 处）。2019 年，开展“三重”项目“清零”提速攻坚行动，当年完成 22 个区块 2534 亩“清零”、19 个攻坚村全部“清零”。

对龙湾区来说，“50%村被拆迁”既是压力，更是用好城市化红利、

缩小城乡差距的历史契机。一方面，大规模拆迁和城中村改造，重构了村集体经济发展的市场环境，有必要重新思考如何将村集体经济纳入更高水平的“市场化”中去；另一方面，大规模拆迁和城中村改造，也改变了村集体经济发展的权利基础，有必要重新厘定村集体经济的自主发展权利。总而言之，让村集体经济发展起来，传统的政府支持政策提供了有力保障。但让村集体经济真正壮大起来，还需要更有效的政策支撑体系。

（二）城中村改造传统难题：城乡分立下的村集体经济发展权利弱化

村庄合并和拆迁，并不是新鲜事物，龙湾区遇到的困境也是其他地区遇到的典型难题。城中村改造后，部分村民失去赖以生存的土地，农村闲置劳力增多，农村社会不稳定因素增多；村集体部分建筑（含非法）被拆除，村集体经济收入来源被阻断，发展和壮大村集体经济无从谈起；原来村容村貌发生较大变化，大批量的村民被分散安置，农民逐步向城镇转型。

然而，由于缺乏国家统一的政策指导与法律调整以及改革牵涉面广、成本巨大等原因，导致诸多深层次的矛盾或难题，如普遍出现征用集体土地难、如何保证农村集体资产收益并共享城市化发展红利、农民转移就业难和社会保障配套不到位等，成为快速城市化地区的新“三农”问题，直接关系到村集体经济的发展与壮大以及转居农民的生存与发展，对城乡协调发展和社会稳定产生了重大影响。

正是这些问题，使得在“大拆大建”的历史契机中，保障农村发展权益，显得越发重要。

（三）壮大村集体经济基础：龙湾区的基础条件和农业产业体系

1. 便利接入现代市场体系，壮大村集体经济有良好的资源禀赋。龙湾交通条件优越，温州龙湾机场坐落在龙湾区境内，“市门第一路”机场大道贯穿全区；区内建有温州港最大的码头——龙湾万吨级码头；沿海高速公路控制性工程温州大桥也从此经过；龙湾交通中心已被列为全国 45 个交通主枢纽站场之一。境内河网密布，纵横交错，四通八达，属温瑞塘河水系，有永强塘河、状元河、蒲州河等 200 多条大小河流，水深在 3 米到 5 米左右。龙湾土地肥沃，物产丰富，历来是温州的“鱼米之乡”。这些是接入现代市场体系，特别是现代物流体系的基础。

2. 重视现代农业体系建设，形成了都市现代农业新格局。目前，全区耕地面积 2.4 万亩，粮食复种面积 1.71 万亩，蔬菜瓜果复种面积 4.32 万亩，渔业船舶 68 艘；农民专业合作社 158 家，农业企业 40 多家，其中市级以上农业龙头企业 12 家；无公害农业生产基地 24 个，国家级无公害农

图 7–1　温州龙湾永强机场

产品51个，绿色食品12个。近年来，龙湾区立足现代都市农业发展实际，坚持城乡融合发展，扎实推进乡村振兴。全区大力提升省级现代农业综合区和粮食功能区建设水平，初步建立起以工促农、以城带乡、城乡互动的都市现代农业新格局。建成了瑶溪休闲旅游乡村振兴示范带和空港都市农业乡村振兴示范带两条乡村振兴示范带，还有莲情文化园、瑶溪杨梅观光园、东篱下生态农庄、围垦生态农业园等一批集生产、科教、休闲观光为一体的现代农业园。同时，成功申报省级农业示范园区建设，计划3年时间创成，建成后将真正彰显龙湾都市农业现代化的新格局。

3.培育农产品品牌优势，特色农产品品牌效益显著提升。培育了浙江叶同仁健康食品股份有限公司、温州市郑家园食品贸易有限公司、温州市初旭食品有限公司、温州鸡哥农业开发有限公司、温州广进祥食品有限公司等一批兼具现代科技与传统文化内涵的农业龙头企业，打响了“叶同仁”健康食品、“初旭”鸭舌、“郑家园”麦麦酒、“广进祥”高粱肉等农业品牌在省内外的知名度。“龙湾西甜瓜”和“瑶溪杨梅”被评为全省“十佳”农产品品牌，“大岙溪杨梅”获得国家知识产权局批准为地理标志证明商标。

龙湾区先后获得了“中国杨梅之乡”“全国平安农机示范县”“全国农村集体‘三资’管理示范县”“全国县域数字农业农村发展水平评价先进县”等荣誉称号。

二、做法与经过：以“城乡等值”和“还权赋能”为抓手壮大村集体经济

（一）整体工作思路

利用龙湾区城中村改造拆掉多达50%比例村的历史契机，坚持“城

乡等值”的政策取向和“还权赋能”的工作路径，用好村集体资产、激发村干部工作干劲，重点保障村集体经济发展权，让村集体经济进入现代市场体系，实现“造血式”自我发展的可持续渠道。

（二）构建“城乡等值”政策体系，激活集体经济发展内在动力

一是落实补偿政策，特别是确保村集体办公商业用房面积，奠定“城乡等值”的政策基础。针对城中村改造持续推进的背景，出台《龙湾区（高新区）加快城中村改造村集体资产补偿安置壮大村集体经济指导意见（试行）》（温龙委办发〔2018〕19号）文件，制定办公用房和商业用房最低保障标准，无论货币补偿或产权置换都给予20%奖励，确保办公用房和商业用房面积有保障，价格最从优、政策最利好。

二是落实结对政策，通过对接企业资源，将村集体经济纳入市场化增值体系。2018年起，将村级集体经济发展列入“双组双促”部门年度考核范围。组建“区领导+包村部门+帮扶企业+第一书记”的“红色四方联盟”攻坚团，27位区领导组团联系6个街道靠前指挥，全区57个部门对应96个村居捆绑责任，形成区领导联系部门“组团”帮助街道推进发展村集体经济的长效态势。出台《关于开展“村企结对”助力乡村振兴专项行动的实施意见》（温龙组〔2018〕46号）文件，经区委组织部和区工商联牵线搭桥，促成33家企业与44个村结对，优先利用企业资源，助推集体经济发展。

三是落实奖励政策，引导领导干部“以村为本”，为“城乡等值”提供组织保障。出台《龙湾区（高新区）加快发展壮大村级集体经济指导意见》（温龙委办发〔2017〕81号），实行村干部奖励资金与村集体经营性收入相挂钩，实施“基本报酬+绩效奖金+集体经济创收奖励”的村干部报酬补贴制度。2018年，下达村干部创收奖励资金指标234.176万元，兑现

消薄奖励资金 135 万元；2019 年，下达村干部创收奖励资金指标 303.506 万元，兑现消薄奖励资金 140 万元，拨付发展壮大村集体经济资金 120 万元。同时，为加强和规范村级集体经济发展专项资金管理，研究出台《龙湾区村级集体经济发展专项扶持资金管理办法》，确保资金使用效益。

（三）为村集体资产“还权赋能”，构建提供持续收入的“蓄水池”

一是“赋权”，在城中村改造村集体资产补偿安置中，更多赋予村集体土地商业开发权。龙湾区 51 个三产安置项目全面落地，城中村改造村集体资产补偿安置壮大村级集体经济结出财富之果，44 个城改村均享有 1500 到 3500 平方米的商业“物业大楼”用房，实行村村有可持续收入的“蓄水池”。如温州空港新区天城围垦标准厂房项目，总建筑面积 4 万平方

图 7–2 汤家桥农贸市场

米，年收益 500 万元；沙中村招商引进精品酒店，年收益 556 万元；汤家桥村改建提升农贸市场，摊位 115 个，为周边 10 多个大型住宅区提供服务，年收益超 300 万元。

二是“让权”，向经济相对薄弱村和项目匮乏村定向出让。如永定家园商业抱团项目，由区政府拿出 16 间黄金商铺，一事一议商定优惠价格，打包向经济相对薄弱村和项目匮乏村出让，惠及 5 个街道 16 个村社，预计初期年收益 320 万元。试点政府部门购买服务扶持资源匮乏村增收，梳理出街村公路养（管）护、道路河道保洁和治安服务等 25 项服务项目，如响动岩村承接农家乐消防安全管理服务和森林管护服务，年增收 6 万元。

深耕“小微企业园股份富村”，政府舍得把土地级差最大的“黄金地段”、最有效益的“黄金项目”、最有经验的“红港团队”拿出来，通过政府 BT 项目代建，以村居公司股份制的形式，比如整合 13 个村的海涂政策处理 386.7 亩二产返回地建成永兴南园小微企业创业园年创收 2800 万元，打包 12 个村二产 56.21 亩建成兴港小微园创收 200 万元，水潭村小

图 7–3　永兴南园小微企业创业园

微园 4 万平方米租金年收入 500 万元。“小微企业园股份富村”模式，集约化开发、智能化建设、市场化运作，使抱团村居年收入均超 500 万元，成为各村实现共同发展的“强力引擎”和“最灵招数”。

三是“强权”，鼓励村集体跨区抱团发展，依靠项目带动谋增收。化零为整，整合永兴街道 13 个村的二产返回地联合开发温州首家小微创业园，先后有 150 多家企业入驻，全年租金收入超过 2800 万元，目前项目村村均总收入高达 660 万元。构建产城一体、农旅双链、区域融合发展的生态经济，以美丽乡村和田园综合体为载体，打造“现代农业 + 都市”的典范，如永兴现代都市农业产业园项目,9 个村抱团流转土地面积 2000 亩，年收益 200 万元。

从 2016 年的 2.5 亿元到 2019 年的 4.71 亿元，我们的一把金钥匙就是走“项目之路”。近年共启动项目 128 个，总覆盖 70 个村，预期年收益达 1.4 亿元，基本构建了市场、楼宇、产业、物业等多极“造血”发展之路。

图 7–4　奥玛尔国际购物中心

出台城乡建设用地增减挂钩节余有偿政策和支持发展村集体经济用地措施，构建标准厂房、商业用房或农贸市场等物业资产。

四是“扩权”，放大村集体资产商业化发展权利，实现村企联动求共赢。因地制宜，“一村一策”地嫁接一批可行性强、发展前景好、投资回报快、互惠共赢的高质量项目，并以项目为平台，企业与村集体结对发展，不断提升村级产业发展能级，共落地“村企结对”项目33个。如永中街道沧河村联手温州奥玛尔国际购物中心有限公司共同打造1亿元奥玛尔国际购物中心，村集体出资的7200万元由企业垫资并从收益中抵扣，项目年租金和分红达500多万元。

（四）全面梳理“资产清单”，依法保障“合同权利”

1.全面清账明家底，物业资产“一网集成”。结合村社组织换届“六清”行动，全面开展村级集体资产清产核资工作，通过村级组织“自报家底”“线上＋线下”双公示接受全体村民“检阅”、村民代表大会签字确认、上报属地街道和区级农业部门备案等流程，全面捋清村集体物业家底，并“一个不落、尽数入库”地导入“e管家”平台进行“亮晒”，实现物业资产动态可查、交易行为全程可控。

2.规范合同强管理，资产租赁“有法可依”。联合区纪委区监委、农业农村局等部门起草出台《关于加强村级经济合同管理“五清五完善”十条措施》，明确村级经济合同“十不准”负面清单，为村级“当家人”划出“用权”红线。加大合同法制审查，邀请区级法律顾问统一制作村级物业租赁合同（协议）和农村土地承包经营流转合同（协议）范本，同时强化街道联系领导对个性化条款的审查把关力度，进一步堵牢村级权力寻租“漏洞”。建立健全村级经济合同备案管理制，所有村级合同均在街道“三资”代理中心进行备案，减少空账、呆账、无头账产生率。

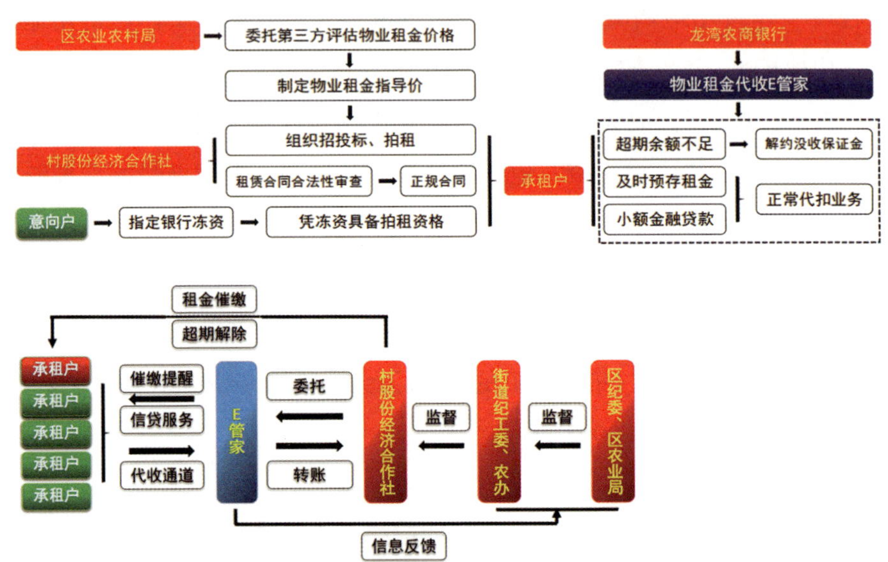

图 7-5 “E 管家”平台示意图

三、取得的主要成效

近年来，龙湾区村级集体经济共享城市发展红利，依托政策强村、项目强村、纪律强村等举措，探索致富路子、创新监管模式，实现“城乡等值”。主要成效如下：

1. 村集体经济总收入。全区村集体经济总收入，从 2016 年的 2.5 亿元增长到 2019 年的 4.71 亿元，3 年增长 88.4%，年均增长 23.5%。

2. 村集体经济总收入 100 万元村数量。村集体经济总收入 100 万元村数量，从 2016 年的 73 个增加到 2019 年的 86 个。

3. 村集体经济总收入 500 万元村数量。村集体经济总收入 500 万元村数量，从 2016 年的 12 个增加到 2019 年的 26 个。

此外，2019年村均总收入高达490万元，所有村（社）经营性收入突破50万元，全区累计按股分红3.56亿元，46个村集体实行按股分红，受益股东户数25729户，惠及股东108252人，村集体经济发展水平居全省前列。

四、探讨与评论：壮大农村集体经济的几条经验

坚持以习近平新时代中国特色社会主义思想为指引，认真贯彻落实党的十九届五中全会和中央农村工作会议精神，优先发展农业农村，全面推进乡村振兴，是“三农”工作重心的历史性转移。坚持把解决好“三农”问题作为全党工作重中之重，走中国特色社会主义乡村振兴道路，全面实施乡村振兴战略，促进农业高质高效、乡村宜居宜业、农民富裕富足。

从龙湾的经验来看，坚持“城乡等值”的发展理念和“还权赋能”的工作路径，抓住快速推进城市化的历史契机，让农村共享城市化发展红利，实现村集体经济高质量发展，形成中央所倡导的城乡互补、协调发展、共同繁荣的新型工农城乡关系，可资区县级政府借鉴。

“十四五”期间，龙湾将继续推动“城乡等值”发展，把发展壮大村级集体经济作为强农业、美农村、富农民的必由之路，重点做好以下几方面探索：

一是探索发展模式的多样化。拓展村集体经济发展思路和空间，在发展模式上做文章，在兴办工业项目增收、发展第三产业增收、做活土地文章增收、开发集体资源增收、盘活集体资产增收、依托城区建设增收、农旅结合增收、灵活经营债权增收等路子上求突破。对具有传统产业优势、发展势头良好的村，通过帮大扶强，实现传统产业由大到强的转变。对经济实力较强的村以及土地征用中获得一定补偿资金的村，引导建设或购置标准化厂房，同时鼓励村级组织大力开展招商引资，吸引客商承租厂房，

依靠租金壮大集体经济。此外，有条件的村采取自主开发、合资合作等方式，建设沿街店铺或农贸市场，实现创收。经济基础薄弱的村，要深挖闲置、零散的生态资源、自然资源、劳动力资源等，化零为整，打造休闲旅游、居家养老和承接社会服务项目等。

二是探索产权形式的多元化。创新农村集体土地流转和使用制度，充分开发利用现有资源，鼓励结合土地整理、农业综合开发、农村社区建设等，推动产业集约集聚发展。紧紧围绕土地做文章，规范有序探索推进集体建设用地流转，构建各类土地得到集约利用、土地资源效益得到充分显化、农民权益得到有效维护的农村土地管理新格局。认真落实村集体建设留用土地政策，在规划时留出集体非农建设用地，构建产出快、收益高的产业聚集区。探索土地流转有效实现形式，按照“资源资本化、收益最大化”的要求，对土地资源优化配置，大胆实践委托流转、转包、转租、转让、互换、入股等方式，引导农村土地向业主大户集中，以示范园、示范场、示范点建设为突破口，稳步发展村集体领导下的农业适度规模经营。

三是探索多种合作经营方式。完善村集体经济组织机制，探索试点职业经理人制度，健全股份经济合作管理人员的激励机制、财务管理制度等，调动管理者的积极性和创造性，增强股份合作社运作的规范性和透明度。探索由集体牵头成立农副产品合作社，通过建立“支部 + 公司 + 协会 + 农户”“龙头企业 + 合作社 + 基地 + 农户”等模式，签订收购和销售合同，实行农副产品有组织外销，村集体从中获取服务补贴。探索建立新型经济实体，推行以土地股份合作、农民专业合作等为重点，引导企业和农户通过资金、技术、土地、劳动力入股等方式，推进股份合作和集约化经营，真正形成风险共担、利益共享、发展共促的强村公司，把家庭承包经营的积极性与集体统一经营的优越性有机结合，逐步建立起集体积累和农民增收的长效机制，实现培植特色产业与集体经济增收互促双赢。

浙江·上虞
SHANGYU · ZHEJIANG
江山如此多娇

绍兴市上虞区地处浙江省东部，杭州湾南岸，总面积 1427 平方千米，人口 78 万人，下辖 14 个乡镇、7 个街道。南部为丘陵，中部是平原，北部濒海湾，整个地貌呈“五山一水四分田”的格局。

上虞历史悠久、人文荟萃。秦嬴政二十五年（前 222）设上虞县。是中国青瓷发源地，也是“梁祝传说”中祝英台的家乡。历史上曾有“唯物主义思想家”王充、“东山再起”谢安、山水诗开创者谢灵运、“一代儒宗”马一浮、气象学家竺可桢、“当代茶圣”吴觉农、电影艺术大师谢晋等著名乡贤。是“中国乡贤文化之乡”“中国孝德文化之乡”“浙江省文化名城”。

上虞生态优美、环境宜居。境内以曹娥江为界，东侧为四明山脉，西侧为会稽山脉。是国家园林城市和省生态旅游城市，荣获“中国人居环境范例奖”“中国最佳休闲小城”“浙江省示范文明城市”等称号。

上虞产业优质、经济繁荣。形成机械装备、精细化工、轻工纺织、照明电器、新能源新材料等五大主导产业，以及伞件、铜管、手套袜业等八大块状经济，有上市企业 17 家。是著名的“建筑之乡”，拥有“四季仙果之旅”旅游品牌。2020 年实现了“一季正、半年红、三季进、全年赢”，交出了“两手硬、两战赢”的高分答卷。

各美其美 美美与共 全域推进新时代美丽行动

浙江省绍兴市上虞区农业农村局

党的十九届五中全会提出了“优先发展农业农村，全面推进乡村振兴”的宏观战略，上虞区紧扣“绿水青山就是金山银山”的发展理念，以统筹实施“新时代美丽行动”为总摄，整合集成项目、资金、人员等要素和文化、山水、产业等资源，高质量推进城乡融合发展，高水平建设美丽大花园，全力打造“创新之区、品质之城”，全域推进乡村建设。

一、背景与起因

近年来，绍兴市上虞区委区政府根据中央和省市关于农业农村建设的一系列宏观战略和习近平总书记的“两山”理论指示精神。依托本地区经济社会发展情况，对上虞城乡建设和乡村振兴的现状和取向进行了全面评估和综合考量，认识到在上虞的经济比较发达，社会稳定和谐，城乡建设投入较大，城乡面貌改善较快的背景下，也存在着明显的不足：一是各有关职能部门在城乡建设过程中认识不足、指向不一、进度参差，创建项目缺乏协同性、整体性，综合效能和区块效应不能及时有效显现的不平衡、不充分，存在着城乡建设“碎片化”的弊端；二是对乡村经济社会发展的推动作用不够，城乡建设与促进乡村经济发展的关联度不高，建设投入与社会产出之间不够平衡。对照中央和省、市对发展农业农村建设、振兴乡村方面的要求还存在一定差距。

为进一步整合资源、汇聚优势，坚持“高质量、可持续、普惠性”的发展原则，以更加系统完备的思路、协同有力的步伐、合理有效的机制，将当前全区条块化的美丽建设工作串联起来，上虞区提出了以“新时代美丽行动”为主要抓手的城乡建设方案。区委区政府组织成立“新时代美丽行动”专班，提出工作的总体目标和要求，协调和督促各项工作的开展。各有关职能部门结合日常工作和“新时代美丽行动”工作要求，出台有力措施，开展各类美丽创建活动，实现一体化布局、整体化推进，“美丽城镇、美丽乡村、美丽公路、美丽河湖、美丽园区、美丽街区、美丽小区、美丽庭院”八大行动统筹开展、相互衔接、同频共振，全域打造布局美、环境美、业态美、人文美，各美其美、美美与共的大美上虞。

1. 开展新时代美丽行动，是贯彻落实中央和省、市决策部署，建设美丽乡村，实现乡村全面振兴的本质要求。2019 年下半年，为贯彻落实中央关于乡村振兴的战略，省委先后召开全省美丽城镇建设工作会议和全省深化“千万工程”建设新时代美丽乡村现场会，正式宣告了浙江全面开启高水平建设新时代美丽城镇、美丽乡村的新征程。绍兴市委市政府也专门召开会议作了部署。上虞区提出实施新时代美丽行动，是在贯彻落实省、市决策部署的基础上，结合上虞实际，总揽全局作出的一项战略性举措。八大行动，各有侧重，加在一起构成了一个完整的美丽上虞，是建设更高水平“创新之区、品质之城”的具体抓手。

2. 开展新时代美丽行动，是践行以人民为中心发展思想、打造最具幸福感城市的实际行动。城市更美丽，人民生活就会更幸福。近年来，上虞区在城乡建设上虽然做了大量工作，但对标人民群众新期盼，对标高质量发展排头兵要求，城乡基础设施仍有欠账，污水处理、垃圾处置、乡村公路等一些基础短板还需补齐；乡镇部门的协同意识还有待提升，“统”的力度不够，投入资金绩效不高，政策资源相对碎片化、分散化；长效管理还不到位，群众参与不多，后续保障压力加大等问题仍较突出。这些问题解决不好，就有可能成为社会问题和民生问题。上虞区委在一届八次全会上旗帜鲜明地提出上虞要打造成为最具幸福感城市。开展新时代美丽行动，就是要在巩固前期成果的基础上，进一步突出“高质量、可持续、普惠性”导向，全区域推进，全领域建强，成为打造最具幸福感城市的先行工程、民心工程。

3. 开展新时代美丽行动，是推进区域治理现代化、夯实基层基础的有效举措。一个地方的“环境乱象”“功能欠账”往往交织着“治理欠账”。抓新时代美丽行动，也是在抓基层治理现代化。让人民群众切切实实地感受到美丽的乡村家园，美好的生活环境，有助于基层干部更好地服务群众、促进发展，增强基层班子的威望和向心力，进一步夯实区域发展的基层基础。有利于更好地增强人民对政府的信任感和凝聚力，共同建设和谐社会。

二、做法与经过

上虞区新时代美丽行动主要包括“美丽城镇、美丽乡村、美丽公路、美丽河湖、美丽园区、美丽街区、美丽小区、美丽庭院”八大行动，重点是落实党的十九届五中全会关于“走中国特色社会主义乡村振兴道路，全面实施乡村振兴战略，强化以工补农、以城带乡，推动形成工农互促、城乡互补、协调发展、共同繁荣的新型工农城乡关系，加快农业农村现代化”“推动绿色发展，促进人与自然和谐共生”的指示精神和中央一号文件关于“加快补上农村基础设施和公共服务短板”等一系列要求。整合各乡村、各区域、各行业的文化、历史、自然、产业、环境等各方面的资源，有组织、有系统、有条理地开展城乡建设。

（一）高起点谋划新时代美丽行动

1. 坚持目标引领。新时代美丽行动的目标是：创新城乡发展模式，创建城乡特色风貌，创造城乡优良环境，创优城乡公共服务，打造浙东唐诗之路发祥地、全域旅游目的地、美丽建设标杆地，形成“各美其美、美美与共”的美丽景象。力争到2022年更高质量建成美丽城镇5个以上，美丽公路、美丽园区、美丽街区各10个（条）以上，美丽乡村、美丽河湖、美丽小区各100个（条）以上，美丽庭院3万个以上，成功创建省美丽城镇建设先进区、省美丽乡村示范县（区）。

2. 坚持标准引领。新时代美丽行动是对浙江省“千万工程”的深化贯彻，定位更高，标准也更高。一是布局美。坚持规划引领，做到设施先进、功能集成，数字建设全面覆盖，整体布局科学合理，具有一流的空间感、愉悦度。二是环境美。加强城乡人居环境整治，形成“地洁、水碧、天蓝、花红、草绿”的优质环境，宜居宜游，人与自然和谐相处。三是业态美。产业特色鲜明，创业氛围浓厚，业态丰富、创新引领，建成具有地理标志的发展品牌，形成美丽经济。四是人文美。党的建设全面加强，各具韵味的人文积淀充分挖掘，新风尚新文化全面弘扬，文明善治持续推进，社会治理有效有序，现代文明、乡愁文化相得益彰。

3. 坚持项目引领。每年排定新时代美丽行动创建项目，2020年，美丽行动总投资超6亿元，主要由区财政局多渠道保障，乡镇街道作一定配套。按照“工作项目化、项目清单化”要求，八大美丽行动摸排梳理了一批美丽行动创建项目，涉及180多个点位，涵盖20个乡镇街道，既有点，又有线，还有面，既有贴近群众身边的美丽乡村、美丽街区、美丽小区，又有流动在公共空间、群众心中的美丽公路、美丽河湖、美丽城镇。所有项目当年启动、当年创建、当年见效。2021—2022年，根据实际编排项目，始终坚持项目引领。

4. 坚持效果引领。以人民群众的获得感为导向，坚持“塑造特色、创建示范、打造样板、形成线路”的理念，挖掘人文历史，培育产业形态，建设一批特色化项目，打造一批美丽乡村、美丽公路、美丽街区等精品示范网红地，更高品质构建美丽风景带10条以上，形成景点、景线、景域相结合的美丽上虞大花园，让美丽成为上虞景秀图画的标志色彩，让新时代美丽行动的成果看得见、摸得着、感受得到。

（二）集成式推进新时代美丽行动

1. 分阶段计划。新时代美丽行动为期3年，实行分期建设、分年实施，有计划、有步骤地加以推进，共分成三个阶段。一是准备阶段（2019年12月—2020年2月），主要任务是拟定美丽行动实施意见，确定项目实施清单，明确项目建设标准。二是推进阶段（2020年3月—2022年12月），主要任务是开展当年项目建设，明确时间节点，确保项目顺利推进。三是总结验收阶段（每年11—12月），由工作专班办公室组织部门和专家每年12月前对当年度的新时代美丽行动建设项目进行考核验收，并对创建成功的美丽项目进行命名、表彰。

2. 分层面实施。新时代美丽行动涉及领域广、参与部门多，其中区建设局牵头负责美丽城镇和美丽街区两大行动，美丽城镇行动要以18个建制乡镇街道为主体，集成一个区域的产、城、居、旅建设，构建城乡一体融合圈。美丽街区行动按照“一街一品、一路一风格”的要求打造特色街区，勾勒城市靓丽风情。区农业农村局牵头负责美丽乡村行动，按照“千万工程”要求，集成在村人居环境建设，打造秀美乡村新景象。区交

图 8–1 上虞东关

通运输局牵头负责美丽公路行动，创新“美丽公路 +”发展的创建模式，提升完善“两轴四环”美丽公路网，深化“四好”农村路建设成果。区水利局牵头负责美丽河湖行动，全力实施“一江十河百溪水美”工程，促进乡镇河湖溪流整治提升，形成全域大美河湖新格局。区经信局牵头负责美丽园区行动，以工业园区整治提升和小微企业园绩效评价为抓手，为区域经济高质量发展提供高品质发展平台。区综合执法局牵头负责美丽小区行动，以违章整治、环境改造为抓手，提升小区美丽、文明、平安、智慧指数，营造安居宜居生活区。区妇联牵头负责美丽庭院行动，从点到线向面拓展，以庭院小美成就乡村大美，塑造美好农村大花园。

图 8-2　上虞丁宅乡

3. 分类型打造。坚持“创”和“建”两条腿走路，因地制宜，分类施策，实现一处美、处处美目标。充分发挥市场作用，引入竞争机制，鼓励社会各类主体参与项目设施管护运营，建立健全有利于长期发挥效益的体制机制，建得成，用得好，用得久，切实提高美丽行动效率。坚持差异化、区别性施策，既挖掘既有的基础资源，做加法，做增量，运用文化基因嫁接，优势元素培植，让美丽锦上添花；又打破原有的基础障碍，做裂变，做重塑，运用现代技术武装，情境设施再造，让美丽脱胎换骨。注重长效管理，坚持项目建设与长效管理相结合，按照“建管一体、运管并重”的要求，充分发挥群众的主动性、参与性，统一推进项目设施建设、运营和管护，管出美丽，管住美丽。

4. 分导式推动。坚持项目进度动态跟踪，步步为营，稳扎稳打，切实推进新时代美丽行动落到实处。每月报送工作进度，专班工作推进小组联络员将当月项目建设情况及时反馈，专班办公室汇总后及时通报建设进度和有关督导情况。每季度交流工作进展，定期会商、分析、解决项目建设中出现的难点与问题，明确下一阶段工作重点。每半年召开一次全区新时代美丽行动现场观摩会，进行项目进展“小晒比”，形成比项目、比建设、比美丽“你追我赶”的生动局面。年终将美丽行动纳入岗位目标责任制考核，对美丽行动工作先进予以表彰，鼓励先进，激发干劲。

（三）高质量落实新时代美丽行动

1. 注重整合抓落实。开展新时代美丽行动，加强统筹，有效整合。统筹整合规划，在总规和详规的基础上，对项目主体进行项目规划，使项目与总体规划有机对接，有机融合，有机提升。统筹整合资源，最大限度地发挥人员、资源、资金等要素效能，切实增强项目建设的协同性、关联性、整体性。统筹整合路径，推进新时代美丽行动要坚持党建引领，与文化旅游、城市能级提升、美丽经济发展等工作融合开展，发挥 1+1>2 的作用，实现赋能的最大化。

2. 创新方法抓落实。加强专业设计，引入第三方参与项目建设，注重一张图定位，一张图施工，协调推进八大行动各项任务有序实施。注重超前思考，以未来社区为发展方向，让美丽行动项目有前瞻性、引领性、长远性，努力打造功能齐全、配套完备的多元共享生活区。加强融合发展，在项目建设中更好地融入自然、历史、文化、旅游资源，更多地展现地域特色、风情风貌、地理标志。加强绩效评估，定期对美丽行动项目建设进行形象扫描、效能测评，着力提升投资绩效水平。

3. 着眼全域抓落实。坚持新时代美丽行动既是城乡面貌提质提升“生态工程”，也是惠民利民“民生工程”的双重定位，以全域打造、全域提升、全域美丽为依托，在整体推进的基础上重点突破，在全域美丽的基础上亮点纷呈，把美丽蛋糕做大，让亮点更亮。各部门将“全方位提升、全景式

图 8–3 美丽上钱村

打造、全社会参与”的理念贯穿新时代美丽行动全过程，对城乡基础设施、生态环境、公共服务等进行覆盖式、全方位、系统化的优化提升，努力让全区人民享受到新时代美丽行动带来的红利。

4. 压实责任抓落实。切实强化组织领导，成立新时代美丽行动工作专班，在区农业和农村工作领导小组办公室下设协调办公室，负责项目统筹、督促检查、进度跟踪、考核评估和宣传通报等工作。各牵头单位把新时代美丽行动列入重要的议事日程，安排充足力量推动此项工作，明确责任领导、责任成员，形成任务清单，落实标准要求。区纪委监委、组织、宣传等成员单位强化保障，营造氛围。各乡镇街道成立相应的组织机构，切实加强对新时代美丽行动工作的组织领导，层层分解落实工作任务，形成主要领导亲自抓、分管领导具体抓的工作格局，确保新时代美丽行动取得预期成果，幻化成“创新之区、品质之城”的响亮品牌。

三、成效与反响

开展新时代美丽行动，以排头兵姿态实施推进，集成政策、集聚力量，努力把上虞打造成为长三角最佳全域旅游目的地、新时代美丽浙江建设样板区、标杆区、引领区，争创国家级全域旅游示范区，打造人人为之向往的宜居宜业宜游的美丽家园。

1. 美丽行动，美在环境，城乡环境进一步升级。充分发挥规划引领作用，把 1427 平方千米作为一座城市公园来设计，全面加强规划管控，做深做细设计，形成错落有致的美好城乡形态，充分呈现“精致协调的美、肃然起敬的美、经久耐看的美”。特别是把 800 平方千米的虞南山区，作为美丽大花园建设的核心区来打造，高起点谋划、高品质推进，着眼长三角，打造中国最美区域，成为上虞城市的又一张亮丽“名片”。以更大的

图 8–4　一闸分清污

图 8–5　上虞盖北镇

决心和力度打好治水治气治土治废攻坚战，推进“污水零直排区”省级示范区建设，进一步补齐生态环境质量的突出短板，确保 $PM_{2.5}$ 空气质量优良率等核心指标位居全市前列，争创国家级生态文明示范区。强化了城乡环境的精致精细管理，加强厕所革命、垃圾分类、日常保洁等工作，真正做好长效管理这篇文章，让城乡的每一个角落都经得起查、经得起看。

2. 美丽行动，美在业态，美丽成果进一步转化。没有产业支撑，美丽行动就难以为继。深入践行“两山”理论，加快推动“美丽生态”向“美丽经济”转化。一是进一步激活沉睡的资产资源，打通美丽经济转化通道。闲置农房激活、全域资产盘整上整体规划、整合利用，完善政策意见，加快农村综合改革，让沉睡资源醒过来、活过来，走好资源变资金、资金变资产的新路。二是进一步突破大项目好项目，打通全域旅游融合发展的通道。立足资源禀赋培育引进一批高品质的生态休闲项目，打造一批全国有影响的高端民宿项目、研学游项目、工业旅游项目，不断培育壮大新经济新业态。抓好度假区已签约重大文旅项目的落地建设，把覆卮山景区、旅游风情小镇等重要景区串联起来，进行系列化宣传、系列化推进，全区5A级景区、4A级景区创建走在全市全省前列。三是进一步撬动社会资本，打通民资民企参与发展的通道。持续加大力度，创新模式，搭好产业平台，拓展融资渠道，放大政府投资杠杆效应，引导更多工商资本、金融资本、社会资本参与美丽行动，让民资民企成为新时代美丽行动建设的生力军。

3. 美丽行动，美在人文，文化赋能进一步结合。把文化作为打造美、歌颂美、传承美的载体，以丰富的文化资源赋能“美丽行动”，推动“美

图 8–6 曹娥江畔

丽行动”实现“外在美”向“内在美”“精神美”的转变。一是做好文化与美丽的结合文章。以曹娥江文创走廊建设为载体，做好“溯源、塑造，物化、活化，上虞特色、现代特色、惠民特色”的文章，不断在生态美的基础上铸魂赋能。大力推进文明城镇、文明乡村、文明公路、文明河湖、文明园区、文明街区、文明小区、文明庭院创建评比，抓好了农村文化大礼堂、社区文化家园、“一江两岸”文化场馆等文化基础设施建设，深化新时代文明实践，进一步丰富群众精神文化生活。二是全面激活地方历史文化。对各村镇的地方历史文化资源，进行深入挖掘、全面梳理、精细加工、合理应用。使地方历史文化既成为贴近人民群众的活教材，又成为形成“一村一品”文化特色的好材料。

4. 美丽行动，美在治理，基层治理进一步创新。八大“美丽行动”充分发挥党建引领作用，进一步深化加强乡镇建设“1+5”改革，完善“党建 +”模式，把基层党组织建成领导基层治理的坚强战斗堡垒。积极推进基层治理的微创新微改革，抓好深化阳光用权“五个三”工作体系、提炼推广新时代“四不出村”工作法等重大项目，尤其是农村社区专职工作者队伍按照“农村社区化、村务工作者职业化”思路建设，加快打造农村社区（便民）服务中心 2.0 版，构建区镇村三级联动的一体化政务服务体系，把“最多跑一次”与“最多跑一地”有机结合起来，实现老百姓在家门口办事“最多跑一次”。进一步加强乡贤文化、乡贤治理的研究，打响乡贤全面参与基层社会治理的上虞乡贤品牌，引领推动乡贤治理。

四、探讨与评论

党的十九大报告提出了乡村振兴战略“产业兴旺、生态宜居、乡风文明、治理有效、生活富裕”的二十字总要求。在基层实践中，要落实这二十字总要求，必须要有一个具体的载体和抓手。新时代美丽行动就是上虞区在推进城乡融合发展、补齐城乡短板、实施乡村振兴战略中的重要创新举措，是落实党的十九大提出的乡村振兴战略的重要载体和具体措施。在上虞的城乡产业发展、环境提升、文明建设、社会治理、公共服务等方面有创新、有突破、有成效。

1. 创新城乡发展模式，为城乡产业兴旺奠定基础。新时代美丽行动是条块化建设向系统化、整体化建设转变的体现，打破部门界限、系统布局、整合优势资源、同频共振，形成统筹整合、协调联动、一体打造的工作格局，有利于挖掘产业发展的资源、营造产业发育的生态和调动产业优化的积极性，实现产业支撑的强化，实现产业兴旺的目标。

2. 创造城乡优良环境，为城乡生态宜居提供保障。新时代美丽行动作为一幅巨画，统筹描绘、全景打造，对全区面上进行基础设施、生态环境、公共服务等全方位、系统性的优化提升，形成“地洁、水碧、天蓝、花红、草绿”的生态宜居环境，让群众看得见、摸得着、感受得到美丽乡村建设的成果，为实现城乡生态宜居提供保障。

3. 创建城乡特色风貌，让城乡美丽行动多元化。新时代美丽行动在普惠性基础上坚持“塑造特色、创建示范、打造样板、形成线路”的理念，打造“一户一处景、一村一幅画、一镇一精品、一企一样板、一线一风景、一区一品牌”，克服城乡建设单一化、趋同化的弊端，形成景点、景线、景域、景色多元化、特色化的美丽上虞大花园。

4. 挖掘城乡文化历史，倡导城乡文明风尚新气象。新时代美丽行动注重挖掘和提炼各地各行业的历史文化，传承上虞历史文化根脉。通过对传统文化的基因解码、转化吸收，汲取历史文化中的精华内容，结合党的十九大关于社会主义精神文明建设的要求和社会主义核心价值观等内容，积极营造良好的社会主流文化，倡导城乡文明新风尚。

5. 创优城乡公共服务，完善城乡基层治理新体系。新时代美丽行动重视基层治理的“微创新、微改革”，提炼推广新时代“四不出村”工作法，打造农村社区（便民）服务中心 2.0 版，构建区镇村三级联动的一体化政务服务体系，实现老百姓在家门口办事“最多跑一次”，完善城乡基层治理新体系，不断增强群众的获得感、幸福感和安全感。

绍兴市上虞区通过新时代美丽行动，落实“优先发展农业农村，全面推进乡村振兴”战略，目前还在起步阶段。虽然已经明确了方向，找准了路子，也取得了一定的阶段性成果，但要取得全面的成功，还需要不懈的努力和不断的完善。在今后的工作中，上虞区将按照党的十九届五中全会精神和中央经济工作会议、农村工作会议和一号文件精神为指针，加强顶层设计，以更有力的举措，汇聚更强大的力量来推进乡村振兴战略。充分挖掘地方特色资源，加快发展乡村产业发展；涵养地方文化，加强农村思想道德建设；采取有力措施，加强农村生态文明建设；完善农业支持保护制度，深化农村改革；加强农村基础设施和公共服务，确保普惠性、兜底性、基础性民生建设。健全城乡融合发展体制机制，推动城乡融合发展。

浙江·柯桥
KEQIAO · ZHEJIANG

绍兴市柯桥区的前身是绍兴县，2000 年县政府驻地由市区迁至柯桥镇，2013 年 11 月撤县设区。区域总面积 1040 平方千米，常住人口 100.02 万人，户籍人口 68.8 万人，外来人口 66.07 万人，下辖 5 个镇、11 个街道、354 个村居社区。

柯桥区交通发达，北接萧山机场，东临宁波港，高铁设站，杭甬、杭绍台、绍诸等多条高速穿境。中国轻纺城是全球最大的纺织品专业市场，全球近 1/4 的纺织产品在此交易。柯桥区素有“酒乡”“桥乡”“戏曲之乡”“书法之乡”“名士之乡”等美誉。全区有水域面积近 50 平方千米、河流 900 多条，浙东古运河穿城而过，是浙东唐诗之路的一个重要节点。2019 年成功创建全省首批 4A 级景区城，实现旅游收入 301 亿元。

柯桥区干部群众，勤劳智慧，开拓创新，通过 20 年不懈努力，柯桥区已建设成为一座经济发展、环境优美、宜居乐业的江南美丽新城。2019 年实现地区生产总值 1504 亿元，财政总收入 197.8 亿元，一般公共预算收入 131.4 亿元，全区城镇、农村居民人均可支配收入分别为 68948 元、40655 元，全区综合实力位居全国百强区第 11 位，连续 10 年被评为“中国全面小康十大示范区”。

创新农村社会治理体系 开创农村集体“三资”管理无现金时代

浙江省绍兴市柯桥区农业农村局

绍兴市柯桥区是经济发达地区，农村集体经济比较发达，全区共有328个村级集体经济体，2019年，村级集体经济总收入184097.27万元，村均561.27万元，其中经营性收入92528.19万元，村均282.10万元。年末总资产1214380.77万元，所有者权益957647.25万元。柯桥区高度重视农村集体“三资”管理，不断探索创新，始终走在县市区的前列。2019年，我区探索农村集体“三资”去现金化管理改革，通过一个街道先行试点，然后，全区全面推进，农村集体“三资”管理得到明显提升，有力推进了我区清廉村居建设。

一、背景与起因

1. 破解农村集体“三资”管理问题的需要。虽然我区农村集体“三资”管理总体良好，但是也存在一些薄弱环节和问题：坐收坐支得不到彻底解决，出纳处未能报销入账的以据抵现时有发生，不规范现金支付难以遏制，现金是否收付产生的纠纷难以核实解决，更有甚者，一些村干部编造虚假支出凭证套取资金，用于不规范支出或者贪污冒领。这些问题都与现金收付有关，只有彻底取消现金收付，才能有效解决这些问题。

2. 顺应信息化移动支付新环境的需要。通过支付宝、微信收付已是个人、商家日常经济业务交易的主要途径。农村集体经济如何顺应移动支付的社会环境变得越来越迫切。通过信息化技术，结合移动支付，是提高资金支付效率、避免现金收付差错的有效手段，是顺应发展要求的举措。

3. 推进清廉村居建设的需要。实施农村集体“三资”去现金化管理改革，取消经济往来中的现金使用，完善“三资”管理配套建设，把农村集体“三资”管理制度的笼子扎得更严、更紧、更实，推进基层治理现代化，促进清廉村居建设。

二、做法与经过

1. 建立审核支付系统，分步分级审核。审核支付系统包括审核、支付两个环节，形成一个完整的支付链。在支出票据完成财务审批的基础上，村报账员登录审核支付系统，填写申请支付单，扫描上传支付凭证及相关

图 9–1 “三资”去现金化管理改革工作现场会

附件，经镇街代理会计、农经站长、分管领导审核通过，自动链接进入银联支付环节，然后，村报账员发起支付申请，经代理会计复核通过，系统给金融机构一条支付指令，金融机构根据指令完成转账支付。转账支付可以单笔、批量，也可以跨行。各镇街根据村级集体经济发展状况、监管要求、便捷高效原则统一设置分级审核权限，一般 5 万元以下的，由镇街“三资”代理服务中心会计审核，5 万—20 万元的，还需镇街农经站长审核，20 万元以上的，再需镇街分管领导审核。各审核支付环节有短信提示，没有审核通过、支付不成功的，根据反馈意见完善。审核环节有电脑端和手机端，镇街“三资”代理服务中心会计、农经站长、分管领导随时随地可以审核。

2. 实行村务卡制度，取消库存现金。村务卡是在职村干部办理并持有的个人信用卡，用于村集体费用支出，包括持卡人的个人村务支出，不得

图 9–2 去现金化管理改革动员会

用于个人消费，不得提取现金。每个村集体经济组织可以根据实际需要办理董事长、文书、报账员等 3 张村务卡，由村干部个人向村集体经济组织开设基本账户的银行申请办理，一般享有 5 万元的信用额度和 26—56 天的透支免息期。村集体日常费用支出，用村务卡通过 POS 机刷卡、手机绑定支付宝或微信转账支付，持卡人凭原始发票、明细清单和支付小票进行财务审批、报销，村集体对符合规定的支出转账到村务卡，对不符合规定的支出，由持卡人个人承担。村务卡支出应及时报销，一般要求在支出发生后的 10 日内进行报销，逾期产生的利息、不良信用等，由持卡人个人承担。持卡人应保管好村务卡，如遗失、被盗等，应及时挂失，重新申领。村务卡由镇街实行备案管理，村干部岗位调整、离职、退休等，应及时办理村务卡注销和申请。实行村务卡后，经现金盘点，库存现金存入银行，取消村集体库存现金。

3. 完善收支配套建设，实现无现金收付。一是收入无现金，通过村集体经济组织到开户银行开通一码通，金融机构金融服务点设置到每个村集体所在地解决。付款单位或个人可以通过三种渠道转入村集体经济组织银行账户：一是通过银行转账转入，通过手机扫描一码通转入，通过金融服务点委托代办员以现金缴入。二是支出无现金，配套完善如下：对大额支出，如工程款、村民福利、股份分红等，通过网上转账支付。对事先无法取得发票而需预支付的款项，如水电费、税费、电话费等，采用填写资金预付单的形式，按规定程序经财务审批、网上审核后支付，待取得发票后，再入账

图 9–3　一码通

图 9-4　农村基层治理先进单位——柯岩街道余渚居

核算。根据村民意愿，按一人一卡或一户一卡，建立完善村民银行账户信息库（主要用于村民股份分红、福利费发放等）。对村级组织换届、困难慰问等特殊情况需要使用现金的，填写现金报销审批单，经镇街审核同意后以现金支票的形式提取现金，结存现金两天内交存银行。三是其他配套建设。加强民主理财，村民主理财小组一般每周不少于一次集中到村开展民主理财活动，进行票据审核工作，便于及时报销各项支出，避免村务卡透支资金超期，产生不必要的利息。各村配备电脑、高拍仪等必要的硬件设备。提升报账员业务水平，对不适应岗位要求的进行调整。对村集体股份分红、福利费发放等此类支出，农户不必在发放清单上签字（或盖章），凭分配方案、会议决议等进行转账支付和会计核算即可。

三、成效与反响

1. 极大提高了资金收付效率。实施农村集体“三资”去现金化管理改革后，村出纳不必再到银行存款、取款，也不必再为资金使用到镇街“三资”代理服务中心盖章、审核；缴款单位和个人通过网上银行、手机扫描一码通就能完成转账；村集体给农户的分红款、福利费发放等此类款项，网上点点就转账到村民银行卡上。转账收付不仅效率高，方便基层干部和群众，而且所有转账都有记录，可查询追溯稽核，即使出错，也可更正。如柯岩街道余渚股份经济合作社，每年都要向股东分配红利，过去一到年底分红，村干部从银行取现金到把钱分到股东手上，银行排队不说，3—5个村干部要忙2—3天，股东也要赶到村里来领钱，很不方便。现在只要网上点点，分红款就到股东银行卡上了。

2. 有效强化了“三资”监督管理。实施农村集体“三资”去现金化管理改革后，资金进出全有痕迹，强化了资金的监管，同时，审批前移，改先支出后审批报销为先审批后支付，强化源头管理，建立起了更加规范、有效的监督管理制度，农村集体“三资”管理原来存在的一些问题得到解决，如使用现金的漏洞堵住了，坐收坐支等类顽疾根治了，由现金支出通不过报账，在出纳处形成挂宕的情况不再发生了，等等。

图9–5 清廉村居建设

3. 有效促进了基层社会治理。

实施农村集体“三资”去现金化管理改革，使农村集体资金使用更加便捷高效、清楚明白，提升了村民群众对农村集体资金使用的信任度，同时，倒逼村干部既要公平公正、干净做事，又要发展壮大村级集体经济，为村民谋更多福利，从而进一步改善了干群关系，进一步促进了村居干部清正、政治清明、社会清朗的基层社会形成。

浙江·安吉
ANJI · ZHEJIANG
绿水青山就是
金山银山

安吉县地处浙江省西北境，与本省湖州市的长兴县、吴兴区、德清县，杭州市的余杭区、临安区和安徽省的宁国市、广德市接壤。县域总面积 1886 平方千米，辖 8 镇 3 乡 4 街道 208 个行政村（社区）和 1 个国家级旅游度假区、1 个省级经济开发区、1 个省际承接产业转移示范区。处于中纬度北亚热带南缘季风区，光照充足，气候温和，四季分明，雨量充沛。安吉是山区县，生态优美，环境宜居，山清水秀、风光旖旎，境内“七山一水二分田”，被誉为气净、水净、土净的“三净之地”。

安吉县是“两山”理念诞生地，中国美丽乡村发源地，新时代浙江（安吉）县域践行“两山”理念综合改革创新试验区，全国唯一创建“两山”理论实践试点县，全国第一个生态县，联合国人居奖唯一获得县，全国生态文明建设试点县，国家可持续发展实验区、全国农业产业融合发展试点示范县、浙江省第一批生态循环农业示范县、省级农产品质量安全放心县。

以“两山论”理念为指引 建设数字化现代农业产业体系

浙江省安吉县农业农村局

安吉是中国白茶之乡，也是“两山论”的发源地。2003 年 4 月 9 日，时任浙江省委书记的习近平同志视察溪龙安吉白茶园区时，用“一片叶子富了一方百姓”，概括了安吉白茶产业对致富一方百姓，推进乡村振兴的突出贡献。

一、背景与起因

全县安吉白茶标准化生产技术推广率达 95%以上，已有 14 家企业通过了良好农业规范（GAP）认证，认证数量全国领先，认证安吉白茶面积超过 1 万亩。安吉白茶入选 2019 农产品区域公用品牌名单，连续 11 年跻身“中国茶叶区域公用品牌价值十强”。是 2018 年全国首批创新型县，是 2019 年浙江省 20 个全国县域数字农业农村发展先进县之一。

随着安吉白茶的知名度日益扩大，市场行情看好，不法商贩为牟私利，用浙南茶、安徽茶、四川茶假冒本地安吉白茶的现象时有发生，假冒伪劣安吉白茶冲击市场，严重搅乱了安吉白茶市场正常经营和价格秩序，并对安吉白茶的信誉造成了诸多负面影响。

为此，安吉确立了围绕乡村振兴工作，聚焦产业大数据建设，开展数字化工程建设，打造全国乡村产业数字化示范标杆的发展目标。

二、做法与经过

（一）生产管理数字化

1. 打造国内首个茶产业区块链联盟

利用区块链不可篡改和可追溯性等特点，将白茶从种植、生产到仓储、流通所有环节的各种信息整合写入区块链，从而保障整个产业的数据真实、安全、共享，形成白茶产业区块链联盟，通过大数据，真正实现智能营销、精准推荐、精细化种植、风险控制、效率提升等价值，为构建安吉白茶高质量发展数字化体系打下坚实的基础。

2. 构建安吉白茶全产业链绿色化数字化发展体系

以安吉白茶产业为龙头，带动全县特色农业产业，形成以数字化引领的县域现代绿色农业产业体系。重点构建安吉白茶全产业链绿色化数字化

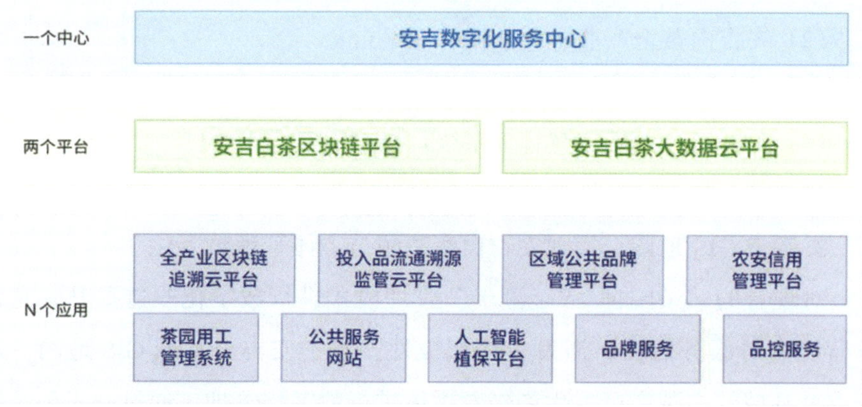

图 10–1 安吉县大数据中心

图 10–2 安吉县大数据展示中心大屏

发展体系，配套区域内安吉白茶产区认定与等级划分、安吉白茶茶园认证管理、区域公用品牌授权管理、茶园绿色生产技术规范、安吉白茶认证分级管理等制度规范。

（1）建设安吉县农业大脑；

（2）安吉白茶全产业链大数据管理平台；

（3）肥药二制管理系统；

（4）茶园绿色发展智慧管理系统；

（5）茶企产供销一体化管理系统等数字化管理工具。

3. 基于 GIS 地图，实现安吉白茶茶园与主体管理数字化

对现有的“茶园证”“金溯卡”管理模式进行数字化改造提升，完善运营能力与服务能力，激发主体积极性。基于安吉全县域 GIS 地图，对安吉全县域的白茶产区、生产经营主体进行数字化管理。通过一张全县域 GIS 地图统一管理安吉白茶产区分布、茶园位置、茶园面积、所属主体、

种植品种等，并集成茶园实时的视频监控信息、气象土壤环境监测信息，可搭配安吉白茶标准化种植模型，在 GIS 地图上展示茶园当前种植状态与预计采摘时间、预计产量等。

4. 基于区块链技术，实现安吉白茶全产业链追溯信息的闭环与可信

对首批示范 4 家茶企，建立产供销一体化数字管理系统。将示范茶企从茶园、种植、加工、包装、储运、销售建立全产业链可闭环的溯源管理，通过溯源标识向市场消费者传达安吉白茶的绿色发展理念；通过数字化的手段，将茶园视频监控、气象土壤环境、生产过程、农药化肥使用情况、采摘、加工、包装、检测信息传递给市场消费者。基于区块链保障溯源信息的真实可信，并构建生产经营主体的信用管理体系。后续逐步进行覆盖推广，重点实现农高园辐射范围所有茶园，力争实现安吉白茶主要产区全覆盖。

5. 安吉白茶全产业链数字化管理工具——“超级码”模式

（1）基于“区块链 + 一园一码”，建立茶园的数字化管理；延伸到茶

图 10–3　安吉县物联网设备监控画面

园的视频监控与气象、土壤环境监测，通过标准化的智能种植模型，查看当前种植状况、预计采收时间与预计产量。

（2）基于“区块链＋一企一码”，建立茶企的数字化管理；为茶企提供种植、采购、加工、仓储、包装、销售、客户产供销一体化的管理系统，提升企业生产经营的数字化水平，激发企业本身对信息化系统的使用需求，并借助信息化系统，完成安吉白茶全产业链溯源信息的闭环管理，提升数据采集的持续性与真实性。

（3）基于“区块链＋一户一码”，建立茶农的数字化管理；延伸到数字乡村基于农户的精准数字化管理，丰富和扩展乡村治理、阳光村务、便民服务、信用体系建设。

（4）基于“区块链＋一店一码”，建立店铺的数字化管理；延伸到安吉白茶的二产和三产环节，对茶叶市场经营商户、销售门店、茶楼等店铺进行经销库存数字化管理，采集安吉白茶在流通与终端消费市场的末端信息。

（5）基于“区块链＋一物一码”，建立产品的数字化管理；通过为销售的每件安吉白茶产品进行赋码的信息化手段，打通安吉白茶从茶园、种植、加工、包装、储运到销售全产业链的闭环溯源信息；通过建立“包—盒—箱”的包装关联体系，实现产品信息、生产主体、茶园信息、生产过程、检测报告、消费客户信息的融合汇总，最终基于大数据分析，提升数据价值，为产业发展提供基于数据的精准决策支撑。

（二）服务监管数字化

1. 安吉白茶全产业链大数据中心。数据采集系统、数据共享系统、数据分析系统、数据决策系统、数据展示系统以数字农业大脑为核心，利用物联网、云计算、大数据、人工智能、区块链等现代信息技术构建安吉白茶大数据云平台，整合安吉白茶全产业链大数据、打通生产、加工、分销、零售、消费等各个环节的数据，全局、全方位、全要素的汇总分析安吉白茶产业数据资源。数据采集主要包括农业农村基础数，如经营主体信息、土地资源信息、环境数据等；农业生产信息，如白茶种植信息；分析决策信息，如市场信息、农业科技信息、政策法律法规数据；其他相关信息，如农业气象和土地资源信息等。对安吉白茶数据进行大数据建模分析，在产、储、运、供、销等各个环节中，开发对应的管理决策引擎，通过决策引擎，将白茶产业及相关数据融合汇总，进行智能分析处理，实现白茶生产资源合理调配、生产态势精准感知、生产指挥智能调度。为政府决策和白茶生产经营主体提供精准化生产、可视化管理、精准化决策的数字化管理工具。数据交换共享平台，通过签订数据交换共享协议，将本平台的数据与其他各相关政府、企业和协会进行共享，为政府监控提供依据；数据决策根据业务系统产生的数据和第三方数据平台交换的数据作为数据输入，通过AI算法、机器学习、模型/规则引擎等方式，经过大数据平台的处理，输出智能报表，并预测未来趋势，为农业生产的智能决策提供数据支持，等等。

2.安吉白茶监管应用平台。主要涵盖全产业区块链追溯平台、投入品流通溯源监管平台、区域品牌管理平台、农安信用管理平台、茶园用工管理平台等多个应用平台。在全产业区块链追溯方面，通过监管电子地图可以直观地看到当前安吉白茶的产业地理分布，以及基地名称、法人、生产环节类型等信息。同时平台会实时进行气象灾害预警，气象局根据农事计划进行针对性气象灾害预警，政府收到预警之后指导生产企业提前做好气象灾害防范工作等。在投入品流通溯源监管方面，政府端主要包含经营主体审核、消息通知发布等多重应用，农资店端主要覆盖进货、销售、仓储等方面管理。农安信用管理平台主要提供用户管理、诚信管理、评价管理

图 10–4　茶园里小型气候一体机

等，此外，茶园的用工管理平台可以进行茶园用工监管等多方面应用。

3. 农业信息化公共服务平台。涵盖了公共服务网站、人工智能植保平台等，主要向安吉白茶涉农主体提供涉农信息发布、查询、农机服务咨询、农资服务咨询、植保服务咨询、乡村旅游咨询、农村电商服务、农产品展示展销服务等农业生产、经营、管理过程中需要的一站式服务。

4. 安吉白茶数字化监测系统。这个部分主要包括环境监测、视频监控两个监测系统。通过物联网设备，可实时上传各茶园气象信息、土壤质量信息等，并能够进行预警、报警；对各茶园安装视频摄像头，可实时监控茶园情况，并可结合 AI 技术，自动识别人员活动，为现代农业企业提供从生产种植到产品仓储全过程的信息化服务和在日常生产种植过程中智能设备使用、生产种植技术积累等服务。环境监测系统主要应用于茶园种植、生产加工环节，环境监测系统除做数据采集外，还针对不同环节的各种参数做预警和报警，并可根据设备相应的参数与控制设备进行联动，如当温度低于多少时，与滴灌设备联动，自动进行滴灌。另一方面通过网络将监测设备汇聚到政府监管平台，结合 GIS 地图可将设备点位清楚地标在地图上，方便政府管理部门进行数据查看。

视频监控系统主要应用于安吉农业生产与加工环节，应用于各个茶园、大棚、基地、加工车间、农资店等场所，各个场所安装的视频监控设备一方面满足本场所自身的视频监控需求，另一方面通过网络将视频汇聚到政府管理平台，结合 GIS 地图将视频监控点位清楚地标注在地图上，方便政府管理部门进行数据查看。此外，视频数据也通过政府平台通过产品追溯二维码共享给市场消费者，消费者扫码后可以进一步详细了解所购买产品生产与加工过程的真实环境。

5. 安吉白茶区块链联盟。根据建设目标打造国内首个茶产业区块链联盟。区块链本质上是一种健壮和安全的分布式状态机，典型的技术构成包括共识算法、P2P 通信、密码学、数据库技术和虚拟机。利用区块链不可轻易篡改的特点，部署完整的满天星区块链，同时部署多个节点，将白茶的生产周期信息上链，保证茶产业生产过程信息真实、共享，实现精准营销、智能推荐等。

（三）品牌营销数字化

1. 布置数字展厅。通过多媒体和数字化技术作为展示技术，利用最新科技，结合独到的安吉白茶数字创意宣传内容，以各类新颖的技术展现、人机交互方式吸引参观者，结合声、光、电效果让展厅极具内涵和吸引力，通过对视频、声音、动画等媒体的组合应用，深度挖掘展览陈列对象所蕴含的背景、意义，带给观众高科技的视觉震撼。在安吉白茶种植、加工、消费等方面，全方位、立体化展示基于数字化技术的安吉主要农业产业生产科技成果，有利于大大提升安吉白茶的品牌影响力和展示效果，促进安吉白茶产业绿色健康发展、提升综合竞争力。

2. 建设电商中心。包含办公室、会议室、展销场地、网红直播间等的改造和装修、添置设备等建设，更好地服务于安吉白茶的数字化建设与品牌建设。以最前瞻的视角、先进的理念、创新的模式和最专业化的运营，努力打造安吉最具影响力的电子商务孵化基地。为入驻企业提供良好的办公环境、强大的线上线下推广资源、配套的软硬件支持、关键的种子资金和业内资深专家的创业指导及直接对接市场企业。

3. 同步开展品牌营销。开展安心吉鲜安吉白茶的发展研究，通过户外广告宣传、各种新、旧媒体等宣传、直播营销宣传、活动宣传、培训宣讲等相结合，制作相关宣传手册，开展线下新品上市推介会、原产地直播等活动，加大宣传力度；围绕安吉白茶原产地保护，营造高端安吉白茶安心吉鲜的电子商务网络营销发展的良好氛围。

（四）配套设施数字化

安吉茶园的数字化建设除了包含上述建设以外，还包括一系列配套设施建设。数字化展示中心配置 1 套产业数字投影沙盘系统，配置 1 套三维立体全息展示柜，展示安吉白茶的发展历程、品牌介绍等；大棚物联网设施、大田物联网设施等涵盖了茶园、大棚等各类生产环节的数字化改造提升。推动智能感知、智能分析、智能控制技术与装备在园区的集成应用，建设环境控制和水肥药精准施用、精准种植、农机智能作业与调度监控、智能分等分级决策系统，推进生产经营智能管理等。

三、成效与反响

1. 数字赋能扎实有效。为政府、企业及消费者提供全方位的数字化生态服务，实现安吉白茶产业资源现状、生产管理、品牌推广、商品营销的数字化，为乡村产业发展培育新动能、打造新平台。

2. 产业提升示范引领。培育出一个特色鲜明、产业突出、绿色生态、示范效应明显、经济效益良好的数字化安吉白茶产业区。使农村产业经营进一步规模化、农业新品种新技术转化应用进一步深化、新型经营主体和人才培育进一步优化、电子商务平台资源进一步整合、金融资本和社会资本投入进一步聚集，从而推动区域数字经济农业产业多元、融合发展。

3. 产业富民深入推进。通过深化安吉白茶全产业链数字化应用，打造具有安吉特色的产业数字化发展示范建设区域，实现安吉白茶的智慧生产、数字管理、订单式销售和精准化营销，助推全县安吉白茶产业“品质+品牌”双轮驱动升级，进而有效推动农民降本增收，实现产业富民的最终目的。

四、探讨与评论

安吉县牢牢把握乡村振兴产业发展要求，以“两山”理念为指引，以“绿水青山”生态资源为本底，以安吉白茶产业为龙头，带动全县特色农业产业，形成了数字化县域现代绿色农业产业体系。

安吉县结合安吉白茶茶叶特色优势，建设“区块链+安吉白茶农业大脑数字化管理云平台”，服务于投入品流通监管、茶园用工管理、品控服务在内的全产业链应用，从正面解决了安吉白茶全产业链数字化呈点状分布，没有形成数据链和数据闭环、生产预警、供需调节等宏观调控应用不足，产业调节和调度数字化程度不高、数字化品牌化营销发展不足等问题。为全国农业生产数字化、标准化、标识化、身份化提供了浙江样板。

浙江·桐乡
TONGXIANG·ZHEJIANG
久保田
KUBOTA

“古有梧桐，凤凰来栖。”作为世界互联网大会永久举办地、“三治融合”的发源地——桐乡因古时遍栽梧桐树，寓意“梧桐之乡”而得名。全市总面积727平方千米，辖8个镇、3个街道，户籍人口70万人、新居民57万人。2020年，全市实现农林牧渔业总产值41.2亿元，农业增加值26.4亿元，农村居民人均可支配收入40358元，城乡居民收入比1.55：1，是全国城乡收入差距最小的地区。

近年来，桐乡市深入贯彻习近平新时代中国特色社会主义思想，始终牢记习近平总书记“建设好乌镇，发展好桐乡”的殷切嘱托，以实施乡村振兴战略为抓手，大力推进“千万工程”和美丽乡村建设，统筹城乡各项事业发展，先后获评全国乡村治理体系建设试点县、全国休闲农业与乡村旅游示范市、全国县域数字农业农村发展水平评价先进县、全国农村创业创新典型县、全省乡村振兴产业发展示范建设县、全省实施乡村振兴战略优秀单位等荣誉称号，入选首批国家城乡融合发展试验区，走出了一条颇具平原水乡特色的乡村振兴发展之路。

擦亮“田保姆”为农服务品牌　实现稳粮增效

浙江省桐乡市农业农村局

桐乡市创新推出“田保姆”为农服务品牌，深度把握“政府＋市场”双擎驱动，依托“菜单式”服务模式，推进组织、市场、智慧和平台赋能，构建粮食全流程市场服务生态，打造农业社会化服务体系，实现粮食生产市场化为农服务精准、高效。

一、背景与起因

粮食安全事关国计民生，也是乡村振兴的基础和底线。党的十九大报告强调：要把中国人的饭碗牢牢端在自己手中。桐乡市作为全国重点供粮县，由于粮食种植效益不高且波动较大，农民种粮积极性受到影响，保障粮食生产稳定亟待重视。近年来，全市加大考核推进力度，并以规模化、机械化、产业化、品质化为导向，推进粮食产业供给侧结构性改革，在保障粮食生产、提升种粮效益等方面，积累了一些经验，取得了较好成效，但仍存在一些问题和短板。

规模化生产稳步推进，但连片不大问题亟待破解。随着土地流转工作的深入，粮食生产规模化步伐的不断加快，桐乡市规模化种粮主体承包种粮土地总面积比 2013 年增长了近 40%，其中最大连片面积达 1200 多亩。

但全市规模化种粮主体总数仍偏多、单体管理面积和土地连片面积仍偏小，目前粮食功能区内千亩以上连片土地不足 3 个，规模化种植主体平均管理面积仅 366.5 亩，人均管理面积不足 100 亩。碎片化、插花田等问题制约了规模效益的发挥。

机械化生产全面普及，但发展空间仍有待拓展。目前，在粮食生产的育秧、栽植、植保、收割、烘干等环节均可实现全流程机械化。全市粮食作物（主要为水稻）综合流程机械化率达 83.9%，其中翻耕、收割机械化率达 100%，栽植机械化率约 46.3%。但与先进种粮国家或地区相比，在机械化程度、农机使用效率及信息化、智能化技术的应用等方面还存在明显不足，信息化、智能化程度不高。科技含量高的农机保有量较少、使用覆盖面较小，仅有植保无人机 20 架、服务能力近 1 万亩，无人驾驶插秧机、拖拉机、收割机等尚未引进。

产业化发展亮点纷呈，但主体不强问题亟待重视。纵向产业链整合、横向贸工农旅融合的产业化模式有助于提升粮食生产的效益和竞争力。全市粮食生产主体总体实力不强等问题仍较突出。一是资金实力不强，大部分经营主体是从传统农民转型而来，自有资金有限，融资能力不足；二是品牌影响力不足，大部分主体没有注册商标品牌，缺少知名度和影响力，营销渠道也较单一；三是现有的经营者年龄结构偏大，知识结构老化，现代经营管理能力和可持续发展能力相对不足。

品质化提升持续进步，但结构不优问题仍较突出。在政策引导和市场导向下，各种粮主体积极调整种植结构，全市共建有优质米基地近 1 万亩，注册了"石门湾""乌镇人家""河坊人家"等多个优质米品牌，其中"河坊人家"大米获得"2017 年浙江好稻米"称号，"乌镇人家"系列的"软香玉"大米主打绿色有机，售价高达 10 元 / 公斤。但总体上来看，优质常规稻种植占比仍然偏低，高端品种比例更低，优质高端大米市场（批发价≥ 3.5

元 / 斤）近九成被东北大米和国外日本、泰国等地的大米品牌占领。

二、做法与经过

桐乡市充分应用新理念、新方法、新技术，创新推出“田保姆”为农服务品牌，打造集“规范化、特色化、智慧化”于一体的农业社会化服务体系，有效助力稳粮保供各项工作，实现稳粮增效。

（一）应用新理念、聚焦规范化，高标准构建“田保姆”服务生态

一是以“保姆式”理念重构组织体系。将农业复工复产期间探索创新的保姆式、管家式服务机制向全市扩面提升，组建由 11 个“田保姆”社会化服务中心、50 个“田保姆”社会化服务站、337 个“田保姆”社会化服务点组成的三级服务体系。同时，出台导向性服务项目清单，涉及服务项目 25 个，表彰桐乡市首批优质“田保姆”服务主体 14 个，引导建立符合当前市场需求的农业社会化服务标准体系和操作规范体系，推行“约定有合同、内容有标准、过程有记录、人员有培训、质量有保证、产品有监管”的服务标准，打造规范化为农服务品牌。

二是以“全域化”定位加码政策支持。制定《深化“田保姆”服务品牌构建农业全域社会化服务体系的实施意见》，将“田保姆”服务机制向全市域推广运用，实现“田保姆”服务全覆盖。加强涉农政策集成，出台《高质量推进农业产业转型发展的若干政策意见（2020—2022 年）》《关于促进全市粮油产业稳定发展的意见》等政策意见，在省补规模种粮户每亩 120 元的基础上，市级财政额外再每亩增加 30 元补贴。

三是以“专班化”机制提升服务质效。组建“1+5”专班化运作体系（即一个农业专班，五个小组：综合生产组、市场保供组、政策保障组、要素

服务组、督察考评组），建立“一案一策一图”工作机制，制定粮食增产保供“作战图”，结合农业领域“三服务”，创新开展“双十双百走亲联心”活动，并依托专班化机制，协调解决“田保姆”在服务种粮主体过程中遇到的各类问题，让为农服务更精准、更有质效。上半年，走访企业、基地321个，协调解决复工复产、春耕备耕、金融惠农等问题152个，帮助8家农业龙头企业获得3.78亿元贷款授信。

（二）应用新方法、聚焦特色化，全方位优化“田保姆”服务模式

一是全流程“菜单管理”。围绕粮油产业特色，引导“田保姆”服务主体创新“菜单式”管理，由种粮主体根据种植环节需求向“田保姆”进行点单，“田保姆”派单、出单，涵盖耕、种、管、收、销等核心环节，实现田间排水、农资配送、无人机植保、农作物追施肥和废弃秸秆收集处

图 11–1 桐乡市“田保姆”社会化服务代耕代收

置等全流程、专业化服务，全方位满足服务对象特定需求。以全市统防统治为例，目前已开展“田保姆”特色服务 11.86 万亩。

二是全链条“抱团合作”。依托“田保姆”服务体系，引导机械化水平高、种植理念先进的粮食生产领军主体与生产面积小、地域分散的小农户和种植普通稻米的一般农户抱团合作，成立粮油农机发展公司，打通粮食农业全链条，实行统一标准、统一品牌、统一购销等。如石门抱团合作模式覆盖石门 9 个村 1.3 万亩农田，辐射带动农户 8000 余户，带动农民增收 150 万元以上。

三是全周期“专家会诊”。组建“党员硕士团”“专家服务团”等为农专家服务队伍，实行“一队两册三清单”（依次是一个服务队，服务手册、联系手册，问题清单、推进清单、责任清单）管理，为“田保姆”服务体系提供全周期跟踪服务，真正让“田保姆”成为农户满意、农民增收的好帮手。上半年（1—7 月），开展复工复产、春耕备耕、病害防治、试验示范等“专家会诊”270 余次，免费为农业主体开展土壤问诊、检测、改良和咨询等服务 400 余次。

（三）应用新技术、聚焦智慧化，立体化打造“田保姆”服务平台

一是打造数字农业大脑。以“三农”大数据中心为核心，整合数字化监管、数字化服务、数字化生产和数字化乡村治理等方面资源，打造智慧“田保姆”，为农户提供生产资料、市场流通、精深加工以及金融、招商等智慧应用，形成桐乡数字乡村“一张图”。

二是整合多维信息资源。充分运用乡村振兴公众号、“田间学堂”线上版、农民信箱等多渠道信息资源，整合建立信息超市，及时向农户发布疫情防控、农资信息、春耕备耕生产及农产品供给相关信息，目前，已累计发布信件 76.3 万件次，发送短信 85.3 万条次。

图 11-2　桐乡市数字“三农”一张图

三是集聚众创产销平台。组建“产销联盟”，集聚“潘鲜生”“天天丰收节”“邮乐极速鲜”等线上产销平台，大力发展线上交易和无接触配送营销。如河山镇八家农业主体抱团组建桐乡市潘鲜生电子商务有限公司，打造公用农产品销售平台“潘鲜生”，采用手机线上下单、线下定点自提模式运营，截至目前吸引用户 5800 余名，累计下单 7404 单，累计销售额达 88.55 万元。

三、成效与反响

（一）获得成效

推出“田保姆”为农服务品牌，依托“田保姆”完成粮食播种面积 31.28 万亩，完成年度任务的 102.6%，充分应用其新理念、新方法、新技术，创新打造集“规范化、特色化、智慧化”于一体的农业社会化服务体系，有效助力稳粮保供各项工作，实现稳粮增效。尤其是在 2020 年年

图 11-3 “田保姆”社会化服务解决疫情期间春耕备耕问题

初疫情期间，因疫情影响无法及时开展春季粮油生产的农业主体可对接当地粮食专业合作社、合作联社、家庭农场、种粮大户等农业生产经营主体，广泛开展菜单式托管、全程托管、植保作业等社会化服务的模式，“田保姆”服务未返乡种粮大户123户、面积2.43万亩，有效挽回农户损失2700万元。

（二）收获反响

桐乡创新“田保姆”为农服务品牌，受到社会广泛关注，《人民日报》、人民网、新华网、中新网、新华社客户端和《浙江日报》等省级以上媒体也对此进行宣传。“田保姆”为农服务品牌获得浙江省彭佳学副省长的批示肯定。“田保姆”一词作为桐乡首创被百度百科收录。在农业农村部关于开展农业农村系统抗击新冠肺炎疫情先进集体、先进个人和抗击新冠肺炎疫情突出贡献农民评选表彰工作中，桐乡市大麻镇农经中心副主任、“田保姆”服务中心负责人沈月明同志喜获全国农业农村系统抗击新冠肺炎疫情突出贡献农民。

四、探讨与评论

党的十九届五中全会和中央农村会议精神高度重视健全农业社会化服

务体系。习近平总书记指出，多数地区要通过健全农业社会化服务体系，实现小规模农户和现代农业发展有机衔接。党的十八大以来，中央先后出台的一系列政策文件，对发展农业生产托管提出了明确要求。我们认为，大国小农是我们的基本国情，小规模家庭经营是农业的本源性制度。人均一亩三分地，户均不到十亩田是我们农业发展需要长期面对的现实。实践表明，加强面向小农户的社会化服务，大力推广农业生产托管具有旺盛的生命力和广阔前景，桐乡推广的“田保姆”农业社会化服务体系，对大力发展农业生产托管具有重要意义。

有利于破解“谁来种地，怎么种地”难题。随着城镇化的深入推进，农村青壮年劳动力不断转移，农村老龄化、兼业化问题日益突出。“谁来种地，怎么种好地”，是急需破解的问题。发展农业生产托管，在不流转土地经营权的情况下，将耕、种、防、收等部分或全部作业环节委托给社会化服务组织，让专业的人干专业的事，这种方式在坚持农村土地集体所有和家庭承包经营基础性地位，保持土地承包关系稳定的前提下，有效解决了地怎么种的难题，让农民从繁重的劳动中解脱出来，安心外出务工经商或就地转移从事二三产业。农业生产托管是广大农民在实践中创造的新型农业经营形式，这种经营形式丰富了农业统一经营的内涵，提升了农业经营效率，对完善农村基本经营制度具有重要意义。

有利于促进农业节本增效。降低成本、提高效益，是稳定农业生产的核心。开展农业生产托管服务，通过服务组织集中采购、集成技术、标准作业、统一服务、订单收购等，能充分发挥农业机械装备的作业能力和分工分业专业化服务的效率，农技推广服务职能更多地让市场主体承担，充分发挥市场机制作用为种粮主体提供优质、高效服务。加以政策助力，有序推进“机器换人”让种粮农户愿意买、买得起高质量、智能化种粮机械，通过高效率的机械化生产劳动力解放，改变种粮是简单劳动、低效劳动的传统局面，有效降低农业物化成本和生产作业成本。

有利于引领小农户进入现代农业发展轨道。桐乡率先在全省探索区域稻米产业抱团模式，通过整合现有资源、创新组织形式、革新技术等措施，组织小农户抱团发展，让机械化水平高、种植理念先进的粮食生产领军主体与生产面积小、地域分散的小农户和种植普通稻米的一般农户抱团合作，成立粮油农机发展公司，实施统一标准、统一品牌、统一购销等服务，将单打独斗的小农户抱团闯市场，与小农户形成稳定利益共同体，破解稻米产业发展瓶颈，保障粮食有效供给。目前，该模式已在全市 4 个镇（街道）启动实施，如石门镇着力打造万亩优质稻米生产基地，统一销售“石门湾”品牌大米，辐射带动农户 8000 余户，覆盖石门 9 个村 1.3 万亩农田，预计带动农民增收 180 万元以上。

安徽 · 岳西
YUEXI · ANHUI

岳西位于大别山腹地、皖西南边陲，地跨长江、淮河两大流域，与湖北省接壤。1936年划并潜山、霍山、太湖、舒城四个县的边界接合部设置建县。全县总面积2372平方千米，现辖24个乡镇、182个行政村、6个社区，总人口41.1万人。岳西是全省唯一一个集革命老区、贫困地区、纯山区、生态示范区、生态功能区“五区”于一体的县份，是连续八任省委书记的扶贫联系点。

近年来，通过五级书记抓脱贫攻坚，五级书记抓乡村振兴，岳西县面貌发生了天翻地覆变化。先后荣获全国和全省创先争优先进县委、全国党务公开工作先进县委、全国全省双拥模范县、全国休闲农业和乡村旅游示范县、全国计划生育优质服务先进县、全国科技进步先进县、全国重点产茶县、全国财政管理工作先进典型县、全国农村创业创新典型县、国家级生态县、国家电子商务进农村综合示范县、国家级生态文明建设示范县、中国金融生态县、中国手工家纺名城、中国绿色果菜之乡、中国名茶之乡、中国蚕桑之乡、国家有机食品生产基地建设示范县（试点）、中国民间文化艺术之乡、中国电商示范百佳县、影响世界的中国文化旅游名县、全省首批森林城市、全省农村基层党建先进县、全省信访维稳目标管理优秀县、全省电子商务示范县、全省群众体育工作先进县、全省创建文明县城工作先进县、全省循环经济示范县、省级生态文明建设示范县、省农产品质量安全县、省级文明县城、省“四好农村路”示范县等荣誉称号。

穷村僻壤换新貌　生态农业奔小康

安徽省岳西县农业农村局

岳西县土桥村位于皖西南边陲，距皖鄂省界 11 公里，距 318 国道和岳武高速大别山南（白帽）出口 7 公里。土桥村辖总面积 17.8 平方千米，耕地面积 2090 亩，山场面积 17432 亩。全村 28 个村民组，565 户 2088 人。2019 年农民人均纯收入 18800 元，村级集体经济纯收入实现 115.2 万元。村集体总资产 15830 万元，有村光伏电站 100 千瓦，养殖水面面积 600 亩，苗木基地 300 亩，桃园面积 200 亩，特色种植基地 1500 亩、油茶基地 2000 亩。村部和社区及旅游接待中心，房产占地面积 2133 平方米，建筑面积 5000 平方米，农民文化活动场地及旅游停车场面积 6756 平方米。

一、背景与起因

20 世纪 90 年代的土桥曾是全省重点贫困监测点，村委会借民房开会，村办公经费靠赊欠，被当地人形容为“土桥是口锅，出门便爬坡，一河分几片，人心各是各，手里缺钱花，缸里米不多，姑娘往外嫁，小伙愁老婆”。过河难、行路难、就医难、灌溉难、日子难……总之，“难”字在土桥人心中打下了时代烙印。土桥是有名的“贫困村、空壳村、后进村”。

2012 年以来，土桥村以党建为引领，着力推进美丽乡村建设，大力发展生态农业。先后荣获安徽省“五个好”基层党组织标兵、“安徽省城乡社区协商示范点”“安徽人居环境范例奖”“安庆市民主法治示范村”“安庆市平安村”“安庆市国土资源法治宣传示范点”“安庆市 3A 旅游村”等荣誉称号。2019 年，土桥村入列全国“千村万寨展新颜”展示村，入选全国“森林乡村”、全国“乡村治理示范村”。

二、做法与经过

（一）党建引领 健全乡村治理新体系

土桥村以党建为龙头，充分发挥村干、党员、组长的先锋模范带头作用，深入开展“双向教育”和“七个一”服务，尤其是党的十九大以来，认真贯彻习近平新时代中国特色社会主义思想，牢固树立新发展理念，落实高质量发展要求，健全乡村治理体系，创新实行党员和村组干部“千百十”分制考评办法，激励党员干部服务发展的积极性、主动性和创造性。该做法被列为岳西经验 22 条之一向安徽全省推广。

1. 制定村干“千分制”绩效考核办法。对村两委成员按照值日出勤、党建村务、产业发展、美丽乡村建设等六项各 100 分，环境整治、工程监

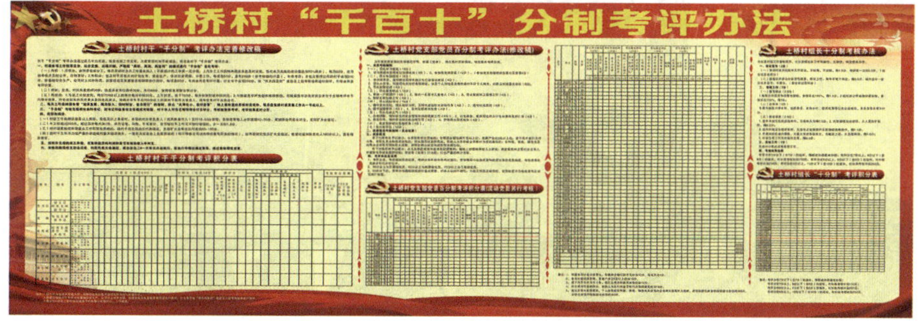

图 12–1 “千百十”分制

管等八项各 50 分，共计十项工作 1000 分的总值进行量化，按“两积、两测、两挂钩”进行考核。通过考核激发村干部的进取心与敬业精神，调动了村干部牵头乡村振兴战略实施的积极性、主动性、创造性。

2. 制定党员百分制考评办法。对党员按照带头争创佳绩，带头服务群众等五个方面共计 100 分进行量化考评。按“两评两公开”进行考核，考核结果作为评星和申报先进的主要依据。这既提高了党员服务产业发展和美丽乡村建设的热情，又给党员肩上压了担子，既给党员创建了争优平台，又增强了村党组织在乡村振兴中的凝聚力和向心力。

3. 制订组长“十分制”考核办法。把村民小组长按完成任务、发展经济、兴办事业、环境整治等主要十项工作进行考核，调动小组长工作积极性，确保每组每年兴办几件实事，助推了生态产业发展、卫生环境整洁、人居环境改善。

4. 制订公共公益事业建设理事会负责制。每兴办一个实事成立一个理

图 12–2　土桥村党支部民主评议党员大会

事会，由理事会组织受益农民广泛参与，捐资投劳。村参与而不包揽，支持而不包办，形成齐抓共管抓发展，轰轰烈烈促发展的态势。自中心村庄美丽乡村建设以来，群众自筹资金建设美丽家园共计投入3000多万元。

5. 推行事务“五议四公开”制度。村里办什么事由党员组长议事会提议，两委会商议，党员大会审议，村民代表大会决议，理事会具体议。事务在事前公开，实施结果在事后公开，财务在村民代表大会上公开，或在筹资群体中公开。

正是这五项制度的推行和不断完善，使村领导班子具有较强的凝聚力和战斗力，影响力和公信度也不断提高，使土桥全村上下形成了强大的工作合力，有力推动了乡村振兴战略的实施。

（二）凝心聚力 构建美丽乡村新格局

一是提高认识，理顺改善农村人居环境与长期规划建设的关系。土桥村不就环境而抓环境，坚持统一规划，分步实施，逐年推进的原则统筹推进人居环境建设。二是创新机制，强化美丽村民自主美丽家园建设与村党组织管理建设的关系。美丽乡村建设推行“三位一体”机制，党组织主导美丽乡村建设，村民理事会主抓美丽乡村建设，规划片群众为建设主体，增强组织力，解决依赖思想自主难。采取“三看一学”办法，理事会组织部分党员、村民代表、能人大户自费到县内看，县外看，邻省看，学习地理环境相似的明星村，增强吸引力，解决群众重室内轻室外的传统思想观念更新难。形成“三比一促”氛围，动员“片与片比、组与组比、户与户比”，公益事业优先安排行动快、效果好、自筹多、占地无偿的村民小组，增强发展竞争力，解决破旧设施拆建规划难。坚持“三结合一集中”做法，结合危房改造、环境整治、三大革命等政策整治村庄，争取外援做集中受益的公益事业，增强资金整合力度，解决建设资金难。制定“三包四到位”

措施，理事会包中心村庄，理事小组包片，理事成员包组；人员分工到位、检查督促到位、奖罚兑现到位。同时建立“公益事业一事一议自筹与争取政策支持建设制度”“公共设备设施管护制度”“环卫保洁制度”，集体购置环卫工具给予配套，增强约束力，解决后期长效管理难。三是因地制宜，注重农民意愿与突出自身特色的关系。土桥村坚持因地制宜，以环境整治、自力更生、生态绿色、发展经济为主，全方位打造生态和谐的人居环境。同时深入开展“五比、五竞”活动（即院比树、房比住、孩子比读书、家庭全年比收入、公益事业比参与，老人竞当好公婆、晚辈竞当好儿媳、全家竞当五个好、扶残助弱竞当好心人、党员干部竞评多得分），评选“五好”文明家庭、“好婆婆、好媳妇”“好心人”“致富带头人”，使美丽乡村建设逐步得到提升并有效落实了长效管理机制。四是凝聚人心，协调量力而行与全力以赴的关系。农村人居环境建设，既要量力而行，又要全力以赴，从群众最急需的厕所、危房改造、道路通畅、饮水安全、陈年垃圾、污水治理等方面入手，促进农村人居环境稳步推进。中心村“三清三改三化”工程，绿化村庄道路 10 公里，安装节能路灯 250 盏，建农民健身广场 4 个，建成 2500 平方米多功能土桥村桃花源文化广场 1 座，建停车场 4 座，村内篮球场、图书室、娱乐室、健身广场，“一馆两中心”一应俱全，建有一所村标准化卫生室，新建两所小学教学点，村级办公场所达 1500 平方米。实施了土桥河水利提升项目，建两座液压翻板坝、一座实体堰、两条生态护堤，形成长 2.5 千米，总面积 30 万平方米水面；建成 350 米亲水休闲步道，650 米涉水休闲步道，3040 米生态护堤，土桥河防洪工程达到 50 年一遇防洪标准；改善灌溉面积 1600 亩，并在沿河水面全覆盖安装了夜景灯饰。马山自然村省级美丽乡村示范点建设已通过省市验收。如今的土桥已实现了“走路不湿鞋、做饭不烧柴、吃水不用抬、污水不乱排、垃圾不外摆、晨在河边练、广场灯下舞”的美好生活愿景。

目前正在持续推进人居环境整治和美丽乡村建设，推广“八无九有”模式，即：全村无旱厕、全境无垃圾暴露、村庄无禽畜乱放、猪圈无粪便囤积、沟塘无污泥臭水、农户无污水乱排、房边无乱搭乱建、门前无零散杆线；路边有绿化亮化、庭院有花草果木、杂物有收拾整理、室外有户型标码、农田有生态产业、公共有健身场所、小憩有琴声相伴、景区有如家民宿、游客有欢乐去处。牢固树立“两山”理论，提升“水清、岸美”的河流生态环境，打造环村道路绿色长廊，建设独具特色的河道景观带，展示“山水相融、美丽土桥”的崭新形象。

图 12–3 休闲步道

图 12–4 乡村美景

（三）多措并举 探索产业发展新路径

1. 五化统筹，走出生态农业经济发展新模式

土桥村围绕“山上油茶山下花”的“五园”经济发展思路大抓产业转型升级。一是特色化规划：坚持做大传统油茶产业，唱响老业新作主题歌，一手抓老园改造，一手抓新品种培植因地制宜发展苗木生产。二是规模化发展：加大投入组织林农改造油茶低产园 2000 亩，新建油茶基地 500

亩发展种苗基地 300 亩。三是规范化流转：鼓励支持油茶山场和农田向村公司和大户流转，实现互利共赢，共流转耕地 1500 亩，山场 3000 亩。四是公司化经营：村办桃花源生态旅游发展有限公司成为农民发展产业的纽带和助推器，解决农民就近就业的出路。五是企业化管理：公司享有企业管理权，村集体经合组织理事会行使监督权，合理投入，合理支配。严格预算制度，公开营销流程，村集体 2019 年末集体经济纯收入 115.2 万元。实现了“美好乡村有产业、基层运转有保障、公益建设有经费、村庄管理有补贴、村民门口有就业”的五有目标。

2. 创新模式，推行集体经济发展“六定工作法”

土桥村 2014 年注册成立了岳西县桃花源生态旅游发展有限公司，围绕“发展什么、怎么发展、发展利益归谁”，探索出村集体经济发展“六定”工作法，探索股份合作制集体经济发展模式，形成“山上油茶山下花”的“五园”经济模式。一是支部定发展目标。近年来，村党组织明确“五为主”的集体经济发展目标：即以传统和特色为主，做优做强本地油茶产业；以抢抓市场为主，抓住美丽乡村建设机遇大力发展绿化苗木；以长短结合为主，避忌单一产业，增强抗风险能力；以带动发展为主，吸引能人大户合作发展，助推贫困户发展致富；以有机生态为主，让绿色发展、生态发展与美好乡村相得益彰。近年来，土桥村人均收入超全省平均水平。二是董事会定发展路径。在党支部领导下，公司设立董事会，董事会成员由村两委成员、党员及组长担任。董事会遵循党支部制定的战略发展目标，具体确定发展项目。通过多方考察调研，最终确定了栀子花、绿化苗、小种苗、水蜜桃四个品类和老业新做的油茶共为“五园”经济。共流转平坂地区耕地 1500 亩、油茶山场 2000 亩。目前已形成高标准丰产油茶园 1600 亩，果园 200 亩，栀子花等种苗园 180 亩，绿化苗木园 260 亩，特色产业种苗园 87 亩。接下来，公司重点围绕土桥中心村庄打造乡村旅游示范点，发展乡村旅游业。三是村干定“责任股份”。村党支部把集体经济指标作为两委届期目标任务之一，确定最低基数，并承诺村级办公费不占用项目资金，村庄环卫、路灯费在集体经济创收中解决，自我加压，倒逼发展。为加强村干工作责任心，调动村干工作积极性，让村干“有责也有利”，村两委成员每人年均交纳原始股 1 万元，村两委 7 人中 3 人参加公司董事会，个个交纳原始股 1 万元，党员、组长 24 人参股，公司监事会在入股的党员组长中产生，防止村干部个人利益“一边倒”的倾向。做到年底“有利成倍返还，无利连本相送”。四是经理定“风险股权”。为使公司负责人员更加努力地为村集体企业创造利润，在董事会领导下，公司经理、副经理负责公司经营管理，两者按 5 万元和 3 万元交纳风险股金，实行“有盈奖励分红，亏空股金弥补”的责权利机制，分红按效益分配，奖励按纯利 5%兑付。其他股东按公司章程和合同约定兑现利益分配。五是公司定经营模式。村两委在集体公司经营“五园”经济中，灵活经营，多方合作扩路来提高收益、富裕农民、减少风险。通过股份合作、有奖分红方式、承包经营方式、固定分利方式，严格规范程序、规范操作，严把“五关”，守好“三岗”，使群众无猜疑，村两委及公司一班人心齐气顺，干事劲头不断提升，产业规模年积月丰，产销两旺。达到了资金投入无漏洞，管理简便能到位，集体收益有保障的效果，2019 年末村集体累计净收益达到 115.2 万元。同时，土地的流转进一步解放了农村剩余劳动力，180 多户流出耕地户的劳动力固定外出就业，人均增收近万元；60 多名在家照顾老小的闲散劳动力在公司常年就业，人均增收 8000 多元。六是集体定利益分配。利益分配由公司年终决算后，严格依据程序报村两委审议、村务监督小组审核、提交支部扩大会征求意见并表决通过，由董事会具体落实兑现，并严格建立专账管理，强化全过程监督。股东及经理按合同取得合法利润分配，其余的利润按 1∶1∶1∶7 比例分配，10%用于村办公经费，10%用于扶贫，

10%用于路灯费、环卫及村物业费用支出，70%则作为村集体经济的发展资金。2016 年以来，共转入村财办公费 32 万元，支付村扶贫协会救助资金 26 万元，村路灯、环卫、物业管理支出 138.7 万元，村基础设施建设支出 100 万元，共计 296.7 万元。

3.“五加”扶贫工作法　推动高质量脱贫

土桥村创新推行“五加”扶贫工作法，建立“精准扶贫工作议事会制度”和“两委会评议扶贫对象听证制度”，制定精准扶贫“三严禁、七杜绝”的工作纪律。一是“精准＋精细”，在扶真贫上下功夫。建立“精准扶贫工作议事会制度”和“两委会评议扶贫对象听证制度”，制定精准扶贫“三严禁、七杜绝”的工作纪律，务求风清气正的工作氛围。做到“五准”：对象识别精准，因户施策精准，因人结对精准，信息档案精准和政策宣传精准。做到“五细”，扶贫规划细化到户，脱贫指标细分到户，年收入递增细致到户，扶贫成效细查到户和扶贫资金明细建账。二是“产业＋扶智”，在真扶贫上做文章。坚持把产业扶贫纳入“五园”经济格局中来，重振传统“油茶”产业，发展绿化苗培育产业。通过产业发展，灵活采取公司＋贫困户、能人＋贫困户、合作社＋贫困户、村集体经济＋贫困户等多种模式，让贫困户或土地入股，或固定分红，或劳动投入等形式共同发展产业。几年来，在产业发展中，发展“五园”经济共吸纳 140 多户贫困户入股固定分红，容纳 90 多名贫困户劳动力就近就业。土桥村坚持扶贫先扶智的思路，多层面开展城乡结对共建，寻求多渠道、多路径的结对帮扶活动，使贫困学生结对捐助全覆盖。设立优秀贫困生助学基金，村组织资金 5 万元，重点大学生和读硕士博士的学生均享受基金助学，解决贫困学生实际困难，增强贫困家庭子弟求学上进的信心和能力。三是“保障＋服务”，在帮扶上出实招。“居有其所”，住房保障是脱贫攻坚的要务。这 5 年，全村共改造危房 180 户，改造整修砖瓦房 18 户，结合美丽乡村建设，帮助农户装修房屋160户，补助农户改造附属建筑用房502间、改建卫生厕所320所。全村建易地扶贫搬迁点4个（含自建点一个），共56户178人从昔日的“野猪窝”搬向了中心村庄。现农户楼房居住率98%，安全住房率100%，现在的土桥“青山绿水、白墙红瓦、错落有致、美丽如画”。针对大病返贫和特殊慢性病高昂药费的难题，村里一方面成立了“扶贫救助协会”，将帮扶单位帮扶资金和友好单位捐资以及社会捐款注入协会组织，每年定期进行大病救助；另一方面村干部牵头，为大病对象开展“众筹”“水滴筹”，吸收捐款，解决实际困难。多年来，土桥村合作医疗参合率均达100%，常年无法联系外出农户由村级垫付。全村建人畜集中饮水工程10处，分散式31处，自来水入户率100%。每年从村级集体经济中拿出10万元资金支持农户改造提升人畜饮水工程。四是“环境+融入”，在追求高标准脱贫上大发力。改善交通环境，全村共修建村组水泥路47公里，村级路达6米净宽。通组路全部硬化，入户水泥路通达率达99%以上，中心村庄道路环绕通行，出村道路四通八达。十公里长河修建桥梁8座，村内大小河流过河难问题全面解决，景观桥、廊桥美化了村庄环境。改善水域环境，实施了土桥河水利提升工程、水保工程，马山小流域治理工程，胜利水库除险加固工程。新建河堤4120米，建液压翻板堰2座，实体大堰3座，建饮水进村水渠2000米，建亲水、涉水步道1630米，中心村庄河流形成水面30万平方米，山水土桥美丽风光得到彰显。打造乡村旅游环境，围绕“一河五湖三山一园五景五馆”打造土桥桃花源景区，使全村贫困户及全体村民都参与旅游产业发展。五是“考评+激励”，在组织上强保障。土桥村坚持抓党建，促脱贫，通过机制创新，从严从实管好党员干部，充分发挥党员干部的模范带头作用，使脱贫攻坚各项工作卓有成效。2014年全村建档立卡227户773人，到2020年底已全部脱贫，全村漏评率和错退率为零，全村人均收入近2万元，实现高质量脱贫。

三、成效与反响

土桥村通过生态农业产业化发展集体经济实现了“产业兴旺、生活富裕”，基地蓬勃发展，持续推动了乡村振兴战略实施。

1. 油茶示范基地建设。土桥村在发展经济中，围绕“山上油茶山下花”的产业发展格局，走“五园”经济之路。土桥村是传统的油茶大村，油茶产业资源得天独厚，1962 年被省政府命名为“油料贡献第一村”。但 20 世纪七八十年代该产业被其他绿化树种所替代，油茶林几乎荒废。为老业新作，土桥村把油茶作为经济发展的支柱产业，一手抓老林改造，另一手抓稀林补植，再是抓无性系高产油茶的基地建设，通过连年发展，全村共建设油茶基地 2000 亩。每年油茶产业带动群众创收 500 多万元，2019 年农民人均纯收入超过 18800 元。

2. 大果红花油茶苗基地。土桥村目前已建成大果红花油茶基地 10 亩，成功嫁接大果红花油茶 10 万株，两年内可栽插建成 2000 亩大果红花油茶基地。该产业将成为土桥新的经济增长极。

3. 精品蔬菜采摘园。为发展集体经济，促进乡村旅游，土桥村与安徽农科院合作，建成农业扶贫示范扶贫基地 200 亩，主要发展精品蔬菜和车厘子采摘园。该基地直接带动 50 名贫困户就业，人均增收 2000 元。蔬菜和车厘子采摘每年可为村级集体经济增收 50 万元。

4. 精品种苗园建设。流转土地 500 亩发展红叶石楠、红花檵木、高产茶叶等多种育苗嫁接扦插，同时发展市场畅销绿化果苗木大叶红枫、红花玉兰、栀子、桂花、红叶枫、大丰桃、黄金槐、大叶冬青苦丁茶、木槿花、海棠等近 50 个品种。村公司成立专业绿化工程队，近 3 年来苗木销售及绿化工程每年为村集体创收近 100 万元，带动村民近百人就业。

5. 桃园基地。为打造大别山桃花源景区，土桥村在金鸡组及中心村庄河堤建成桃园200亩，并支持100户贫困户发展桃园100亩。阳春三月，十里长河穿村而过，河水清澈见底，夹岸柳绿桃红，风光无限，引无数游客流连忘返；桃子丰收季节，桃园成为亲子乐园，采桃品桃的乐趣和丰收的喜悦成为大别山桃源景区一道亮丽的风景线。桃园基地每年直接带动60户贫困户务工增收1000元，产品销售每年为村集体增收15万元。

土桥村依靠党的富民政策，发扬自力更生精神，以党建引领为核心，创新实行党员和村组干部“千百十”分制考评办法，建强基层组织，大力发展“五园”经济，顺利完成集体产权制度改革、“三变”改革，同时充

图 12–5 “三变”基地

分发挥村办公司的传统优势，大力发展油茶、大果红花油茶及市场畅销苗木，构建独具特色的集体经济发展体系，奋力改善基础设施条件，着力推进美丽乡村建设，全面融合乡村振兴，让昔日落后的山村发生了翻天覆地的变化。

四、探讨与评论

岳西县巩固脱贫攻坚成果，争当乡村振兴示范的主要做法：

（一）落实“四个不摘”巩固摘帽成果

坚持脱贫攻坚重大政治任务和头等大事，在实现全省率先脱贫摘帽后，连续3年以县委一号文件锁定“脱贫攻坚”和“乡村振兴”有效衔接。持续落实“四个不摘”，克服疫情汛情影响，实现65个贫困村全部出列，所有贫困人口全部脱贫。岳西脱贫攻坚工作经验与井冈山、兰考一起全国首推，入选全国20个贫困县脱贫摘帽典型案例县，被省委、省政府作为授予党中央、国务院荣誉称号推荐对象。

（二）突出“三大首位”带动产业发展

推进实施产业链链长制、产业集群群长制、产业联盟盟长制，培育壮大大健康、大数据、大文旅等首位产业集群。岳西成为华东地区最大、最优质的康养避暑胜地，大健康产值超过100亿元；建成全省领先的县级大数据中心，中关村筑梦小镇入选全国特色小镇50强，数字经济产值达到20亿元，全省唯一一个无人驾驶航空试验区正式挂牌开工；全力创建全域旅游示范县，创成4A级景区5个，文旅产业产值突破100亿元。

（三）深化“三大革命”提升人居环境

全市率先实行城乡环卫一体化，所有政府驻地全部建成集中污水处理设施，农村卫生厕所普及率达85.76%，顺利通过人居环境整治三年行动国家评估验收。全面禁止秸秆禁烧和实施烟花爆竹禁限放，环境空气质量优良率达94.3%。探索实施县域乡镇之间流域水质考核“双向补偿”奖惩制度，列入全国生态补偿综合试点，创成全国“两山”理论实践创新基地。

（四）实行“点面结合”统筹城乡发展

建立健全“抓两头促中间”“抓全面促重点”机制，启动实施“985”乡村振兴示范村培育计划（每年9个3.0版本示范村、8个4.0版本示范村、5个5.0版本示范村），面上抓好自然村整治和美丽乡村建设，点上每个乡镇打造1个乡村振兴示范村，已建成省级中心村107个、市级中心村18个，创建省级美丽乡村示范村和重点示范村共13个，涌现出“老鸭变凤凰”“大歇永不停歇”等一批美丽休闲示范村。

（五）坚持“网格管理”推进社会治理

健全完善社会治理体系，完善矛盾纠纷多元化解机制，坚持网格化管理，划分村级网格1053个，设立“联防长”5128人。纵深推进扫黑除恶“六清行动”、信访工作“四下基层”“四最试点”，探索推广“小红帽”“数字莲塘”“冶溪接诉即办”等做法，列入全市社会治理试点，平安建设考核连续3年位居全市前列。

（六）培育“十佳引领”强化组织建设

将能工巧匠、产业发展带头人、文化传承人等各类人才纳入到乡村振兴人才库，首批培育认定村级产业带头人50名、县级非遗传承人229

人。每年开展村党组织书记和村委会主任“双十佳”评选，优先选拔脱贫攻坚和乡村振兴优秀村书记进入乡镇领导班子。实施“大学生回归工程”，400 余名全日制大学生返乡，新华社专题宣传报道。全县村均集体经营性收入超过 70 万元，50 万元以上的强村超过 80 个。

福建·长汀
CHANGTING · FUJIAN
年丰时稔迎客来
美丽寨头欢迎您
包粽子体验区

长汀古称“汀州”，简称“汀”，地处福建西部，武夷山脉南麓，南与广东近邻，西与江西接壤，是闽粤赣三省边陲要冲。全县辖18个乡（镇）300个村（居），总人口55万人，土地面积3099平方千米，其中山地面积388万亩、耕地面积44.2万亩，是典型的“八山一水一分田”山区县，属福建第五大县。

长汀历史悠久、底蕴深厚，是久负盛名的国家历史文化名城；文化厚重、璀璨多姿，是享誉中外的世界客家首府；是星火燎原、红旗不倒、光耀神州的著名革命老区、原中央苏区、红军故乡和红军长征主要出发地之一；是全国生态文明建设示范县和“两山”理论实践创新基地，是宜居宜业宜游的生态家园。

近年来，长汀县深入学习党的十九大及十九届五中全会精神，坚持新发展理念，紧盯全方位推动高质量发展超越目标，主动融入以国内大循环为主体、国内国际双循环相互促进的新发展格局，持续推动“3+4”产业高质量发展。重点推进稀土、纺织服装、文化旅游“三大主导产业”；特色现代农业、医疗器械、电子商务“三大重点产业”；新能源、健康养老“两大新兴产业”发展；深入实施产业兴县、招商引资、基础设施、乡村面貌提升、文明县城创建“五大提升行动计划”，全县改革发展稳定各项事业持续健康发展，新时代新长汀建设步伐更加坚定、更加稳健，在新的长征路上奋勇前进。

昔日烂瓦房　今朝宜居村

福建省长汀县县委乡村振兴办

2018 年来，寨头村始终坚持以习近平新时代中国特色社会主义思想为指导，全面认真贯彻落实党的十九大和十九届二中、三中、四中、五中全会，中央农村工作会议精神及省、市、县委决策部署，围绕建设美丽清新宜居寨头为目标，以产业发展为抓手，以构建和谐舒适人居环境为主线，重点突出当地特色亮点，明确村庄规划定位暨“歌中画境 · 丰收客

图 13–1　寨头村村口门楼

寨”，根据村庄规划定位，因村制宜，精准施策，坚持以生态建设为切入点，认真探索环境保护及生态建设同乡村振兴有效衔接的长汀新经验。力争到2023年底，实现村集体经营性收入达20万元。同时，实现全村人均可支配收入超全省平均水平，全面推进乡村振兴。

一、背景与起因

寨头村地处福建省长汀县濯田集镇北部边缘，距集镇15公里，古时称为汀南寨，村的南部有座石寨，坑水经寨石直流而下，形成瀑布，据《临汀志》记载“其水流声如雷，由此村居石寨的上面，而得名为寨头”。

寨头村坐落于省道205线地段，东与长汀河田镇根溪村胡屋寨接壤，南连本镇刘坑村，西接本镇同睦村，北与长汀策武镇当坑村交界，海拔359米。全村现有土地面积10031亩，其中耕地面积1055亩，山地面积8976亩。全村下辖4个自然村，7个村民小组，总人口285户1082人。村民大部分以罗姓为主，罗氏先祖早在南宋末年就开基到寨头，不久钟姓、李姓也随即移迁本地，逐渐形成村落。在省道205线未开通之前，寨头村是一个号称长汀“西伯利亚”的边远山区，村民到长汀县城只能翻山越岭徒步出去。几年前，寨头村随处可见破烂不堪的瓦房，到处是残垣断壁，道路狭小且坑坑洼洼，给村民生产生活带来极大不便，经济发展也相对滞后。

2018年实施乡村振兴战略以来，在各级领导和部门的关心支持下，濯田镇寨头村全面推进乡村振兴建设步伐，寨头村两委始终坚持党建引领，对全村村情认真摸底调研，把乡村振兴提上工作日程，经过实施乡村振兴，村容村貌焕然一新，人居环境大幅提升，产业发展初显成效，基础设施逐步完善，乡风文明持续向好，在新起点上实现了新跨越。2019年被列为福建省省级乡村振兴试点村、龙岩市市级人居环境整治试点村，先后获得“省级森林村庄”“省级乡村旅游特色村”“省级乡村治理示范村”“全市先进基层党组织”等荣誉称号。

二、做法与经过

（一）党建引领，打造硬核支部

俗话说得好：“农民富不富，关键看支部；村子强不强，要看领头羊。”寨头村党支部始终坚持党建引领，持续发挥领头羊作用，不断增强带领群众脱贫致富的本领，为持续推进乡村振兴建设添砖加瓦。

一是配强村两委班子。村两委干部整体呈现出“知识化”“年轻化”特征，为全村乡村振兴发展打下扎实基础。成立了以村党支部书记为组长的实施乡村振兴战略领导小组，强化工作责任意识，细化工作任务分解。加强对村两委干部、党员培训力度，全面提升做好新时代“三农”工作和乡村振兴工作的能力和水平。

二是强化党员教育管理。着重打造凝聚党员、服务群众的重要纽带，建有“寨头村党建广场”一座，“党建长廊”一个，成立了“党群服务中心”“红土生态先锋”党员活动室等不断丰富党员活动阵地。在全市率先创办“红土·生态初心讲堂”，打造县级党员干部党建品牌培训示范基地，并经常邀请县委组织部领导和县委党校老师前来授课，提升党员干部政治理论水平。

三是健全制度保障。以“不忘初心、牢记使命”主题教育为抓手，深入开展“基层基础建设年”活动，严格落实“三会一课”、组织生活会、主题党日活动等制度，进一步规范基层党组织建设。实施“五星级党员户”评比制度，制定并完善《关于寨头村五星级党员户的考评方案》，在全村范围内开展“五星级党员户”创评活动，并对获得“五星级党员户”给予挂牌奖励，进一步发挥党员在传播文明、弘扬美德、促进乡村和谐方面的引领作用，加快助推寨头村文化振兴。

图 13–2 寨头村党建广场

（二）统筹规划，彰显地方特色

寨头村立足本地生态、人文资源及产业优势，做好“三个一”工程，合理定位本村的发展方向，为建设美丽清新寨头奠定扎实的基础。

一是打造一个村庄规划体系。围绕素有“鱼米之乡”“长汀的小江南”美称的人文资源，联合浙江工业大学工程设计集团，编制《长汀县濯田镇寨头村村庄规划（2020—2035）》，形成多规融合、合理规划生产的空间布局，统筹抓好产业发展和生态建设，逐步形成一套“吃住行游娱购”的规划体系。

二是提升一个景区文化工程。客家童谣《月光光》：“月光光、秀才郎，

图 13-3 全景照片

骑白马、过莲塘，亲家门前一肚塘，放的鲤鱼八尺长”。寨头村着力打造鱼莲文化，依托传统建筑文化，提炼客家吉祥文化，融入景区周边，在客家鱼莲文化景观区设计出一个“北斗七星桥”供游客观鱼赏荷，构建出具有寨头地方特色的景观风貌。聘请专业设计团队，因地制宜，修建荷花景观台、创意休憩点和“鱼跃龙门”等主题造景，并完成鱼莲文化房屋主题立面艺术装饰。“鱼莲文化”即是“渔廉文化”，寨头村逐步由“授之以鱼”长足发展成为“授之以渔”，推广“双联双带”党建扶贫项目，走出了一条符合自身实际和群众需求的发展路子，从昔日的穷山沟蜕变为远近闻名的乡村振兴示范点、“网红村”，成功摘除贫困村的标签，正朝着乡村振兴大步前进。

三是讲好一个梦里花开故事。总结提炼寨头传统文化中的闪光点，囊括古史传记、红色印记、乡风民俗和风物典故，形成《梦里花开》故事集，讲好村庄故事，激励年轻后代不忘村庄来时的路，奋发图强，建设更加美好的寨头。积极宣传村民身边的好人好事，树立程春香敬老爱亲模范典型，形成尊老爱幼的良好风尚，修订完善寨头村村规民约，推行移风易俗，劲吹乡村文明新风。同时，从 2018 年开始，每年举行寨头村“农民丰收节”，向社会各界充分展示寨头村优良传统、优质民俗文化、美丽乡村建设等良好社会风尚，逐渐成为远近闻名的“网红打卡村”。

（三）盘活资源，实现合作共赢

1. 突出主导产业，激活内生动力

“产业兴旺”是乡村振兴的首要任务，近年来，寨头村积极探索乡村振兴产业发展之路，坚持党建引领，因地制宜，整合资源，积极发展特色产业，激活乡村振兴内生动力。

一是扩大村财收入，谋划发展。2016 年，村党支部谋划了河田鸡养殖项目，通过与汀州凤河田鸡养殖有限公司合作，实施规划了丁坑哩、大罗坑两处养鸡场。该项目由村党支部提供场地，汀州凤河田鸡有限公司提供鸡苗，并进行规模化养殖和销售，所得利润按照村和汀州凤公司 1∶1 分红，实行双方风险同担、利益共享，实现双赢，是一项促进村财创收的党建扶贫项目。接下来，村党支部将进一步深化与汀州凤公司合作，到 2020 年底，新增小丁坑鸡舍 1 栋，马齐下鸡舍 5 栋，新增存栏 4 万余只，

图 13–4 丰收节

预计可新增村集体收入 8 万余元。

二是整合种植大户，规模发展。通过培养和吸引种养大户示范带动，鼓励支持长汀县寨头农业发展有限公司、长汀县濯田镇茱萸家庭农场做大做强，投资 350 万余元，着重打造水果玉米、红宝石芭乐、西柚、脐橙、锦绣黄桃、太空莲、吴茱萸等七个百亩种植基地和一个千米生态瓜果长廊，项目短中长期互补，实现一年四季“月月有花开，季季有果摘”，完成采摘和观光一体化。

三是创新旅游项目，做优发展。对外公开招聘房车 KTV 和农家乐，聘请专业人士对其进行管理运营，依托传统农耕文化及农民丰收节，建设“亲子橙园”，开发后龙山公园，发展休闲游乐及民宿餐饮，充实旅游观光资源，打造宜居宜游的“示范村田园综合体”，形成“农业 + 休闲旅游 + 互动体验”的多元化要素组合的新农业模式。

2. 注重社会效益，带动就业增收

寨头村立足特色产业，推动产业升级，做大产业格局，带动当地居民尤其是贫困户就业增收。

一是深摸细查，精选项目。组织村两委干部开展入户走访，掌握贫困户发展生产情况、生产意愿和未来规划，结合寨头村产业优势、生态环境特点，精选技术成熟、容易接受、风险值低的产业，筛选最适合我村贫困户的项目，调动贫困户参与积极性。注重内生动力，培育一技之长，实行“政府搭台 + 经营主体辅助 + 贫困户唱主角”模式，如河田鸡养殖、黑兔养殖、芭乐种植等项目。

二是创新模式，实现共赢。充分结合我村实际、实践认证，摸索出适合本村产业发展模式，主打经营主体、村集体共同发力，实现增收。水果玉米种植项目，由村两委负责土地流转，并出资入股，由长汀县寨头农业发展有限公司统一购苗、施肥、田间种植管理、统一销售，所产生的利润按出资比例 1∶3 分红，实行双方风险同担、利益共享，实现双赢。

三是优化机制，激发动力。注重提升贫困户的造血功能，持续推进激励性扶贫产业，坚持扶贫与“扶志”相结合，健全贫困户激励机制，通过奖惩措施激发贫困户增强致富的意愿和信心，加快形成脱贫攻坚和乡村振兴战略有效衔接的良性互动格局。

（四）改善环境，提升乡村颜值

扎实推进“一革命四行动”，制定并完善《关于寨头村门前三包责任制工作的考评》等方案，以农村垃圾处理、河道治理、农房整治和村容村貌提升为重点，持续推进美丽新寨头建设。

一是以绿色发展作引领。多次组织去馆前等乡镇学习垃圾分类先进经验，坚定不移践行“绿水青山就是金山银山”理念，把可持续发展、绿色发展理念贯穿于改善农村人居环境各环节和全过程，切实把提升生态环境作为推动创新社会治理走深走实的生动实践，形成“村收集、镇转运、县处理”的垃圾无害化处理方案。

图 13–5 村中步行桥

二是以系统治理助提升。坚持把良好的生态环境作为最普惠的民生福祉，坚决从治理源头上拉紧生态保护的红线。利用节假日、民俗活动和走村入户等时机，大力宣传农村保洁，引导群众改变生活习惯，营造共建美丽乡村的良好氛围。对外招聘保洁员，公开保洁范围，不断健全日常管护机制，现本村有 1 名专职

图 13-6 寨头村花圃及立面墙绘

保洁员，对生活垃圾日清日收，统一清运，不断提升保洁效率。

三是以创新机制促长效。以人居环境整治行动为抓手，实行门前三包责任制和“文明户”评比及挂牌制度，引导村民养成良好的卫生习惯，形成了农村人居环境整治常态化、制度化。积极调动党员干群力量，充分发挥党员干部“门前三包”示范带动，促使“一处美”迈向“全村美”，聘请专业洒水车对本村辖区重点路段进行不定期冲洗，深化“六清六美”环境综合治理，全力打赢碧水蓝天攻坚战。

四是以农房整治为目标。充分发挥基层党组织战斗堡垒作用，调动村民参与改善农村人居环境和拆除空心房的积极性，推动工作落实落细。2019 年以来，共拆除、整治空心房 50 户，总面积 7004.2 平方米。对 41

栋裸房建立整治台账，并实施裸房改造工程，大批无人照看、年久失修的农房得到彻底整治，村庄面貌焕然一新。

五是以基础设施克攻坚。投资约150万元，新建寨头村环境整治项目、寨头村生态护岸水毁工程等项目，有效改善了泥沙与污染物随雨水冲入河道现象，全村河流水环境得到明显提升。为进一步改善环境质量，提高监管力度，充分采用信息化监管手段，实行环保APP网格化监管，并由1名网格监督员每月进行巡查，实行日常化监管机制，确保河道整洁无污染。

三、成效与反响

（一）人居环境全面改善

通过开展美丽乡村建设、党建引领空心房整治及危旧房整治等一系列专项整治行动，昔日垃圾乱倒乱放现象得到根本改善，基本实现庭院整洁有序，房前屋后清洁舒适；河道障碍物和垃圾得到了有效治理，黑恶臭水体整体消除，形成了水流清畅、岸绿整洁的乡村水景；旱厕、“空心房”全部拆除，农村无害化厕所普及率达到100%，村容村貌焕然一新，“颜值”大为提升。先后获得“省级森林村庄”“省级乡村旅游特色村”“省级乡村治理示范村”“全市先进基层党组织”等荣誉称号。

（二）产业发展有效提质

人居环境整治带动产业发展上新台阶，吸引种植大户投资350万元，打造700个百亩基地田园综合体1个千米生态瓜果长廊，实现观光采摘一体化。全村流转农田600余亩，培育休闲观光旅游业，构建村集体、企业、农户三增收共享格局。2018年至今共举办三届寨头村农民丰收节，共计接纳游客6万余人，在全县乃至全市范围内引起强烈反响，成为远近闻名的“网红村”。同时，结合当下潮流，连续举办两次网络“直播带货”活动，共计吸纳 60 余万网民收看直播，网络销售总额达 30 余万元，向社会各界广泛宣传本土特色农产品，打响区域特色品牌。

（三）群众认同感显著提升

寨头村是县级贫困村，有建档立卡贫困户 14 户 59 人，2018 年实现贫困村退出，所有建档立卡贫困户全部脱贫，人均可支配收入 1.68 万元，超过全镇的平均水平，人民生活水平更上一层楼。2019 年村集体经济收入 30 万元，其中经营性可支配收入达 12.7 万元，村两委干事能力得到极大提升。

四、下一步发展

寨头村将始终坚持以习近平新时代中国特色社会主义思想为指导，认真贯彻落实党的十九届五中全会和中央农村工作会议精神，以乡村的全面振兴推动全村全方位高质量发展超越。

一是持续抓牢村级班子建设。不断加强村两委班子建设，提升干事能力，为寨头今后发展注入强劲动力。用好“红土·生态初心”讲堂，邀请党校教授、产业专家、种养能人授课，切实提升村两委班子的理论水平和发展能力。提前做好 2021 年村级组织换届选举准备，建立涵盖在外乡贤、高校毕业生、产业发展大户、种养能人等多类型人才的后备人才库，强化村两委后备人才储备。充分宣传家乡变化及下一步发展规划，吸引优秀人才返乡参选，为全村进一步振兴发展打牢坚实基础。

二是持续做优产业提质增效。加大对引进的农业生产企业的扶持力度，进一步整合村内土地、林业资源，不断扩大种植养殖规模。深化村企协作，实施激励性扶贫项目，吸引村内及周边村群众、贫困户共同参与种养。持续加大产业设施建设投入，完善农田水利基础设施建设，提升农业生产效率，促进农业规范化、规模化和效益化发展。

三是持续推进区域协同发展。与邻近村共同成立“跨村联建”党总支，牵头制定寨头片“跨村联建”实施方案，搭建党员发挥作用的新平台新载体，引导村与村、村与企之间协同合作，通过信息、技术、人才、土地、项目、资金等资源的互通共享，加快推进乡村振兴建设、农业现代化进程和农村协调同步发展。通过聚集四个村的交通、文化、产业等各项资源，以“跨村联建”方式，打造集生态农业、创意农业、农事体验、休闲旅游、民俗文化等于一体的旅游综合体、田园综合体，实现共创一条景观带、共抓一条旅游线、共建一个发展平台、共促一个文创产业等“四个一”的目标，助力寨头乡村全面振兴。

四是持续提升乡村治理水平。加强乡村自治建设，健全党组织领导的村级工作运行机制，推行“四议两公开一监督”等做法，引导群众在党组织领导下进行自我管理、自我教育、自我服务和自我监督。加强乡村法治建设，扎实开展法律进农村活动，深化基层法治示范创建，完善农村法治服务，引导干部群众尊法学法守法用法。深入推进平安乡村和“雪亮工程”建设，建立集维稳、综治、信访、法治、民生为一体的网格化服务管理模式，加强信访评理室建设，完善农村治安防控体系，深入开展乡村扫黑除恶专项斗争。加强乡村德治建设，广泛开展文明家庭等群众性精神文明创建活动，积极开展建村标、立家风、讲家训等活动，从而引导农民爱党爱国、向上向善。

五是持续扩大宣传氛围力度。乡村振兴，离不开社会各界的理解、支持和参与。寨头村充分发挥广播、网络和“三微一端”等媒体作用，在微信公众号开设乡村振兴专题专栏，大力宣传习近平总书记关于实施乡村振兴战略的重要论述，宣传中央和省委、市委、县委关于实施乡村振兴战略的决策部署及试点村推进乡村振兴的好做法好经验，充分展示乡村文明新气象、乡村发展新风貌，提升社会各界对乡村振兴的知晓度和支持度。切实加大舆论引导力度，充分发挥微信公众号、微信群、LED 显示屏等宣传媒体的作用，开展形式多样、生动活泼的宣传活动，激发群众主体作用，营造全民参与乡村振兴战略的实施，推动乡村振兴试点村建设。坚持以人民为中心的发展思想，充分尊重农民群众的主体地位和创新创造精神，广泛宣传、深入动员，积极调动社会各界特别是农民群众参与乡村振兴的积极性、主动性和创造性，持续凝聚推动乡村振兴的强大合力。

福建·新罗
XINLUO · FUJIAN
隔口村农村幸福院

新罗区，福建省龙岩市下辖区，位于福建西南部，是闽粤赣边联结沿海、拓展腹地的重要枢纽，是福建重要的林区、矿区，是全国四大高岭土矿产地之一，是福建主要烤烟产区、柑橘生产基地之一。辖区总面积 2678 平方千米，辖 7 个街道、13 个镇，常住人口 73.4 万人，户籍人口 53.4 万人。新罗区是河洛文化和客家文化的融合地，民俗文化丰富，包括被联合国教科文组织收录的民间音乐采茶灯舞曲，及国家第一批非物质文化遗产的龙岩山歌戏、龙岩静板、适中盂兰盆盛会等；是全国著名的革命老区（中央苏区），被誉为“二十年红旗不倒”，辖区内保存有毛泽东旧居、红四军司令部旧址、后田暴动陈列馆、邓子恢纪念馆、新四军二支队纪念馆等多处革命遗址；境内有 20 余处古建筑，有闽西南著名佛教建筑之一的天宫山古庙，列入国家重点文物保护单位典常楼和闽西工农银行旧址，列入省、市文物保护单位的龙门塔、新罗第一泉井、龙池书院、白土暴动遗址、文明塔、赤水天后宫等。

“葡”享静谧·隔口作为

福建省龙岩市新罗区农业农村局

铁山镇隔口村地处新罗区东郊，距龙岩中心城区仅7公里，新罗区母亲河——龙津河穿村而过，地理区位非常优越。全村共有9个姓氏、4个村民小组，469人和睦相处、守望相助，辖区内有26家企业并有暂住人口360余人。2019年，全村社农业总产值达1000多万元，村财收入46.3万元，人均纯收入18500元。

实施乡村振兴战略，是党和国家深刻把握现代化建设规律和城乡关系变化特征，顺应亿万农民对美好生活的期待，对“三农”工作作出的全新战略部署。作为福建省级乡村振兴示范村之一，隔口村党支部围绕“产业兴旺、生态宜居、乡风文明、治理有效、生活富裕”乡村振兴战略总要求，提出“葡享静谧·萄园隔口”的发展思路，进一步深化美丽乡村建设，补齐农村基础设施和人居环境短板，推动产业振兴，致力于发展一条基层组织建设与美丽乡村建设同频共振、互促共赢的乡村振兴新路子。

一、主要做法与经过

按照“突出城郊特色，打造隔口葡萄产业链，形成特色休闲观光农业走廊”定位，始终坚持党建引领、规划先行，开展产学融合，与华侨大学建筑学院合作，由姚敏峰教授带领规划、建筑、园林等相关专业人员到隔口村进行整体规划，推进葡萄全产业链发展，强化特色产业支撑，促进特色农业提质增效。

（一）积极发挥党建引领新动能。隔口村坚持把党建引领贯穿乡村振兴建设始终，将推动产业发展、人居环境整治、文明乡风培育、乡村治理等作为党支部的常规职能，充分发挥基层党支部战斗堡垒作用和党员向心力，不断提升党支部“领头雁”能力和精准施策服务能力。为形成干事创业合力，让每个党员成为乡村振兴的实施者、推动者和践行者，支部在每个党员家门口悬挂“党员示范户”铭牌，引导党员时刻牢记“第一身份”，践行“第一职责”，强化党员意识和责任意识，激发政治荣誉感和归属感，激励党员切实发挥先锋模范和引领作用，党员成为村级事业发展的先锋队、排头兵，逐渐形成支部引领、党员拥护、群众参与的新局面。有了大家的参与，隔口村乡村振兴工作阵地强了起来，底气硬了起来，“脑智”活了起来。

（二）积极探索产业发展新路子。围绕“葡享静谧 · 萄园隔口”的发展思路，推出“葡萄采摘 + 旅游业 + 休闲体验 + 手作文化”等产业模式，打造以葡萄产业为核心，集生态观光、水果采摘、DIY 手作、特色餐饮民宿等为一体的休闲观光农业产业链复合业态。扶持壮大葡萄产业发展，盘活河滩地 300 亩作为葡萄标准化生产基地，完善标准体系，加强质量安全监管，打造安全放心的“金字招牌”。通过科技与创新手段，对葡萄产业深耕细作，从葡萄种植到葡萄酒酿造，

图 14–1　铁山葡萄

再到品牌打造和葡萄文化的拓展，加快完善产业链的步伐，促进产业提质增效。根据隔口村群众家家户户有一门传统手艺的特点，成立新罗（隔口）传统手作合作社，囊括了龙岩传统小吃麻老制作、泡鸭爪腌制、葡萄酒酿造等特色手艺。目前，全村共有游泳池 1 家，传统菜饭店 1 家，水果采摘 17 家，龙岩传统手作家庭作坊 23 家，年接待游客近万人次。

（三）持续打造生态宜居新风貌。2019 年，隔口村被区住建局列为人居环境整治示范村，村两委包干到户开展房前屋后整治，先后投入 156 万元实施治理裸房、治理空心房和拆除违章建筑的“两治一拆”工程，新建 500 余米的坪美步道既可以解决群众出行要沿繁忙的国道行走的安全隐患，又可以成为群众茶余饭后休闲锻炼的场所，持续完善基础设施，改善农村人居环境。在隔口新村新建无动能污水处理池一座，新铺设排污管道 180 米、维修原管道 200 米，收纳生活污水排放 135 户，实现村生活污水全部集中处理后进入农田消纳。清理村内水沟 1000 米、水塘 300 平方米，实现了水体清洁。新增垃圾屋 6 座，分类垃圾桶 30 个，聘请 2 名专职保洁员，建立“户分类、村收集、镇转运、区处理”的垃圾收运处置体系，实现垃圾治理常态化。深入推进“一革命四行动”，以“三清一改”为载体，做好主干道边污水沟治理项目、主干道边角地绿化花圃建设、苏厝路排污沟等项目建设。集中人员和力量，对杂物当道、杂草丛生等进行全面清理，对垃圾乱堆乱倒、污水横流和私搭乱建等脏、乱、差现象进行全面整治，深入开展厕所革命，全村 35 座厕所全部完成整治，全面提升农村人居环境，逐步形成生态宜人、环境优美的农村新风貌，提升隔口村整体形象。

（四）引导培育乡村文明新气象。在积极发挥党员示范引领作用的同时，深入学习习近平新时代中国特色社会主义思想，引导村民注重家庭建设、家教传承和家风培育，开展评选最美家庭、最美儿媳等活动，宣传社会主义核心价值观。创新隔口村党群服务中心建设，按照服务群众功能最大化，办公区域最小化的设计理念，营造了有学习氛围、教育氛围和感召氛围的基层新阵地，让村部成为党员群众活动的中心、学习教育的中心、文明实践的中心。以建设新时代文明实践站为契机，在村部投入 10 余万元建设隔口孝廉书吧，引导村民（特别是少年儿童）学习成长的同时又形成身心健康、向上向善的风气。实施“新型农民培育”计划，邀请农民企业家、种植高手、养殖能人和能工巧匠等乡土人才，为专业合作社农民、种植户进行培训，截至目前共举办培训 10 余次。2020 年以来，充分发挥村规民约、红白理事会的作用，成功劝阻村民简办寿宴等 150 余桌，大力弘扬时代新风，移风易俗蔚然成风。

图 14–2　铁山镇孝廉文化公园

（五）建立健全治理有效新机制。率先在党群服务中心设立村民代表工作室，发挥民主议事聚集地功能，在实施法治、德治、自治“三治”融合法的同时，积极发挥村民小组长、村民代表的作用，基层组织作用发挥向神经末梢延伸，实现“大事不出村，小事不出组”。在创建“平安村居”过程中，有了村民小组长和代表们的参与，无论在开展扫黑除恶、打击电信诈骗、涉麻制毒等方面都取得事半功倍的效果，连续 3 年被评为“新罗区平安村居”。2020 年，隔口村收储 110 亩的河滩地作为乡村振兴的发展产业用地，由于历史原因，村民对补偿方案意见无法统一，村两委通过吸收部分村民代表和小组长，充实隔口村乡村振兴领导小组，在他们包干入户宣传做工作后，召开户代表会议，全村 148 名户代表中有 142 户代表当场签订补偿方案，其余户代表经过宣传动员后最终全部签订补偿方案。

二、主要目标与成效

（一）编制一套规划方案。坚持“无规划不建设、无设计不施工”的原则，委托浙江公和建筑工程设计公司，结合铁山镇总体规划、生态环境建设规划等，与扶贫开发、土地利用、基础设施建设等规划相衔接，对全村的空间形态、产业布局、生态保护、基础设施、公共服务等进行全面规划、系统设计，制定出切实可行的乡村振兴村庄规划，凸显田园风光、农家情趣和乡村文化。同时，坚持一张蓝图绘到底，久久为功，确保规划真正管长远、顾当前、利发展。

图 14–3　铁山镇富溪漂流

（二）培育一条产业链。编制葡萄产业链发展规划，重点发展以葡萄为主打，吸引城市居民周末游、乡村游的循环农业、创意农业、农事体验等产业，促进农民创业就业，打造“农田景观化、果园公园化、菜园花园化、园区景区化”的新乡村。围绕美丽乡村、乡村民宿、休闲农庄、特色庄园、田园综合体等，发展具有特色的乡村休闲旅游业。依托独特的自然生态条件和沿龙津河景观的先决条件，增强自然休闲特色发展生态旅游，将传统的农耕逐步引向农业观光、农事体验、特色农庄、农情民舍等附加值高的乡村旅游景点。

（三）改造升级一片夜景路灯。做好村夜景工程的规划工作，重点做好主干道路、广场、卫生所等公共场所沿线及周边特色照明，形成特色、亮点，吸引周边村、居乃至城区人气，形成夜间经济。

（四）绿化一批空闲地。按照“果树进村、一村一品、一路一景、四季常青、三季有花有果”的理念，栽植特色果树，春季观花、夏季赏景、秋季品果，将隔口村打造成果园式村庄。按照“村容整洁环境美”的要求，对荒片地、边角地、空宅荒院栽植绿化树，提升绿化成果。

（五）美化一批墙体、文化墙。按照“因地制宜、注重保护、留住乡愁”的原则，统筹兼顾农村田园风貌保护和环境整治，注重乡土味道，强化地域特色，慎修房、少拆墙，在美化中保护，在保护中建设，形成一路一主题、一巷一特色，做到与村庄规划、产业发展、旅游发展、文化特色相衔接，开发与保护相结合，凸显可持续发展。

（六）新建一个停车场及停车带。按照“实用、美观”的要求，建设一座规划科学、布局合理、运营便捷的停车场，且在村道各个合适停车地带划建临时停车观景车位。同时，制订完善一套运行管护机制，采用公益岗位管理等办法选拔一些有责任有爱心讲文明的人员进行管理。

（七）建设一座传统文化馆。按照“文化地标、精神家园”的标准，科学规划建设文化馆，按照活动公园、文化乐园、精神家园的“三园”要求，努力把文化馆打造成为一个以礼堂、讲堂、文体活动场所等为基本设施的村级文化阵地综合体。

（八）引进一批投资主体。坚持引资、引技、引智有机结合，以乡情乡愁为纽带，发挥在外创业成功人士、致富带头人、创业能人等乡贤作用，“筑巢引凤”，用足用活外力，积极为村级集体经济发展出谋划策、贡献力量。全面清查农村集体土地资源，按照“盘活要素、开发资源、增加收益”的原则，盘活闲置的荒田、荒林、荒塘、荒园等集体资产，通过依法出租、承包、股份合作等形式，发展集体经济、荒片经济、庭院经济，实现集体存量资产增值。全面推行村级集体经济“双增”行动，探索发展壮大村级集体经济的途径办法，建立村级集体收入稳定增长机制，增强村级组织的自我“造血”功能。

图 14-4　铁山镇乡间果芙农场

（九）完善一套机制。依托乡镇和村级民间组织作用，建立健全“一事一议”民主决策机制，推行“村内事、村民定、村民建、村民管”的做法。尊重群众意愿，把发展自主权交给群众，充分引导调动广大群众，参与设计、参与管理、参与监督的积极性和主动性，确保建有所管、长效运营、常态保持。建立健全农村“一约四会”（村规民约，红白理事会、道德评议会、禁毒禁赌会、村民议事会）制度，深化村民自治，引导群众实现自我管理、自我约束、自我监督、自我提升，破除陈规陋习，让文明新风吹拂乡村。

三、保障措施

（一）加强组织领导。向上级部门申请选派专业团队，充实配强乡村振兴工作队、振兴工作领导小组，以领导小组为主体，凝聚各方力量，全面推进建设，全面负责我村推进，对照重点工作任务，认真抓好落实，确保隔口村早出形象。

（二）落实工作责任。按照乡村振兴工作责任分工，每个建设项目由专人负责，各司其职，各负其责。特别是承担有基础设施建设项目，要及早着手，加强联动，合力推进。

（三）加大资金投入。按照集中财力办大事的原则，合理运用好财政政策，通过向上级部门争取、发动群众参与、动员社会力量等形式，多方面拓宽资金投入渠道，特别是注重调动社会资本投入，为隔口村乡村振兴建设提供资金保障。

（四）营造良好氛围。充分利用电视、广播、网络等媒体作用，与新罗 TV 等媒体单位开展形式多样、生动活泼的宣传教育活动，总结宣传先进典型，形成全社会关心、支持和监督乡村振兴工作的良好氛围。

四、经验启示

（一）落实“三农”工作，筑牢思想根基是核心。党的十九大提出实施乡村振兴战略，十九届五中全会进一步强调，要全面推进乡村振兴，加快农业农村现代化。这是党中央作出的重大决策，是“十四五”时期“三农”工作的主题主线，必将带来农业大发展、农村大变化。推进农业农村现代化是一项长期历史任务，我们要进一步增强“四个意识”、坚定“四个自信”、做到“两个维护”，在以习近平同志为核心的党中央坚强领导下，深入学习贯彻党的十九届五中全会关于加快农业农村现代化的重大决策部署，全面加强党对“三农”工作的集中统一领导，坚持以人民为中心，坚守底线、精准施策、真抓实干，推动乡村振兴取得新进展、农业农村现代化迈上新台阶，书写好新时代“三农”工作新篇章。

（二）做好规划设计，善于借助外力是关键。振兴乡村，大力发展乡村旅游，统一规划至关重要。借助外力和外脑是一个重要的动力，隔口村与华侨大学建筑学院合作，由姚敏峰教授带领规划、建筑、园林等相关专业人员到隔口村进行整体规划打造，加快建设隔口“葡萄”公园，夯实“亲子 +”旅游基础，发展特色农业经济，综合利用外力外脑发展乡村旅游，取得了很好效果。

（三）抓实支部建设，精准选人用人是保障。实现乡村振兴，关键在党。“火车跑得快，全靠车头带”“村看村，户看户，群众看支部，支部看支书”。农村要发展，乡村要振兴，关键要有一个好的带头人。村级党组织是党在农村全部工作的核心力量，村党支部书记是党员群众的示范者，乡村振兴的“领头雁”。因此，在实施乡村振兴战略过程中，必须选好人、用好人，充分发挥村级党组织书记的“领头雁”作用。

（四）提升民生福祉，助推增收致富是归宿。“以人民为中心”就要牢固树立“绿水青山就是金山银山”理念，依托山水历史文化资源，看得见山水、留得住乡愁。“以人民为中心”就要把带领村民致富作为落脚点，隔口村乡村旅游发展成果和效益很好地说明了这一点。“以人民为中心”就要更好地满足人民日益增长的美好生活需要，这与乡村旅游发展是一个相互作用、不断提升的过程。

江西·万年
WANNIAN · JIANGXI

万年地处江西省东北部，鄱阳湖东南岸。建县于明朝正德七年(1512 年)，因县治于万年峰之阳而得名，是世界稻作文化发源地、全球重要农业文化遗产地中国贡米之乡、中国优质淡水珍珠之乡。全县辖 6 乡 6 镇，总面积 1140.76 平方千米，总人口 43 万人。

万年是底蕴深厚的文化圣地。人们常说，百年中国看上海，千年中国看北京，三千年看陕西，五千年看山西。那么一万年中国看哪里？就看江西万年。考古学家总结了四句话：野稻驯化起于是，烧土成器始于斯，刻符记事缘于此，物食易换发于兹。这就是说，人类的农业文明、工业文明、商业文明以及文字的起源，都与万年这块神奇的土地息息相关。

万年是美丽宜居的环境佳地。全县森林覆盖率达 64.1%，空气质量常年保持在二类标准以上，地表水环境质量在三类标准以上。现已列入国家卫生城市公示名单，是全国宜居宜业典范县、全国生态文明先进县、中国绿色名县、省级森林城市。

万年是物产丰富的资源宝地。万年贡米早在明朝正德年间就被定为“代代耕种，岁岁纳贡”，现荣获“国米”称号；万年珍珠素有“世界淡水珍珠看中国，中国淡水珍珠看万年”的美誉；万年的白云石氧化镁含量达 21%，储量超 1 亿吨，是千亿级的大宝库。万年“香云河”山茶油被厦门金砖国家峰会选为指定用油。

万年是朝气蓬勃的潜力高地。万年是国家西部政策延伸县、县域经济发展先行先试县、大南昌都市圈的核心成员，政策集成优势越来越明显。近年来，全县经济社会呈现高质量发展态势，“六个一”特色农业产业不断壮大，三大工业主导产业集群发展，高端商贸、大数据服务、文化旅游、仓储物流等现代服务业产业蓄势待发。

站在新的历史发展起点上，万年正积极适应发展新常态，紧紧围绕“弘扬稻作文化、加速发展升级、共创美好生活、建设幸福万年”的发展思路，着力把万年建设成为“上饶创新发展增长极、江西绿色崛起先行县、全国现代农业示范区、世界稻作文化体验地”，进一步凝聚思想共识，开创同心同德干事业、一心一意谋发展的生动局面。

"五定一包干"村庄管护长效机制建设幸福万年美丽乡村

江西省万年县农业农村局

万年县为策应江西省深入推进全省农村人居环境整治，在全县开展"五清二改一管护"（清理废旧建筑、清理垃圾、清理塘沟、清理废弃物、清理乱堆乱放，改美庭院、改好习惯，管护村庄环境）村庄清洁行动，集中整治村庄环境"脏乱差"，建立"五定一包干"（定管护类型、管护标准、管护责任、管护经费、考核奖惩，分级包干）村庄管护长效机制，该县的齐埠乡星明村率先垂范，干成了实事，做出了成绩，取得了突破，为建设幸福万年美丽乡村树立了"样板"。

一、背景与起因

走进万年县齐埠乡星明村，映入眼帘的是干净整洁的通村水泥路，家家户户房前屋后窗明几净，构成了一幅美丽乡村画卷。齐埠乡星明村位于万年县西部，距县城 25 公里，与余干县古埠镇接壤。全村总面积 128 平方千米，辖 11 个村小组，13 个自然村，620 户 3028 人，其中贫困户 51 户 142 人。该村建立党支部一个，党员 66 名。现有耕地面积 3 千余亩，山林面积 4 千余亩，全村以农业耕作为主要经济来源。以前，该村环境卫生“脏乱差”，村民长期以来形成了“各扫自家门前雪，不管他人瓦上霜”的卫生习惯，集中整治任务“急难重”是困扰村庄发展、影响村庄面貌的“硬伤”。星明村作为软弱涣散村，“1+2”驻村干部首批到位，通过登门入户征求群众意见以及村“两委”班子集体决策之后，该村在村两委带领下，运用“党建 + 秀美乡村”的系统思维，制定了适合本村的乡村振兴建设规划，积极整治村容村貌，推动产业发展，大力实施农村环境卫生治理，极大地改善了乡村面貌，大幅提升了农村的宜居性和农民的生活品位，密切了干群关系，树立了村干部的公信力，从一个名不见经传的村庄到迎来周边 40 多个乡镇、近百个村庄“取经队”的参观考察，成为远近闻名的“明星村”。

星明村是万年县齐埠乡秀美乡村示范点，积极响应县委、县政府“拆三房（违章房、废弃房、危旧房）、建三园（菜园、果园、花园）”号召，大力开展了“拆三房、建三园”活动，变闲散宅基地为财富乐园。在拆“三

图 15–1　星明村农业观光园

房”过程中，村、组各级党员干部不仅带头拆除自家“三房”，并建立了“拆三房建三园理事会”，让理事会引导村民自愿主动地“拆三房”“建三园”。全村已清理拆除“三房”29处，3000平方米；建“三园”17个，4200平方米。完成“拆三房”等基础性工作后，该村按照规划要求，实施了村内道路改造及“白改黑”，村口绿化、村内亮化、运动广场、展览馆等项目建设。投入资金600余万元，基本完成了项目主体建设，极大地改善村民生产生活条件，体现了农村韵味，成为该村及周边城镇居民的休闲胜地。

美丽的星明村不仅有了“面子”，更有了“里子”，该村制定了《“十三五”产业发展规划》，利用较多荒山优势，大力发展现代农业，规划建设互联网+U型千亩农业观光水果产业园，成立了星明四季果业合作社，带动了53户农户入股和就业。首期200亩党员果业示范基地已开工建设，主要种植杨梅、猕猴桃、蓝莓等。目前已栽种杨梅、猕猴桃、蓝莓长势良好，星明村将一年四季瓜果飘香。

二、做法与经过

为推进“五定一包干”长效管护机制促村庄有效管护，星明村推行“党员联户1+N，争当五星文明户，共创三洁（道路清洁、庭院整洁、村庄秀洁）先进村”的“党员联户、争星创洁”具体操作办法。

（一）抓组织队伍。一是建立管护机构。成立了以村党支部书记为主要领导的长效管护办公室，村两委把环境卫生治理的长效管护工作列入经济发展总体规划，纳入决策范围，摆上议事日程，村两委干部都积极参与到创建工作当中，为创建工作提供了坚强的组织保障。成立村庄环境管护站等机构，明确分管领导和专职人员，切实抓好村庄环境日常管护工作。二是成立突击队伍。组织号召力强、威信高且有劳动能力的党员和群众代表成立“环境整治突击队”，主抓群众认识提升、动员群众积极参与、攻坚脏乱区域整治，党群突击队成为农村环境综合整治行动的重要推动力量。第一书记通过开展党小组会议，激发党员工作积极性，与村党员干部、突击队伍同志走家串户发放村规民约宣传单，做到宣传到人、落实到户，实现宣传全覆盖。三是确立标准要求。依据“五定一包干”中定管护要求，结合村庄实际情况，村庄给村民树立明确的管护标准，把村庄管护类型、管护标准、管护责任全部上牌公示告知。村组包干做好组织监督、村庄环境日常管护工作。农户包干做好“门前三包”等工作。村委会与农户签订“门前三包”（包卫生、包秩序、包美化）责任状，村民对自家房前屋后的环境卫生负有监督和保洁责任，在村主干道、门前屋后、池塘等公共区域产生的乱倒垃圾杂物、乱堆建筑材料、乱放私人物品等行为要受到相应的处罚。制定《星明村村庄清洁十准则》等准则，要求减少污水乱泼乱倒，房前屋后垃圾不乱堆乱放，道路两边清洁无废物，庭院内外整洁无杂物，村庄四处秀洁无违章搭建物。

（二）抓党员带头。一是实行党员联户“1+N”。结合本村实际情况，村两委干部联系1—3个挂点村小组，党小组长（村小组长）联系本村党员N名，每个党员(村组干部）以平均分配的形式，联系本村群众N户(可以年度为单位轮换)。联络员每月入户走访联系群众1次，负责收集村情民意、协调解决矛盾纠纷。二是强化党员身份意识。每户门前悬挂“党群网格联络卡（村组干群联络卡)”，标注出党员身份及清洁评比结果，做到“亮明身份、包干到户、责任到人”，党员联络员在做好自己的同时，还要监督检查联系户的家庭卫生情况。三是明确党员职责所在。党员联络员负责开展宣传政策、民情收集、森林防火、纠纷调解、带动致富、生产帮扶、拆违控违、征地拆迁、环境整治、美丽乡村建设等各项工作。实现党员直接联系群众，带头做到家庭清洁，并做好对联系户的监督和引导，促进村庄整洁有序、村容村貌明显提升、长效机制逐步建立。

（三）抓制度健全。一是严格清洁评比制度。根据各项管护工作要求，建立工作制度，细化流程，明确责任到人，规范工作开展。采取全面检查与随机抽查相结合的方式，组织对各村委会轮流召开现场巡查指导会，成立了13支环境卫生监督志愿服务队，通过看现场、听汇报，交流经验，查找不足，建立巡查档案，督促及时整改到位。各村以村小组为单位，评比出星级清洁户。五星为优秀、四星为良好、三星为合格、二星为较差、一星为差。评比采取每月一小评、每季一大评、年终一总评的形式，对五星户奖励星级流动小红旗并予以表扬，对表现后进的星级户责其限期整改并全村通报批评。一个年度中被三次通报批评则列为“黑名单”户，“黑名单”户在发展党员、评优评先方面将受影响。二是建立考核评价机制。坚持以“县指导、乡（镇）主导、村主责、民主体”原则，增加村庄管护上的考核分值权重，考核结果作为行政村绩效考评、管护资金奖补的依据。将“党员1+N”纳入考核管理，联络员由村干部和党小组长进行定期考评，由村党支部以查看台账、听取成果汇报等形式在年终组织生活会中进行年度总评，若被群众评为“基本满意”“不满意”的扣一定分值，评比结果将作为党员评优评先的重要依据。三是完善资金保障机制。坚持“省市奖一点、县乡出一点、村集体助一点、群众筹一点、乡贤捐一点”的村庄环境管护筹资机制，确保每年每个行政村筹集管护经费不低于5万元，全力落实用好省市县拨付的专项管护资金。村级通过发展壮大村级集体经济，动员新乡贤等社会力量捐款等办法进行筹集。村民以每人每月2元的标准按时缴纳保洁费，公共区域设施维护费由村集体经济+村小组集体经济共同保障。将村小组公共卫生区划分为村干部和党员的责任区，确保责任到人。

（四）抓干群参与。一是干部“带”。十次动员部署不如一次实干带动。村干部自己率先组织起来，全面清理各村的陈年垃圾、卫生死角以及村庄周边的白色污染，再请村民来“看一看”整治前后的面貌变化，“评一评”要不要搞卫生治理，“议一议”如何来搞卫生。村两委干部深入到各村小组，对发现的垃圾自己动手捡，对发生乱倒垃圾的行为合理劝导和制止，通过身体力行提高村民环境卫生的良好意识和建设美丽乡村的责任感。二是村民“动”。针对农村广大妇女喜欢跳广场舞这一实际，村组干部按照卫生改善状况的好坏，先后分批分次为每个村小组免费配备了一套音响，并决定每年举行二次（春节、国庆节）广场舞大赛暨“好村长，好卫士，最美清洁户”表彰大会，要求报名参加比赛的选手，必须符合是卫生户、保洁员、卫生监督志愿者或者是保洁服务志愿者，否则“一票否决”。村完小成立了环境卫生“小卫士”志愿队，学校每天放学前上 2 分钟的环境卫生课，向每位学生印发了《致家长的一封信》，为做好环境卫生工作营造了生动活泼的社会氛围，调动了村民的积极性和热情。三是喇叭“放”。村支部在全县第一个架设了村级喇叭，每天定时播放环境卫生知识，让这种“月月讲，天天说”的特殊方式把呵护环境卫生，建设美丽家园的观念融入每个村民的心里。同时，驻村工作队与村党支部党员编排了朗朗上口的“三字经”版《村规民约》《村庄清洁管理制度》，制作的“民心讲坛”栏目和星明村歌《星明，我可爱的家乡》等通过喇叭播放，提高村民的社会公德、村民道德、家庭美德，激励村民爱家乡、护环境，为共创“三洁”村作贡献。

（五）抓文明风尚。一是突出教育引导。通过主题党日、党小组会、入村座谈会等形式，把深入学习十九大和习近平新时代中国特色社会主义思想作为重要工作来抓，用科学的理论武装全村人民。通过散发学习手册、传单，开展垃圾分类知识竞赛、垃圾分类进校园等形式，认真宣传生活垃圾分类知识，使基本道德规范和社会公德、村民道德、家庭美德等规范家喻户晓、深入人心。充分发挥农业技校、文化中心、农业技术培训班等学习阵地的作用，广泛开展科学技术、科学思想的教育，在全村形成“学科学、爱科学、讲科学、用科学”的良好氛围。二是破除陋习树新风。开展村民文明言行的规范活动，倡导文明习惯养成，大力倡导“学习、开放、创新、超越”的新时代精神，有力地促进了公民文明素质的提高。开展移风易俗活动，破除封建陋习，在全村大力提倡“婚事新办、丧事简办、喜事省办”的社会新风，提高广大群众对科学文明的认识。三是丰富群众文体活动。大力发展文化事业，加强村级文化广场建设，在有条件的村小组建设老年活动中心，各村小组成立广场舞队等业余文艺队伍，每年 3 月 8 日国际劳动妇女节开展广场舞会演，丰富群众的文化生活。大力发展扶贫扶智扶志活动，开展“大手拉小手成长路上一起走”扶智扶志活动，通过与国家级人才叶想发、郁丰善等人才的交流互动，积极引导小朋友树立“知识改变命运，劳动创造财富”的正向价值观，激发小朋友“智随志走、志以智强”的学习热情。

图 15–2 星明村文化广场

三、成效与反响

星明村自开展“党员联户，争星创洁”行动以来，在提升基层党组织力量、提高村民自治能力、实现村庄整治长效管护方面取得了一定成效：一是搭建了党员先锋带头的展示平台。提高了普通党员参与村级党组织活动的主动性、积极性，强化了党员身份意识、责任意识，让党员同志有了亮出身份、发挥作用的展现平台。二是激发了群众自治的行动自觉。聚焦农民群众最关心、最现实、最急需解决的村庄环境卫生难题，提高村民思想意识，激发群众从做好身边的小事入手，争当五星文明户，有序推进村庄清洁大行动。三是实现了村庄环境整治的长效管护。队伍有干劲、制度有落实、资金有保障，村民争当五星户，共创“道路清洁、庭院整洁、村庄秀洁”的“三洁”先进村，齐抓共管，实现了星明村环境卫生整治的长效管护。

图 15–3 星明村村貌

四、探讨与评论

当前，我们国家处在向第二个百年奋斗目标迈进的历史关口，脱贫攻坚取得胜利后，要全面推进乡村振兴，这是“三农”工作重心的历史性转移。实施乡村建设行动，要继续把公共基础设施建设的重点放在农村，要接续推进农村人居环境整治提升行动，促进乡村宜居宜业。

一是在政策上要落到实处。资金短缺是困扰农村环境卫生整治工作的突出难题。村集体经济收入较少，农村环境卫生整治、日常保洁、后续管理因缺乏资金支撑而难以长期坚持。省市县落实了专项管护资金，这个政策对于保障环卫长效保洁、设施持续利用、提升村庄软硬件建设等有重要作用，关键是要把专项资金用好，把资金用到实处。并要积极吸引社会资金，争取社会力量管理。

二是在管护上要坚持机制。坚持以“县指导、乡（镇）主导、村主责、民主体”为原则，增加乡镇在中心村庄管护上的考核分值权重，考核结果作为乡镇绩效考评、管护资金奖补、乡村旅游景点授牌的依据。根据各项管护工作要求，建立工作制度或流程，规范工作开展。各项工作明确要求，细化流程，责任到人。

三是在成效上要强化督查。加强考核力度，采取全面检查与随机抽查相结合的方式，发现薄弱环节，及时整改到位，确保管护到位。组织现场督查，进一步加强工作指导，组织对各乡镇轮流召开现场督查指导会，通过看现场、听汇报，交流经验，查找不足，督促发展，推进工作深入开展。同时加强典型示范，进一步做精做细，彰显特色，以点带面，实现村庄长效管护的全覆盖。

山东 · 临朐
LINQU · SHANDONG

临朐县总面积 1831 平方千米，其中山地丘陵占 87.3%，辖 14 个镇（街、园、区），350 个村（社区），人口 92.8 万人。境内有大小山峰 2000 多座、河流 130 条、水库 151 座、2A 级以上景区 14 处，林木覆盖率达到 45.8%。是全国文化模范县、国家重点生态功能区、全国绿化模范县、中国优质果品基地重点县、中国最佳生态旅游县，素有“书画之乡”“中国观赏石之乡”等美誉。

九山镇位于山东省潍坊市最西南部，沂山西麓、弥河源头，总面积 254 平方千米，辖 26 个中心村、1.7 万户、5.4 万人，森林覆盖率达 80%，旅游资源丰富，生态环境优美。曾先后被评为省级生态镇、省级文明镇、省级环境优美乡镇、山东省绿化模范镇、好客山东最美村镇、省级宜居小镇、省级森林乡镇、省级电商小镇、省级农业产业强镇。

创新提升“三个模式”[①] 打造乡村振兴齐鲁样板的新亮点

山东省临朐县农业农村局

近年来，九山镇始终坚持“绿水青山就是金山银山”的发展理念，着力发挥自身优势，注重创新发展模式，聚力打造薰衣草特色小镇，实现了生态效益、经济效益、社会效益有机统一，为偏远山区实现乡村振兴提供了路径探索。九山薰衣草小镇先后创评为乡村振兴齐鲁样板省级示范区、省级特色小镇，入选国家乡村振兴研究实践基地。

一、背景与起因

乡村振兴离不开产业振兴、生态振兴，让好山好水不再沉睡，让老百姓守着绿水青山不再受穷，是实施乡村振兴战略的关键。山东省九山镇地处鲁中，沂山西麓、弥河源头，与“薰衣草的故乡”——法国普罗旺斯处于同一纬度，气候昼夜温差大。全镇地处砂石山区，多为丘陵和山岭薄地，不大适宜农作物的生长，独特的气候和土壤结构，在薰衣草种植方

① “三个模式”是指山东省潍坊市在乡村振兴实践探索出的“诸城模式”“潍坊模式”“寿光模式”。——编者注

面具备得天独厚的气候和土壤条件。薰衣草特色小镇由山东宋香园现代农业有限公司和恒信集团投资建设，总投资 50 亿元，规划占地面积约 52 平方千米，致力于中国薰衣草品种的研发培育和精深加工，成功培育出六个优质薰衣草品种，提炼的精油品质达到国际顶级标准，并建成年加工 400 万公斤薰衣草鲜花的加工中心，为产品精深加工创造了良好条件。目前已完成投资 6.4 亿元，完成薰衣草种植面积 2600 多亩，并配套建有展示中心、游客广场、空中花海、悬崖餐厅、睡谷酒店、帐篷酒店、攀岩速降、滑翔伞基地等服务设施。全部建成后，将成为世界单片面积最大的薰衣草花海，与法国普罗旺斯和日本北海道比肩成为世界三大薰衣草小镇，成为创新提升“三个模式”、打造乡村振兴齐鲁样板的新亮点。

图 16–1 山顶空中花海

二、做法与经过

（一）坚持规划引领。以打造媲美法国普罗旺斯、日本北海道富良野的世界知名薰衣草小镇为目标，聘请上海睿风建筑设计进行总体规划策划，建设特色商业街、爱情天梯、崖壁酒店、河谷酒庄等，致力打造“两山”理论生动实践区、创新提升“三个模式”示范区和乡村振兴齐鲁样板区。

（二）加强高端合作。紧紧抓住当前省、市大力推进“双招双引”的重大机遇，成功引进恒信集团，签订全面合作协议，并对特色小镇进一步规划策划，计划总投资 50 亿元，1 期投资 20 亿元，首开区投资 5 亿元，为特色小镇发展提供了充足的资金保障。目前已完成投资 6.4 亿元，小镇一二三产业链条完整齐备，成为创新提升“三个模式”、打造乡村振兴齐鲁样板新的亮点。

（三）注重人才引进。对接长江学者特聘教授刘彦随，将特色小镇纳入国家乡村振兴研究实践基地，并量身打造了一条乡村振兴国际化道路。与南京野生植物综合利用研究院院长张卫明签订合作协议，加快薰衣草品种培育和系列产品研发，成功开发出薰衣草抱枕、玩具、饼干、香皂以及精油、纯露等十多类产品。

（四）创新发展业态。一是坚持一产先导。为推动薰衣草产业规模化、高品质发展，我们引进了法国和台湾的先进农业技术，历时 9 年成功培育出适合当地土壤气候条件的薰衣草新品种——中国蓝，该品种的精油含量、质量、稳定性和亲和性等多项指标远高于国际标准。同时，广泛发动周边群众自发种植、统一回购，薰衣草种植的规模和质量实现大幅提升，目前特色小镇已成为国内重要的薰衣草原材料供应地。二是强化二产支撑。围绕提升产品综合价值，建成薰衣草加工体验中心，大力发

图 16–2 薰衣草加工车间及生活馆

展精深加工，年产薰衣草精油 50 吨、纯露 4000 吨，生产玩具、饼干等薰衣草系列制品 300 万件，年产值近 5 亿元。特别是与南京野生植物综合利用研究院深度合作，成功开发建设世界第一条薰衣草精油低温萃取生产线，实现薰衣草原材料最大限度利用。目前，正与阿芙精油、蓝月亮等国际知名日化品企业开展对接，努力打造国际知名的薰衣草产品研发和交易中心。三是突出三产联动。依托薰衣草的天然观赏优势和齐长城、宋寨、悬崖、温泉等独具特色的旅游资源，加快建设薰衣草特色景区，精心打造了游客展示中心、白沙河景观水系、游客广场、悬崖生态餐厅、台湾主题青舍橘屋精品民宿和芳香植物园等景观节点，并与省航空运动协会达成合作协议，新上高空滑翔、户外攀岩、垂直速降等体验性项目，培育出了“农业 + 旅游”“农业 + 康养”等多种业态，实现了产业多层次、多环节转化增值。

（五）搭建合作平台。利用薰衣草自带“洋属性”、国际认可程度高的优势，全力对接德国汉斯·赛德尔基金会，成功举办土地利用与乡村振兴国际研讨会，来自德国、美国等 9 国 70 余名专家学者前来考察。学习

图 16–3 “飞越齐鲁”2019 中国·九山滑翔伞精英邀请赛

借鉴国际先进经验，创新开展废物综合利用，用 68 个废旧集装箱搭建悬崖生态餐厅，用 500 辆废弃自行车制作情侣护栏，修建生态道路、生态护坡，降低生态环境破坏风险，真正践行“绿水青山就是金山银山”的绿色发展理念。

三、成效与反响

（一）产业效益大幅提升。仅薰衣草产品深加工一项，土地亩均收益就超过 7000 元，有力保障了特色小镇的长远发展。旅游业态不断丰富，特色小镇开工建设以来已累计吸引国内外游客 23 万人次，实现旅游收入 1.8 亿元，同时还成为九山镇“红色传承、绿色生态、金色民俗、蓝色运动、紫色浪漫”的“五彩”全域旅游新格局中的关键一环，有力带动了全镇餐饮、住宿、商贸等产业的快速发展。

图 16–4 宋香园摄影大赛采风活动

（二）群众增收效果明显。大力推广“公司 + 合作社 + 基地 + 农户”发展模式，将农民纳入到产业化经营链条、转化为产业工人。目前，特色小镇核心区已流转土地 8000 亩、种植薰衣草 3000 亩，通过项目务工、土地流转、田间管理、鲜花收割等多种方式，年可带动周边 20 多个村的村民增收近 2000 万元，相比种植花生、玉米等传统作物，收入增加 3—4 倍。比如当地 70 多岁的老人，土地流转费用加上工资，一年收入能达到 2.7 万元，青壮年劳动力的收入可达到 5 万元以上。

（三）村风民风显著改善。伴随村民生产生活方式的转变，原本固守的“小农意识”等落后观念逐步瓦解，依法办事、依法治村思想深入人心。同时，新的产业注入，促使村民形成了新的观念、新的思维方式，思想得到开发，生活得到提升，村民矛盾大幅减少，村风民风显著改善。

（四）生态环境有效保护。利用薰衣草根系发达、保持水土的特点，在不再新开垦土地的前提下，对种植区域内的中药、森林、野生植物等资源进行保护性开发，并通过生态护坡、节水灌溉、有机肥改良等措施，有效维护了当地生态环境。

（五）品牌影响持续提升。小镇自开工建设以来，凭借独具特色的资源优势和产业模式，赢得的广泛认可，成功举办了第四届全省滑翔伞场地联赛和第五届全省乡村旅游节爱情马拉松赛，薰衣小镇知名度不断提升。成功入选全省首批特色小镇、服务业特色小镇，被列入全省新旧动能转换重点项目库。

四、探讨与评论

党的十九届五中全会提出了“优先发展农业农村，全面推进乡村振兴”的重要要求。实现乡村全面振兴，产业振兴是重中之重。只有产业实现良性发展，乡村振兴才能有长远可靠的物质保障，带动群众持续增收，才能实现脱贫攻坚成果同乡村振兴有效衔接。

（一）必须坚持因地制宜，发挥特色。产业的发展与谋划要注重立足优势、发挥特色，九山薰衣草特色小镇就是立足当地的地形特点和资源禀赋，特别是根据当地土壤 pH 值、导电性等关键指标适宜薰衣草种植的优势条件，科学确定了薰衣草产业的发展方向和路径，摆脱了地区之间、乡镇之间同质化、低端化的恶性竞争，真正走出了一条特色鲜明、后劲充足的发展路子。

（二）必须坚持生态优先，绿色发展。发展产业，必须始终把保护生态环境摆在首位。九山薰衣草特色小镇按照生态产业化、产业生态化的发展思路，将区域内的山水林田湖资源进行统筹谋划，实现了生态保护与产业发展的良性共赢。

（三）必须坚持创新业态，融合发展。一产为根、接二连三，发展农业“新六产”，是有效连接农村、农业、农民的科学路径。九山薰衣草特色小镇以融合发展为基本思路，紧紧围绕薰衣草种植加工这一核心环节，充分挖掘出农业的多种功能，打造出了多元化、多样化的产业链条，推动了农业生产全环节转型升级，成为产业振兴的坚强基石。

（四）必须坚持以民为本，统筹兼顾。推进乡村振兴，必须要把增加农民收入、增进农民福祉和壮大村集体经济，作为实施乡村振兴战略、建设特色小镇的出发点和落脚点，以村集体领办合作社方式，把村民纳入到薰衣草产业链条，实现集体、村民双增收，不断改善群众生活水平。同时，薰衣草小镇的发展实践启示我们，在发展产业、群众增收的基础上，还要更加注重统筹抓好人居环境改善、公共文化服务、乡村治理创新等各项工作，推动乡村实现全面振兴。

湖北·宜都
YIDU · HUBEI

宜都上锁巴楚山地，下引江汉平原，长江清江环抱，巴楚文化交融，素有“楚蜀咽喉”“三峡门城”“鄂西门户”之称。全市辖 8 镇 1 乡 1 街道、2 个管委会，总人口 39.2 万人，总面积 1357 平方千米。

宜都历史悠久。公元前 196 年，宜都已设县制，名为夷道。公元 210 年，刘备设宜都郡，取“宜于建都”之意。宜都是一代宗师杨守敬、著名学者王永彬、开国上将贺炳炎的故乡。

宜都风景秀丽。既有磅礴大气的长江，也有宛若小家碧玉的清江、渔洋河，既有峭拔挺立的梁山、宋山，也有阡陌纵横、平缓肥沃的平原，可谓山环水绕、相得益彰。

宜都资源丰富。地处三峡、葛洲坝和清江水电梯级开发中心地带，供电网络完备齐全，供电质量稳定可靠。市内还建有中南地区最大的成品油油库、天然气西气东输管线。

宜都交通便捷。位于鄂渝湘三省交界处，隶属于三峡宜昌半小时经济圈。贯穿南北的焦柳铁路及两江航道，沪蓉高速、三峡翻坝高速架起连接外界的快速通道，宜华、陆渔一级路、宜张、宜岳高速宜都段建成通车，水路空立体交通格局基本形成。

宜都坚持工业强市不动摇，主动适应新常态，奋力追求新作为，县域经济始终走在全省前列。2019 年，全市经济运行稳中有进，进中向好，实现地区生产总值 679.2 亿元，增长 9.3%。人民生活持续改善，城乡居民人均可支配收入分别增长 9.9%、9.6%，均跑赢经济增速。先后荣获国家园林城市、全国文化先进县市、全国科技进步先进县市、中国人居环境范例奖、省级环保模范城等称号，入围全国中小城市综合实力百强、全国工业百强县市。2017 年，宜都市荣获第五届全国文明城市称号。2019 年跻身赛迪中国县域经济百强第 78 位、GDP 百强第 71 位。获评中国率先全面建成小康社会优秀城市。

全力打造美丽村寨　携手茶山共致富

湖北省宜都市农业农村局

拥有4650亩岗丘连片茶园的吕家坳村，全村齐心协力，共同建设成为国家森林乡村，省级美丽乡村示范村；是产业革新绿色生态统防统治，共同打造国家工商总局认定的“宜都天然富锌茶”地理保护商标核心产区；是全民创新创业，用美丽庭院、美味土特产迎接世界宾客，实现以特色优势产业为基础的共同致富；是在乡党委的领导下，统一思想，打造“土家原乡，多彩茶乡”，不断完善村民生活生产基础设施；是党建引领，全民参与，携手并进。延续了上亿年的地质奇观和茶山美景，在乡村振兴的光芒下，更添精彩。

一、基本情况

吕家坳村位于宜都市潘家湾土家族乡西北部，全村6个村民小组，584户1778人，总面积15.2平方千米。现有党总支1个，下设3个支部，党员72名。近年来，吕家坳村始终坚持“土家原乡、多彩茶乡”的发展理念，把美丽乡村建设作为乡村振兴的重要载体，全力打造美丽村寨，先后被评为湖北省“卫生村”“生态村”“宜居村庄”“文明村”“民族团结进步示范村”。

二、主要做法

（一）共谋茶山生态美

吕家坳村是典型的喀斯特地貌，水源涵养困难，如果不加以防护，就会产生石漠化。经过长期探索发现，茶树不仅能顽强地扎根于此，还能保持水土，调节土壤酸碱度，防治石漠化。吕家坳人以生态系统保护和恢复为初衷，持续打造4650亩岗丘连片生态茶园，如今森林与石林共存，茶园伴森林而生，原生的山石不仅完好地保存下来，还成了本地独具特色的生态旅游风光。长期以来，大力推广茶叶绿色防控及专业化统防统治，运用杀虫灯、粘虫板和生物农药防病治虫，确保茶叶无公害、无污染。同时加强预测预报，确保茶叶绿色防控工作精准有效。大力开展农民培训，培

图17–1 潘湾吕家坳茶园

育茶农绿色防控意识。建立示范样板，推动绿色防控集成技术到田到园。吕家坳村在保证森林生机盎然，生态健康的同时，科学建立了绿色屏障，宜林荒地绿化率达99%，村庄可视范围内第一层山脊面村坡宜林荒山和道路沟渠宜绿化地段绿化率达到100%。全村森林覆盖率达到79.94%，林木覆盖率达到80.3%。

（二）支柱产业创新篇

吕家坳村茶山环绕，风景优美。已经发展成为国家工商总局认定地理保护商标“宜都天然富锌茶”的核心产区之一。依托茶叶和乡村旅游等特色产业，因地制宜发展，兴建高效生态旅游观光茶园，将特色村镇、高效茶叶示范园、传统土家文化、优美自然风光和市级文物保护单位邓家老屋等多种地域元素和土家文化结合起来，吸引各地游客前来品茗观景、休闲

图 17–2　吕家坳村茶乡女儿会

养生。同时，还建设了民族特色一条街，新增集镇公共绿地1000多平方米，新添大茶壶、大酒壶两处地标建筑和集镇广场、旅游公厕、停车场等一大批公共基础设施，秉承“不求最大，但求最优最美”的指导思想，将集镇建成以绿色生态观光旅游为主导的三产融合新局面。连续打造了“醉美吕家坳乡村旅游节”“茶乡女儿会”“斗茶大赛”等品牌节目。

（三）全民参与同致富

老屋、奇石、山野、茶园构成了一幅绝美的乡村画卷。吕家坳村依托茶叶和乡村旅游等特色产业，因地制宜发展，着重加强农业基础设施建设，狠抓科技农业推广，引进“移动互联网”和“互联网+”，培育出了一批具有吕家坳特色的品牌土特产。为村民参与生态观光旅游发展搭建了创业和就业平台。对村中心集镇实施绿化美化、改造富有土家特色的生态

图17–3　茶乡采茶忙

民居，完善旅游要素功能，打造土家民俗文化游、家庭农场生态游、炒茶制茶体验游、悠闲养生快意游。三产融合发展推动精准扶贫，带领群众致富精心打造的生态茶业观光园被评为湖北省休闲农业与乡村旅游示范点。带动周边农户 1300 余户共同开展生态观光旅游，2019 年从业农民平均年收入达到 2 万元 / 人。

（四）土家原乡思路齐

近年来，按照“土家原乡，多彩茶乡”的总思路，结合吕家坳村自然禀赋和山水特色，对村庄环境进行庭院净化、空地绿化、路灯亮化、路面硬化、人行道美化等改造。目前，吕家坳村已完成民居立面整治 56 户，人行道铺设 1120 米，安装路沿石 1200 米，行道树栽植 155 棵，安装护栏 1150 米，路灯 56 盏，绿化 3500 平方米，通户道路硬化 8000 米，整治排污沟 1700 米。新安装垃圾桶 20 个，安排专职环卫保洁 2 人。已初步实现街道特色鲜明，人居环境优美，自然生态良好，群众生产生活条件得到明显改善。全村公路总里程 76 公里，其中已硬化 56 公里，99%的路晴雨通车，户户通公路，主要交通骨架已经形成。水、电、网等基础设施日趋完善。已对全村乡村旅游线路进行了重新规划，全市第一条乡村旅游公路段栗线 6.5 米扩宽工程已经投入使用。

（五）党建引领共发展

吕家坳村始终坚持把党建作为乡村振兴的第一推手，通过党建引领共发展，努力实现飘扬一面旗帜、保护一地生态、打造一处风景、富裕一方百姓。将乡村振兴与美丽乡村、森林乡村相结合，与城乡一体化发展相融合，与新农村建设相统一，与保护环境相协调，将吕家坳茶叶产业优势、景观优势和生态优势转变为经济优势，让农民从中受益，使村庄发展

图 17–4　吕家坳村

得到持续。通过成立“乡贤理事会”等方式，充分发挥村民在乡村振兴建设中的主体作用。让村民参与制定乡村振兴长远方案、决定乡村振兴的重大事务，协调解决乡村振兴发展中的问题和困难。通过开展“美丽庭院评比”“美丽经验分享”等互动活动，动员村民绿化美化自家庭院，充分调动广大群众的参与热情，发挥主人翁意识。通过古老技艺传承、土家风情演绎、民俗佳节同庆，来表达对大自然的感恩和敬畏。

三、发展成效

（一）立足特色产业，村民“富”起来

紧紧围绕“全国美丽乡村”建设目标，坚持以产业为媒，以生态为先，积极在茶产业、特色农业、生态环境、土家文化等优势上做文章，高标准

改建观光茶园1500亩，修缮邓家老屋，修建旅游廊道、休息观光亭、村民休闲公园，将生态休闲游、体验游、文化游发展与农业产业紧密结合，激发乡村旅游新活力，形成了“基地＋景点＋产业”的发展模式。随着段栗线旅游公路的贯通，涵盖邓家老屋、茶园观光、采茶制茶体验等旅游项目的“吕家坳生态休闲一日游”发展势头强劲，进而带动传统手工制茶、腊肉、蜂蜜、土家圆酥饼、土家苞谷酒、黄花等农副产品销售，以及土家特色农家乐、乡村民宿、休闲采摘等新产业新业态发展，三产融合发展成效显现。

（二）完善乡村治理，村庄“净”起来

大力实施“抓实自治、抓严法治、抓活德治”的潘家湾特色“三治”融合乡村治理体系，不断升级完善村规民约，落实矛盾纠纷律师首诊制度，村民自治潜力、德治活力不断激发，法治意识不断增强。探索实施以户为单位建立农户文明诚信档案，将村民的善行义举及违反村规民约、不讲公序良俗、不文明不诚信行为记录存档。定期从农户文明诚信档案中选取正反面典型在乡风文明大看台的“黑”“红”榜中公布，在表扬激励先进，树立榜样的同时，让不守文明、不讲诚信的人红脸出汗。持续开展环境卫生整治，探索建立“一个喇叭、一支队伍、一把扫帚、两只编织袋”的垃圾清运分类处理模式。农户负责房前屋后垃圾清理、专班负责道路沿线垃圾清运，为每户发放两个可重复利用的垃圾收容袋。积极开展“垃圾分类兑换生活用品”行动，村民将可回收物换取相应物品，在村民垃圾分类处理积极性不断提高的同时，环保意识也不断增强。积极开展增绿提质、绿化美化行动，推进集镇、村组道路和主要进出口景观建设。通过完善乡村治理管理模式，不仅村庄环境干净了，民心也更“干净”了。

（三）深化文明创建，村风“美”起来

立足培育文明村风民风，创新工作思路，激发村民在文明争创活力上下功夫。深入挖掘、继承、创新优秀传统土家文化。积极协助举办“茶乡女儿会”文化推介活动，以活动为契机，弘扬丰富多彩的土家茶文化，大力推介土家优秀传统文化、生态旅游资源。开展年俗节、生态游厨艺大赛、手工制茶大赛、土家广场舞、群众运动会等活动，在助力吕家坳乡村旅游发展的同时，也丰富了村民的精神文化生活。组织开展十星级文明户、道德模范、“好媳妇好婆婆”、花香庭院等评先评优，树立正面典型，在乡风文明大看台中公布。同时，利用村级微信群、“醉美吕家坳”微信公众号等方式大力宣传先进个人、先进事迹，引导村民遵守村规民约，移风易俗，在全村形成比文明、争文明、创文明的良好氛围，培育文明乡风、良好家风、淳朴民风。

四川·邛崃
QIONGLAI · SICHUAN
天台山

邛崃筑城置县2300余年，是四川省首批命名的历史文化名城、巴蜀四大古城之一，西汉才女卓文君的故乡、世界上最早发现和使用天然气的地方、川藏茶马古道的起点。全市总面积1377平方千米，辖14个镇(街)，人口66万人，邛酒、邛茶、邛瓷名动天下，南丝路、文君、红色文化汇聚一城，“凤求凰”典故传唱千年，素有“风月无边，长安北望三千里；江山如画，天府南来第一州”的美誉。

川藏要冲。邛崃西距成都市区65公里、天府新区7公里，成温邛、成雅、邛名3条高速路，成新蒲、成新邛、成温邛3条快速路，成蒲高铁横贯境内并实现公交化运营。境内六山环抱、九水相拥，森林覆盖率48.57%，河流全长245公里，是国家优秀旅游城市，国家生态示范市、国家卫生城市、中国白酒原酒之乡，四川省首批实施乡村振兴战略先进市，有国家4A级旅游景区3个。全域公园体系加快构建，郭山茶兰、平乐徐上等40个川西林盘加快实施，全国首条生态旅游自行车高速全面开放。

产业新城。邛崃围绕粮油及高端种业、茶叶、水果、绿色食品、新能源新材料等主导产业，重点建设天府现代种业园、天府新区新能源新材料产业园、绿色食品产业园3个产业功能区，是成都先进材料、绿色智能网联汽车、绿色食品、都市现代农业产业生态圈的有机组成部分，聚集有达能、伊利、威高、立邦、三棵树、巴克斯、水井坊、金六福等一批国内外知名企业，现有国家级农业产业化龙头企业4家。天府现代种业园被认定为第三批国家现代农业园区、天府新区新能源新材料产业功能区创建为四川省新型工业化产业示范基地，绿色食品产业功能区获批四川省经济开发区。

实施全域“为村”助力乡村振兴

四川省邛崃市农业农村局

近年来，邛崃市创新实施全域“为村”工程，探索实践线上线下开展“为党建、为服务、为治理、为产业”“两轨四为”工作模式，不断探索乡村振兴新路径，构建乡村治理新体系，催生乡村发展新动力。

一、基本情况

2016 年 11 月启动试点以来，“为村”平台已开发设置 6 大类 90 项功能板块，涵盖基层党建、便民服务、基层治理、产业发展等领域，覆盖邛崃全市 189 个村（社区），关注认证村民 38.3 万人，手机用户注册使用率达 85%，为乡村振兴搭建了数字平台。在推进乡村宜居宜业中，邛崃充分发挥“为村”宣传、治理、服务三大功能，广泛动员群众、组织群众、凝聚群众，为邛崃全面实现乡村振兴提供数字化支撑。

二、主要做法

（一）推进“为党建”，强化乡村领导核心

一是搭建网上课堂，延伸党员教育路径。搭建线上农民夜校、“微党

图 18–1　大同镇陶坝村"为村"平台展示

校"，建立涵盖习近平总书记在十九届五中全会和中央农村工作会议、经济工作会议重要讲话、党的政策理论、各级党代会精神、农村实用技术等内容的党员学习资源库，同步推送共产党员网、四川党建、天府先锋、蓉城先锋等党建平台信息，确保党的声音及时传递到基层。目前，已发布学习资源 7.2 万余条，党员累计学时 373 余万小时。一些农村党员表示，以前学习教育都是开会，一坐就是半天，很难从头听到尾，现在翻翻手机，茶余饭后的空闲时间就能学习，图文并茂，很有意思。

二是突出在线互动，创新党员管理方式。建立党建之家栏目，通过党员实名认证，对党员进行在线管理。依托党员日记等功能，开展党员互动交流，动员外出经商的流动党员、优秀农民工返乡创业，带动家乡产业发展。发布"为村献计"等话题，及时收集党员关于村庄发展治理金点子、好做法。目前，党员通过"为村"开展交流互动 47.6 余万次。

图 18-2　中组部莅邛调研"为村"

三是开展线上活动，拓展组织生活载体。通过"三会一课"活动室，对外出不能及时参加组织生活的党员进行远程连线，在线直播党内组织生活，确保党员教育全覆盖。同时，及时将"三会一课"、主题党日等党内组织生活内容进行梳理上传，方便党员随时学习、开展讨论。如高埂街道义渡社区通过在"为村"平台组织党员开展"学习新思想"学习竞赛测试，135 名党员积极参与，有效提高了党员参与学习的积极性。

（二）开展"为服务"，提升群众服务效能

一是及时回应，顺应群众期盼。畅通"书记信箱""村友圈"等干群沟通渠道，引导群众通过平台反馈政策咨询、急难盼愁和各类矛盾纠纷问题，村组干部第一时间收集并回应群众反映的意见建议，建立问题逐级回应机制，及时帮助解决。截至目前，已解决群众通过平台反映的基础设施建设、产业发展、社区治理等民情民意 6189 件。如南宝山镇一农户在种

地时发现河道边有许多生活垃圾，通过“为村”平台“书记信箱”给书记发送了图片，书记了解情况后及时进行了处理，提高了解决基层实际问题的效率。

二是精准对接，优化服务水平。将基层服务与群众多元需求精准对接，在平台上链接汽车票务、医疗挂号等 10 项智能便民服务和 169 项“不见面审批”政务服务，实现数据多跑路、群众少跑腿。截至目前，群众通过“为村”平台预约各类服务 7.23 万次，开展各类政策咨询 9.86 万次。

三是多元参与，提升服务效能。积极动员机关单位、企业、社会组织、群团组织等多元社会力量入驻所在村（社区）“为村”，梳理群众需求和驻区单位优势资源，建立需求、资源、项目“三张清单”并及时向群众发布，切实推动供需精准衔接、群众高效服务。截至目前，已整合 142 个

图 18–3 第二届全国“为村”大会在邛崃市召开

驻村（社区）单位优势资源，发布共享项目376个。如在2020年疫情防控期间，部分居家留观群众通过线上发布需求，邻里乡亲、志愿者主动提供了送菜、送米、送油等服务650余次。

（三）实施“为治理”，拓展乡村治理路径

一是以自治为基础，激发内生动力。利用“村务公开”等模块，及时将社区发展治理专项资金使用等重大事项及时公开，方便群众发挥监督作用。开通网络议事厅，在线开展村级事务等交流讨论，督促事项落地落实。目前，在线公示村（社区）党务、村务、财务信息9.86万条，通过议事厅议决落实事项523个。如，在疫情防控期间，全市通过“为村”发布防疫动态4800余条，引导村民自觉参与支持防疫工作，群众通过书记信箱主动提供了重点人员、举办群宴等线索48条。

二是以法治为根本，强化治理保障。实施“为村 + 公共法律服务”，依托“法律援助”“律师在线”等功能栏目，组织一批专业知识过硬、服务水平够高的律师入驻平台，在线推进法律咨询服务，定期开展法治宣传教育，推动法律进入农村。截至目前，开展法治宣传67期，接受法律咨询2800余人次。

三是以德治为引领，培育文明乡风。采取一月一主题方式，“晒晒我的小幸福”“最美人缘评比”等群众喜闻乐见的“为村荟”系列活动，让群众在“为村”平台上扎堆，学习文化、沟通感情、促进村庄和谐团结。整合邛崃乡村特色文化资源，定期向群众推送红色文化、文君相如文化、邛窑文化、乡贤文化等特色文化宣传专报，丰富群众精神文化生活，共同推进乡风文明。目前，各村（社区）已线上开展各类活动1350场次，向群众推送特色文化宣传专报专刊63期，开展文化交流互动14万人次。

（四）发展“为产业”，推动乡村产业振兴

一是创新模式，助力特色产品销售。整合邛崃文君酒、黑猪、黑茶等区域特色产品，发布“邛崃为村·特色农产品地图”，对全市25种具有代表性的特色产品进行集中展示。开设“为村一起卖·邛崃市集”，设置“特色产品店铺”“特色农产品打卡地导航地图”等功能板块，加强乡村产品营销，推动产销精准对接。如，大同镇陶坝村通过“为村一起卖”对农产品佛手瓜进行宣传，解决了原来本地销售低价、滞销的问题，将24万斤佛手瓜一次性销售到云南，且销售价格为原来的2倍。

二是技能培训，培育新型职业农民。搭建“为村智库”，整合农技站、农业社会化服务组织等资源，邀请“田秀才”、种养殖能人等145名农业专业人才入驻，通过“为村”及时提供农业技术指导、及时满足农业生产物资需求，助力春耕复产。同时，依托“为村”农民夜校、微党校、农技咨询等栏目，在线开展农业政策、种养技术等方面的培训，培育乡村产业人才。目前，已培育新型农业职业经理人1610名。

三是强化宣传，助推文旅融合发展。挖掘村庄历史沿革、文化名人、特色产业、美食美景等资源，打造村庄电子名片，通过“为村”社交圈向全国推广，提升乡村知名度。组织开展线上智慧旅游活动，广泛发布“每日一景”等话题，鼓励群众通过“村友圈”等栏目上传村庄美图，广泛宣传天台山、平乐古镇等旅游资源，打造线上旅游打卡地。

三、初步成效

（一）提升了党组织组织力

邛崃市坚持以“为村”平台为基础，着眼推动基层党建传统优势与信息技术高度融合，构建起精准智慧的党建工作路径，提升了党员开展

图 18–4 大同镇陶坝村获“2019 中国最美乡村”奖

学习教育的便捷度、开放度，以更加高效的方式提升党的建设质量，有效调动了党员参与基层发展治理的积极性、主动性和创造性。基层广大党员通过“为村”平台在线提交日记 6.2 万余篇，线上参与党组织活动 1.8 万余场次，基层党组织组织力得到有效提升。

（二）实现了群众精准服务

邛崃市坚持以“为村”平台为载体，构建起精准智慧的组织动员和服务引领体系，通过整合社会多元力量优势资源，将“键对键”与“面对面”服务群众有机结合，及时为群众提供高效便捷服务，精准解决群众痛点难点问题，有效增强了群众获得感和幸福感。广大群众通过平台发表自己的心声，及时与村干部交流互动；村干部对反映收集的群众意见建议，及时派出工作组入户走访、交流疏通，实现了信息多跑路、群众少跑腿，进一步拉近了干群关系。

（三）延展了群众治理触角

邛崃市坚持以“为村”平台为抓手，着眼构建“一核三治、共建共治共享”基层治理格局，着力搭平台、促参与，有效降低了信息触达成本、畅通干群沟通渠道、助力干群情感链接，提升基层治理体系和治理能力现代化水平，激发群众参与乡村治理的主人翁意识。广大农村群众通过平台自发参与到乡村治理，广泛组建自组织 239 支，线上线下参与协助乡村治理 1300 余场次，有效实现了“村为人人，人人为村”的良性局面。

（四）增强了产业发展动能

邛崃市坚持以“为村”平台为窗口，充分运用现代信息科技发展壮大农村产业，打通商品流通链，拓宽了市场机会，让原本在局部网络中没有价值或价值较低的农产品得到价值提升，丰富了群众增收致富渠道。广大群众通过平台，自发宣传地标文旅品牌，将卖故事、卖乡土文化有机融入产业销售链，实现产品销售向产业营销的变革。

四、探讨与评论

（一）党建引领凝聚乡村振兴发展力量

“火车跑得快，全靠车头带”，邛崃市充分发挥基层党组织战斗堡垒作用，将村支书作为抓好乡村振兴第一责任人，充分发挥每个党员的模范带头作用，做好上下衔接和左右沟通，通过网络让服务更加便捷高效，真正实现“让数据多跑路，群众少跑腿”。

（二）渠道畅通提升乡村振兴服务效能

通过网络打通空间壁垒，畅通“书记信箱”“村友圈”等干群沟通渠道，让百姓期盼和问题诉求直达“顶层”，有效化解矛盾纠纷；通过精准对接、有效衔接，实现 169 项“不见面审批”；通过多元参与，群策群力，实现了优势资源整合、共享。

（三）三治融合解决乡村振兴治理难题

以自治为基础，实行“村务公开”、网络议事厅，将重大事项及时公开，方便群众参与监督；以法治为根本，依托“法律援助”“律师在线”等功能栏目，在线开展法律咨询、法治宣传，推动法律进入农村；以德治为引领，开展“为村荟”系列活动，丰富群众文化生活。

（四）数字农业建强乡村振兴共享平台

通过“为村智库”，邛崃市培育大量农业职业经理人和高素质农民，为乡村发展注入智慧活力；通过“为村一起卖”线上销售平台，大同镇陶坝村解决了佛手瓜售价低和滞销的问题，实现价格翻倍；通过“村友圈”等栏目，38.3 万用户就是 38.3 万个宣传员。

四川·郫都
PIDU·SICHUAN
郫都 国家城乡融合发展试验区

郫都区位于成都市西北部，区域面积438平方千米，常住人口153万人，迄今建县已有2300余年历史，拥有“古蜀之源、扬雄故里”的美誉，是古蜀文明的重要发源地、长江上游农耕文明源头。先后孕育出了汉代哲学家、语言学家扬雄，西汉道家学者、思想家严君平，世界著名男中音歌唱家廖昌永等古今名人。2019年，郫都区实现地区生产总值631.9亿元，增长8.0%，连续21年进入全省“十强”，位列“全国综合实力百强区”第42位、“全国投资潜力百强区”第44位、“全国绿色发展百强区”第47位，郫县豆瓣享誉世界。区内科教资源富集，汇聚电子科大、西南交大、西华大学等大中专院校25所，国家级实验室31个、科研机构100余所，两院院士19名，承担着全国众多改革创新试点任务，是全国首批双创示范基地、国家城乡融合发展试验区、全国农村创业创新典型区。

生态价值创新转化　扎实推动乡村振兴纵深发展

四川省成都市郫都区农业农村和林业局

郫都区坚持改革赋能、创新驱动、转型发展，持续加大农业农村投入，推动人才、资金、公共服务等向农业农村倾斜，全力建设城乡融合发展示范标杆，被列入全国农村一二三产业融合先导区、国家城乡融合发展试验区、全国农村宅基地制度改革试点区等，获评全国乡村振兴农村创新

图 19-1　川菜之魂——郫县豆瓣

创业十佳优秀案例，“四川郫都林盘农耕文化系统”入选第五批中国重要农业文化遗产公示名单。

一、背景与起因

1. 以起好示范作用为目标的乡村振兴要求更加明确

2018 年 2 月 12 日，习近平总书记在视察成都市郫都区唐昌街道战旗村时，作出了“走在前列、起好示范”的重要指示，这为郫都区推进乡村振兴战略提出了更高、更明确的要求。郫都区牢记嘱托，定标创建全国乡村振兴示范区，坚持农业农村优先发展，统筹推进农村产权制度、集建入市、供给侧结构性改革深度融合，补短强基、聚力赋能、提质创新，走出了一条生态价值创新转化的高质量发展新路，推动乡村振兴纵深发展。

2. 以饮用水源保护为重点的生态管控大幅加强

成都市第十三次党代会作出了“东进、南拓、西控、北改、中优”的战略安排，郫都区担负着成都市主城区 90%以上的饮用水供水任务，饮用水源保护区面积达 40.8 平方千米，涉及人口 15.93 万人，是“西控”的重要区域。郫都区积极响应市委“西控”战略部署，推进“电子信息 +”产业集群发展、都市现代农业融合发展、城市组团有机更新发展“四大功能区”建设，持续优化生态功能空间布局，切实保护和提升生态宜居的现代化田园城市形态。

3. 以乡村内部挖潜为主体的发展要求愈发迫切

自 2007 年成都市开展“全国统筹城乡综合配套改革试验区”建设以来，郫都区通过一系列改革措施激活农村资源要素、挖掘乡村发展空间，获得了改革试点的“先机”和“红利”。但另一方面相较于后发地区而言，在乡村内部挖潜的空间缩小，依赖传统增收渠道持续增收尤其是大幅增收的难度不断加大，对产业升级、乡村转型的要求提高，亟待通过深入实施乡村振兴战略拓展增收新渠道、挖掘增收新空间。

二、举措与实践

1. 深化农村产权制度改革，推动集体经济增效增收

郫都区深入贯彻落实习近平总书记“深化农村集体产权制度改革，发展壮大新型集体经济”重要指示精神，扎实推进全国农村集体产权制度改革试点，持续加强农村集体资产管理，做大集体“蛋糕”。

（1）全域推进“确权颁证”。对所有涉农村（社区）的集体资产资源进行全面清产核资、股份量化，建立资产台账，推进农村集体资产股份化改造。全面清查核实集体经营性、非经营性、资源性“三类资产”，确保账、证、表“三个一致”，修订完善《成都市郫都区农村集体“三资”规范化管理相关办法和制度》，涵盖工作制度、资金管理、资产管理、资源管理等 4 大方面 20 项具体制度，更新升级成都市农村集体“三资”监管平台，实现集体资产财务管理制度化、规范化、信息化。

（2）全面确认成员身份。按照“依据法律、尊重历史、兼顾现实、程序规范、村民自主”原则，开展集体经济组成成员身份核实。统筹考虑村民的户籍关系、集体土地承包关系、对集体积累的贡献等因素，由各村自行制定集体成员资格认定办法，认定结果在“公示、入户征求意见、公告”后，以户为单位向持股成员颁发股权证书、固化成员收益分配权、农村集体资产股权，实行“增人不增股、减人不减股”的静态管理模式。

（3）全盘优化股份权能。制定实施《郫都区农村集体资产股份合作制改革试点村股份量化阶段操作规程》，创新股权设置方式，不再设集体股，集体收益通过提取公益公积金方式实现，用于公益事业，计提比例由

村民民主商议决定；成员股份构成只设资源股和资产股，将村民集体资产股份收益分配权落到实处。采取农民以土地承包经营权入股、村集体以注入资金折股的方式，探索组建“村企农三合一”农村土地股份合作社，通过合作社集中流转土地，采取对外招商和自主开发等方式发展现代农业，实现土地规模化、集约化经营，增加村民财产性收入。

2. 深化集体建设用地改革，推动价值转化先行先试

郫都区深入贯彻落实习近平总书记“新形势下深化农村改革，主线仍然是处理好农民和土地的关系”重要指示精神，持续开展集体经营性建设用地入市改革，增强农村产业发展用地保障能力。

（1）扎实推进改革。充分利用进入全国首批33个土地改革试点地区机遇，编制完成《农村集体建设用地土地利用专项规划》，配套完善片区村庄规划，围绕“定基数、定图斑、定规模”的“三定”原则，摸底存量集体经营性建设用地，探索“零星宅基地有偿腾退复垦—节余指标收储—台账动态管理—流量统筹利用”新路径，打通农村存量宅基地转换成集体经营性建设用地的通道。战旗村将原属村集体的闲置集建用地成功流转、获收益700余万元，成功敲响全省农村集体经营性建设用地入市“第一锤”。创新设计“所有权主体＋实施主体”的集建入市组织结构，成立集体资产管理公司作为入市实施主体，将集体资产股权量化到符合资格的村集体成员，推进土地入市和集体资产一体化运营。为催生新产业新业态夯实基础。建立农村土地产权交易所，搭建农村土地交易服务平台，保障市场交易依法、规范、有序进行。

（2）发展乡村旅游。依托都江堰精华灌区与川西林盘融合共生的大美农村形态，以及农耕文明与古蜀文明发源地的文化内涵，郫都区通过优化空间功能布局、加强饮用水源保护、实施全域景区建设，重点发展以川西林盘为代表的乡村旅游，形成“一环三片多点”的郫都乡村旅游产业空间

图 19–2 集体建设用地入市“第一锤”——战旗村第五季香境

布局。以重大项目为支撑，出台《社会投资田园综合体项目导则（试行）》，引导社会资本下乡和集体经济组织成员共同出资开发田园综合体项目，建成诗里田园、陌上花开、春天花乐园等项目，配合望丛特色文化街区、川菜国际文化旅游体验区、唐昌古镇核心区等项目，促进传统农业向观光农业、生态农业、创意农业等农文旅共融的新产业新业态转型发展。以山水林田乡村资源为依托，打造友爱农家旅游创新小镇、三道堰亲水度假文旅小镇、唐昌天府记忆文旅小镇，逐步形成休闲旅游、田园社区相结合的特色小镇和乡村旅游发展模式。

（3）转化生态价值。战旗村创新“土地增值、商业反哺”投入产出平衡机制，精准引进望丛釜林盘火锅、民宿等生产成本低、绿色环保的项目，通过租用方式流转宅基地、林地和农用地以及闲置房屋，明确“项目基本租金 + 每月 3% 营业额”的分红模式，实现以村集体为单位的生态环境入股收益。实行蓄水统配，整合 3%的项目分红利益，投入林盘消费场景品牌打造、生态产品开发与运营等，进一步提升林盘生态价值，促进村集体经济水平持续提升。青杠树村组建乡村旅游合作社、村集体资产管理公司和青杠树景区商会，引进平台公司联合成立香草湖管理有限公司，对全村的旅游资源进行统一整合、打造和运营，探索形成“社会管理职能和经济发展职能”“所有权和经营权”双分离发展模式，走“专业合作社 + 平台公司”“公司 + 农户 + 合作社”产业发展道路，被评为“中国美丽休闲乡村”“全国乡村旅游创客基地”“省级四好村”。

3. 深化供给侧结构性改革，推动产业发展提质提效

郫都区深入贯彻落实习近平总书记“要把推进农业供给侧结构性改革作为农业农村工作的主线”重要指示精神，着力推动农业由单一产业向复合产业转变、由短链发展向全链发展转变、由低端供给向中高端供给转变。

（1）建基地。出台《成都市郫都区乡村振兴特色产业（10+3）发展纲要（2019—2023 年）》，大力发展川派盆景、唐元韭黄（菜）、云桥圆根萝卜等“十大特色产业”。通过经营权流转、土地股份合体社、代耕代种等多种方式，发展“大园区 + 小农场”“土地股份合作社 + 农业职业经理人 + 社会化服务体系”等土地适度规模经营，初步形成了永盛生菜、泉水蔬菜、锦宁韭黄等万亩特色产业基地，截至目前，全区农村土地规模达 23.34 万亩，规模经营率 74.9%。建成现代设施农业示范园 3 万亩、智慧农业示范园 5 个、农产品出口备案基地 6 个。借势借力成渝双城经济圈、粤港澳大湾区建设等，赋能郫都区搭建“一带一路”川菜贸易、“蓉欧 +”花木盆景贸易、地区双向交流合作等平台，唐元韭黄（菜）园区入选粤港澳大湾区“菜篮子”基地，郫县豆瓣等“郫都造”产品销往 80 多个国家和地区。

图 19-3　川菜产业园

（2）搞加工。依托以蜀源农业、林惠农业等初加工企业和锦宁韭黄、永安蔬菜等专业合作社等为代表的农产品产地初加工体系，以及以中国川菜产业园农副产品精深加工基地为载体的蔬菜加工龙头企业集群，全面建立“园区（基地）+ 合作社 + 农户”股份合作、“联合社 + 合作社 + 农户”联合等多元化“农户 +”的新产业组织方式。围绕川菜工业化、复合调味品等主攻方向，搭建川菜调味品产业研究院、调味品检验检测中心等平台，聚集国际川菜小镇、田园东方等重大项目，打造川菜消费体验地标，川菜产业园区实现规上工业总产值 53 亿元，带动 1 万余名农民增收，被评为“第一批省级农产品加工示范园区”。充分挖掘“郫县豆瓣”品牌价值，以产业链理念串联研发设计、生产加工、运营销售等各个环节，支持丹丹豆瓣等 10 余家企业实施智能化数字化改造，郫县豆瓣位列“区域品牌地理标志产品百强榜”全国第八位。

（3）创品牌。依靠成都市饮用水源保护区生态优势，大力打响“天府水源地”农产品公用品牌、农业重要文化遗产品牌、农产品精深加工品牌，强化本地特色优势农产品的品质提升和品牌宣介。依托阿里巴巴、京东等龙头企业，建立绿色战旗品牌创新中心，开展品牌孵化、产品升级和精准营销，集成展示成都市“七大共享平台”。孵化培育特色农产品 24 个、文创产品124个，与凉山州、甘孜道孚县、简阳市等区域签订产品营销合同，入驻120余家企业、453类产品，持续开展“买全川、卖全球”农业品牌打造攻坚行动，探索出一条以第三方平台为“媒介”，政府与主体奏响“双重奏”的“三位一体”农业品牌孵化之路，构建起“区域公用品牌+天府水源地农产品公用品牌+经营主体自主品牌”的都市现代农业品牌体系，“三品”认证工作在全省名列前茅，也是全市“三品一标”认证企业和产品集中度最高的区市县之一。“郫县豆瓣”品牌价值高达656亿元，位列“加工食品类地理标志产品”全国第一位。

4.深化城乡融合发展改革，推动城乡一体共生共荣

郫都区深入贯彻落实习近平总书记“走城乡融合发展之路，向改革要动力，加快建立健全城乡融合发展体制机制和政策体系”重要指示精神，推动人才、技术、服务等要素在城乡间双向流动。

（1）深化智慧乡村建设。结合“国家数字经济创新发展试验区”建设，推进数字产业化、产业数字化，引导城乡数字经济与实体经济深度融合，建设农业物联网数据库。搭建“互联网+农机”云平台和京东线上平台，加大物联网、智能农机、云计算、区块链等技术在农业生产领域的应用推广，推进城乡生产智能化、管理智慧化。全区建成智慧农业基地5个，北斗系统应用覆盖14家合作社和90%以上的主要农作机械化耕种收，生菜北斗系统应用每亩降低成本约600元。

（2）强化就业体系建设。深化与中国成都人力资源服务产业园合作，推动人才协同引进、协同培育、协同使用、协同服务，促进城乡就业供需精准匹配。深化校地科技合作实体化、制度化、无缝化“三化”模式，与四川省农科院共建城乡融合发展研究院，建设集人才培训资源共享、科技入乡成果转化于一体的综合平台，聚焦产业功能区开展定制化跨区域人力资源服务。深化双创园区（基地）、示范社区建设，吸引企业家、专家

学者投资创业“专家院子”“示范农场”等，带动农民就地就近灵活就业。新冠肺炎疫情期间，郫都区探索实施“分时段就业”和“共享员工”模式，推动全区企业复工复产率在3月中旬达到100%，实现企业用工和居民就业双赢。

(3) 优化人居环境建设。完善农村道路、通信、天然气等基础设施，加大农村教育、医疗、文化等投入，提升公共服务供给质量，实现全区农村区域全域供水、全域“四好路”建设全覆盖。开展农村人居环境整治，创新政府统领、示范带领、文化传领、改革引领“四领四创”模式和厕污、厨污、洗涤污水“三水共治”模式。近年来，全区共创建“美丽蓉城·宜居乡村”示范村、“美丽四川·宜居乡村”达标村134个、“四好村”92个。

三、成效与反响

1. 实现了集体经济大发展

通过农村产权制度和土地制度改革，郫都区成立农业经济股份合作社16个，参加合作经济组织的股民有3万余户，农业规模经营土地面积23.2万亩，适度规模经营率达74.7%。全区农村集体资产实现14.7亿元(不含资源性资产)，其中资产上千万的村(社区)近30个；农村集体经济收入近7200万元，其中收入上百万的村有近20个；战旗村集体资产达到5700万元，人均年收入增加约1000元，极大地提升了村民获得感。

2. 促进了农旅融合大发展

利用巴蜀地区特有的农耕文明“林盘文化”，开展8700个郫都林盘保护修复，打造特色镇川西林盘聚落，“四川郫都林盘农耕文化系统”入选第五批中国重要农业文化遗产公示名单。承办2019年全国乡村旅游(民宿)工作现场会，打造战旗村、青杠树村等5个4A级景区和10个A级

图 19–4　四川战旗乡村振兴培训学院

景区，全区乡村旅游年收入超 50 亿元，逐步形成了集休闲旅游、田园社区为一体的特色小镇和乡村综合发展模式。

3. 推进了人居环境大发展

突出公园城市特点，按照基础整治 1.0、村容提升 2.0、价值转化 3.0 三个版本，整体实施农村人居环境综合整治工程，全面实现农村区域集中供水，垃圾无害化处置率、水质合格率均达到 100%，升级生态价值转化路径，建成公园、湿地等 142 个，绿道 354 公里、赏花基地近 1 万亩，铺修农村水泥路 300 余公里，建成卫生（院）所 13 个。2019 年，全国乡村振兴农村人居环境整治大讲堂暨现场推进会在郫都区成功召开。

四、探讨与启示

改革是推动农业农村发展的不竭动力。郫都区坚持以深化改革增创制度优势，统筹推进农村产权制度、供给侧结构性改革、集建入市、城乡融合发展等改革试点任务，努力把制度优势转化为竞争优势和治理效能，有效激活“三农”要素，有力承载“创新驱动”，清除阻碍要素下乡的各种障碍，开创了土地增效、农民增收、集体壮大、产业升级的新局面，主要有以下几点启示。

一是深化乡村民主治理是改革的关键点，必须把农民“支不支持、参不参与、满不满意”作为改革的评判标准，必须坚持自治为基、法治为本、德治为先，全面发挥基层民主自治作用，完善现代乡村治理体系，才能持续壮大集体经济，确保群众公平分享改革红利。二是放活农村土地权能是改革的根本点，必须遵循和把握后城镇化阶段城乡要素流动规律，创新集体建设用地供给模式，集成运用集体经营性建设用地入市、零星宅基地腾退复垦节余指标收储。农村村民集中建房和一公顷以下产业用地农转用审批下放等土改政策，提高了农村土地要素配置效率，赋以了偏远乡村的土地发展权实现了闲置土地的财产权。三是培育产业助农增收是改革的落脚点，必须以培育农村新产业、新业态为主导，放活农村集体经营性建设用地入市和宅基地使用权，发展与城市产业比翼齐飞、各有侧重的特色业态，不能盲目引进城市淘汰产业和低端业态。

贵州·七星关
QIXINGGUAN·GUIZHOU

七星关区是毕节市委、市政府所在地，位于贵州省西北部，地处川、滇、黔、渝四省市交汇区域，是西南地区重要的物资集散地。区域总面积 3412 平方千米，现辖 8 个乡、24 个镇、11 个街道，517 个行政村（212 个社区、305 个村委会），居住着汉、彝、苗、回等 23 个民族，全区总人口约 165 万人。

七星关历史文化厚重，是与娄山关、胜景关并称贵州三大名关的历史名关；红色文化内涵丰富，有“三省红都”之称；冬无严寒、夏无酷暑，自然人文景观星罗棋布，被誉为“中国十大避暑旅游城市”。产业欣欣向荣，工业转型升级，经济开发区积极承接东部产业转移，大力发展服装纺织、光电电子、新型环保建材、农产品加工等产业，2019 年 3 月获“全国模范劳动关系和谐工业园区”称号；2019 年被评为省级新型工业化产业示范基地。农业提质增效，已建成 4 个省级农业示范园区，成功培育 10 家省级、39 家市级龙头企业，完成“三品一标”认证 58 个，毕节白萝卜和毕节白蒜成功注册国家地理标志证明商标，荣获“中国古茶树之乡”称号。

强化“四子工作法”建设美丽乡村新蓝图

贵州省毕节市七星关区农业农村局

法泥村位于毕节市七星关区对坡镇西北部，下辖8个村民组，共有农户765户3298人，距集镇10公里，与云南省镇雄县黑树镇相邻，全村耕地面积9152亩，林地面积8625亩，交通便利，气候适宜，常年气温10℃，区域内实现黔西北民居全覆盖，自然风光优美，民族风情浓郁，生态环境良好。

2014年以来，法泥村党支部坚持以支部建设为引领，决战脱贫为核

图 20–1　法泥村乡村一景

心，大胆探索，创新了“四子工作法”（即“强班子”“想法子”“厚底子”“找路子”）。经过多年的努力，法泥村基础设施建设日新月异，产业发展蒸蒸日上，贫穷和落后不再是法泥村的代名词，乡村旅游已初具规模，2020年底荣获“贵州省甲级乡村旅游示范村寨”称号。

一、背景与起因

2013年以前，法泥村有超过一半的村民常年在外务工，由于交通运输条件差，教育落后，产业发展差，群众生活来源全靠务工及种植农业，基础设施建设条件相当落后，大多数农户居住的是传统的茅草屋及木瓦房，法泥村成为对坡镇一个长期贫困的村落。随着国家扶贫开发工作的深入推进及外出务工人员的资金积累，在村两委的号召下，部分外出人员积极返乡，参加家乡建设，95%的农户逐渐告别了茅草房，贫困村里的大变化也就逐渐开始了。

2015年，法泥村作为“四在农家、美丽乡村”建设示范点，如何利用美丽乡村建设的契机，完善农村基础设施，村两委不断在探索和思考。在政府引导下，围绕功能分区清晰、产业特色明显、村容村貌整洁、服务设施完善、生态环保和谐、村民就业充分、农民持续增收等要求，法泥村规划了美丽乡村建设蓝图，并扎实有序地推进了乡村建设工作。

二、做法与经过

（一）“强班子”，建设一支老百姓信得过的主力军

一是强化班子队伍建设。法泥村党支部严格党员发展标准，把作风正、点子多、热情高的致富能手吸引到党组织中来，再将示范带动强的优

图 20–2　法泥村新建村级服务阵地

秀党员推荐到村干部队伍中来，进一步增强党组织的向心力、凝聚力和战斗力。从而为法泥村打造了一个凝心聚力的村班子，一个百姓信任拥护的村班子，一个全心全意为人民服务的村班子，不管是协调土地还是投工投劳，各项工作的推进自然是事半功倍，成绩斐然。二是强化工作学习能力。在坚持党支部“三会一课”制度和党员集中培训、民主评议党员制度的基础上，开办“新时代农民讲习所”讲习 40 余场，每月定期组织党建知识、脱贫攻坚业务知识培训，进一步提升业务水平，共同研讨制约发展瓶颈问题，保质保量地完成脱贫攻坚的各项任务。三是强化为民服务质量。村党支部充分整合资源，形成合力，为群众提供全方位、全天候、全过程的便民服务，解决服务群众“最后一公里”的问题，进一步密切了干群关系。积极组织驻村干部开展“四个一”活动，发放为民服务卡 2000 余张，采取党员结对 40 余对，落实党内关怀机制，实时掌握困难党员、群众的所需所想，为群众提供“一站式”上门服务。

（二）“想法子”，克服困难有力推进基础设施建设

一是精准建台账补短板。通过走访摸排短板，建立台账，纳入村项目规划，逐年争取项目，完成一个销号一个。自 2013 年以来，投入 1000 余万元实施沟脚至法泥、法泥至云南黑树、法泥至大银黄塘通村水泥路共 21.6 公里，完成 1.2 万余平方米院坝硬化，4600 余米串户路硬化，告别了“晴天一身灰，雨天一身泥”的窘境，方便了群众出行，群众生产生活得到了极大改善。实施危房改造 369 户，协调各部门投资 1321.5 万元改造贵州民居 276 栋，安装 130 盏太阳能路灯，整合“一事一议”扶贫项目 500 余万元实施建设村级特色小集镇“小康大道”及文体广场、村活动室、幼儿园、农资超市、驻村食堂、老年活动中心、公厕、垃圾处理设施设备等项目。进一步改善了群众生产生活环境，为脱贫攻坚提供了坚实的基础

图 20–3　法泥乡村新貌

保障。二是精准拓融资战贫困。为解决群众安全住房问题，在实施小集镇建设过程中，村党支部充分发挥能人引领结对帮扶的作用，对无资金又无劳动力的农户，通过召开群众代表大会，按每平方米1200元承包给工程队代建，村党支部协调农商银行按最低利率为群众发放贷款，不足部分号召家乡成功人士帮扶或垫资或采取村干部借资等方式实施，累计垫资300余万元，真正成为“先富帮促小康”的示范村寨。

（三）“厚底子”，厘清发展思路壮大村级集体经济

一是夯实党支部领办的村集体合作社。充分利用丰富的水资源和森林资源发展鱼塘鱼类养殖，争取扶贫补助资金100万元，发动群众自筹资金1.17万元，通过“一事一议”的方式组织群众实施。号召家乡返乡人士集资入股200余万元实施农家乐、山体公园等娱乐设施项目，搭建利益联结，全村765户3298人收益，其中惠及贫困人口622人，群众生产生活水平进一步提升。二是探索“支部＋合作社＋农户”的联营模式。合作社通过流转土地及入股等方式，带动群众参与发展种植刺梨1000亩，天麻500亩，高粱100亩，大白萝卜300亩，进一步发展壮大了村集体经济，解决贫困群众就业及增收致富问题。截至2020年底，全村建档立卡贫困户177户857人已全部实现脱贫。

（四）“找路子”，集思广益带领百姓为家乡换新装

一是整合社会帮扶力量，助力家乡发展。为能及早摆脱贫困，甩掉贫困村的帽子，在法泥村党支部的带领和号召下，全村有志青年和外出成功人士有钱的出钱，有力的出力，积极参与到脱贫战场中来，为决战决胜脱贫攻坚贡献了一定的经济基础。自脱贫攻坚工作开展以来，累计筹集扶贫帮扶资金100余万元，用于金家寨、鸭子塘、大石包等村民组百余盏路

图 20-4 法泥村靓丽的民居

灯安装，对坡至法泥通村公路建设、各村民组通组路建设等，进一步为群众减轻了负担。二是采取“问需式”帮扶，为民排忧解难。在民居建设及实施危房改造过程中，部分群众无垫底资金改善住房条件，村党支部采取“问需式”帮扶，分类采取不同措施为民解难，对无资金无劳动力的 10 余户及有资金无劳动力的 20 余户，由村组建的工程队代建实施，村两委垫资达 100 余万元；针对无资金有劳动力的 20 余户，由村干部担保贷款达 200 余万元推进实施。彻底解决了老百姓住房困难问题及多年来出行难的问题，让群众看到了决战脱贫攻坚带来的实惠，也充分调动了群众支持家乡建设的积极性和自信心，进一步提升了群众的获得感、幸福感。

三、成效与反响

自 2015 年以来，以法泥村为示范点，以求富、求学、求乐、求美、求和“五字”为目标，积极创新村级发展思路，全力推进“五在农家·美丽乡村”建设，靓了村庄，富了群众。

一是抓机制管理，助推阳光操作。党政重视抓创建。实行“领导挂点、干部进户、群众自主”的推动机制，责任、工作、任务、目标“四位一体”，建立了“干部工作在村、生活在村、考核在村”的“三在村”机制，为“五在农家·美丽乡村”创建活动的深入开展提供了坚强的组织保障。民主管理抓创建。在创建过程中，为严格规范建设资金使用管理，推行村民自治，明确村两委及群众代表具体负责，村民生监事会全程参与监督，村集体经济实行“村财镇管”，建设资金使用情况坚持按月逐项逐笔及时规范公布，确保资金高效使用、规范安全。

二是抓宣传引导，助推群众参与。重落实，抓宣传。由于群众思想观念落后，信息闭塞，在工作开展中，部分群众认为贵州民居建设不是民生工程，而是政绩工程，是政府行为；有的群众认为搬迁后离开了赖以生存的土地，今后的生活难以保障。面对群众种种的担心和疑虑，成立了由包村领导任组长，驻村干部、村干部为成员的工作领导小组，逐户走访座谈，打消群众顾虑，解开群众心结，为推动工作打下了基础。同时，各村两委召开班子会、党员代表大会、群众代表大会、板凳会等各类会议达 80 余次，并逐户走访座谈达 200 余次，电话劝返外出人员近 200 余人次参与贵州民居建设。重成效，抓参与。通过心与心的交流，群众的思想通了，积极性高了，主动性强了，法泥村示范点在创建过程中，群众出资 20%，为“五在农家·美丽乡村”创建起到了很好的示范引领作用。

三是抓资金整合，助推有序创建。用好项目资金投入，实施村级小集镇建设。2015 年以来，村示范点区级下拨配套补助资金 518.85 万元，项目实施涵盖民居建设、停车场、综合服务大楼等，其中民居建设 200 余户。在基础设施建设上，法泥村两委大胆探索创新，流转农户土地，实施村级小集镇“小康大道”建设，大道全长 250 米，路面宽 10 米，两旁人行步道 4 米，人居环境的改善，为“五在农家·美丽乡村”创建营造了良好的氛围，进一步示范带动周边群众参与创建的积极性。用好村级集体经济，改善为民服务阵地。法泥村将村原办公楼按程序进行置换资金 20 万元，区级配套补助 29.45 万元，重新规划新建占地约 6 亩三层半框架结构 505 平方米的村综合服务大楼（含村活动室、农资超市、驻村食堂、老年活动中心及图书室等），为基层组织阵地建设奠定了良好的基础，更好地利民服务。

四是抓规划布局，助推规范创建。立足实际，因户规划。法泥示范点从民居风格，庭院美化、靓化，按照实用、美观、大气，具有浓郁乡风乡情的原则，对房屋进行统一改造，对房屋庭院进行了统一规划。需加层的按要求自行加层，长期空置不用、无改造价值的破旧房屋动员百姓拆除。立足全村、注重布局，因地制宜，反复研判，切实做到“望得见山，看得见水，记得住乡愁”。进一步落实美丽乡村建设规划，严格按照规划设计进行施工，确保工程建设有序推进。立足长远，科学布局。对路灯安装、排污管铺设、文化广场、文化墙、停车场、绿化、休闲亭、产业发展用地等都进行了深入细致的调查，坚持高标准定位，科学规划布局。集中搬迁，带动创建。法泥村符合本地集中搬迁安置对象共 49 户 229 人，按照“成熟一批、启动一批”的原则，分年度推进该项工作，2016 年搬迁集中安置 13 户 63 人，2017 年搬迁集中安置 36 户 166 人，主要集中安置在“小康大道”两旁，全部由村两委出面协调地基，按照民居风格建设。

图 20–5 法泥村旅游休闲文化长廊

四、探讨与评论

法泥村之所以能够有奇迹般的转变，一靠以支部为核心的强有力村班子所赢得的百姓无条件信任和支持；二靠群众摆脱贫困、拔“穷根”摘“穷帽”、致富奔小康的强大诉求与愿望；三靠法泥村党支部引领探索出的符合法泥村本地特色发展的“独一无二”的“大党建带动大扶贫”的美丽乡村建设方法；四靠法泥村不断壮大的村集体经济和百姓务工的资本积累及无偿支持。

在下一步工作中，一是以“不忘初心、牢记使命”主题教育为总抓手，切实抓好脱贫成效的巩固和提升工作，认真贯彻落实党的十九大精神，让农业强起来、农村美起来、农民富起来，为其他地方做“探路者”“引领者”。二是以“大党建”为引领，扎实抓好党支部领办村社一体合作社夯实产业基础，逐步壮大村集体经济，持续促进农民增收致富。同时，将积极探索“互联网 +”“休闲农场”等新型农业产业发展新模式新业态，实现乡村产供销一体化的高效农业产业，逐步构建高效合理的产业体系。三是以十九届五中全会为指引，努力提升基层治理体系和治理能力现代化，扎实做好脱贫攻坚与乡村振兴的有效衔接，培育好文明乡风、良好家风、淳朴民风，焕发乡村文明新气象，让人民群众有更多的幸福感和获得感。

如今走进法泥村，处处焕发着勃勃生机，交错纵横的通村水泥路，错落有致的小别墅，郁郁葱葱的园林，书写着乡村振兴的“法泥新故事”。走在蓝天白云下，飘逸着淡淡的花香，显现出“人在景中走，如在画中游”的喜人景象，一幅“新时代美丽乡村”的靓丽画卷正在法泥徐徐展开。

甘肃·甘州
GANZHOU · GANSU

甘州区隶属于甘肃省张掖市，地处千里河西走廊腹地、古“丝绸之路”南北两线和“居延古道”交汇点，南依祁连山、北靠合黎山，历来为河西走廊重镇，兵家必争、商旅必经之地，素有“湿地之城”“塞上江南”之美誉。全区总面积3661平方千米，耕地面积139.2万亩，辖18个乡镇、5个街道，常住人口51.85万人，有汉、回、蒙古等22个民族。近年来，甘州区经济发展势头强劲，绿色蔬菜、优质奶肉牛、现代种业、智能制造等产业持续壮大、集群发展，地区生产总值突破200亿元，固定资产投资连续两年保持两位数增速，县域综合竞争力稳居甘肃省前十、位列第八位。

甘州区历史文化悠久，据文字记载已有五千年历史，为“甘肃”首字之源；生态环境优美，中国第二大内陆河黑河穿境而过，是国家历史文化名城、中国优秀旅游城市；区位优势明显，被列为全国179个重点交通枢纽之一，是“一带一路”的重要节点城市和向西开放的重要门户城市；农业条件优越，盛产80多种农产品和名贵中药材，是全国最大的县级玉米制种基地、重要的商品粮生产基地，农业整体发展水平处于全国一熟制地区先进行列；资源相对丰富，具有得天独厚的水土光热资源，太阳能、风能和水能蕴藏量大，开发潜力巨大、市场前景广阔。

打造“两个百亿级产业体系”实现甘州农民持续增收致富

甘肃省张掖市甘州区农业农村局

甘州区地处千里河西走廊腹地、古“丝绸之路”南北两线和“居延古道”交汇点，南依祁连山、北靠合黎山，历来为河西走廊重镇，兵家必争、商旅必经之地，素有“湿地之城”“塞上江南”之美誉。甘州区总面积3661平方千米，耕地面积139.2万亩，全国第二大内陆河黑河穿境而过，属典型的绿洲农业区和大型灌溉区，盛产小麦、玉米、蔬菜、瓜果、花卉等80多种农产品和名贵中药材，先后被命名认定为首批国家现代农业示范区、全国重要的商品粮基地和西菜东运基地、全国无公害蔬菜生产十强区、全国肉牛优势主产区和高原夏菜生产基地、全国农村创业创新典型县，农业整体发展水平处于全国一熟制地区先进行列。打造绿色蔬菜、优质肉牛“两个百亿级产业体系”，是甘州区深入学习贯彻党的十九届五中全会精神、中央农村工作会议精神、习近平总书记对甘肃重要讲话和指示精神的生动实践，是加快实施乡村振兴战略、大力发展十大生态产业、推动农业绿色转型高质量发展的重大举措，通过政府引导、政策支持、资源整合、党建引领，全力推动绿色蔬菜、优质肉牛产业向规模化、集约化、现代化方向发展，促进农民持续稳定增收。

一、背景与起因

为深入学习贯彻习近平总书记对甘肃重要讲话和指示精神，全面落实党的十九届五中全会提出的“建设农业现代化示范区，加强特色农产品优势区建设，拓展农民增收空间”和中央农村工作会议提出的“加快发展乡村产业，顺应产业发展规律，立足当地特色资源，推动乡村产业发展壮大”的要求，严格按照省委、省政府关于构建生态产业体系推动绿色发展崛起的决策部署，市委、市政府在深入调查、科学论证的基础上，提出了打造绿色蔬菜、优质肉牛“两个百亿级产业体系”。甘州区作为张掖市政治、经济、文化中心，着力打造“两个百亿级产业体系”具有深刻的现实意义。一是产业基础坚实。甘州境内光热充足、水源洁净，土地肥沃、灌溉发达，是一个传统的农业大区，具有蔬菜种植、畜禽养殖的传统和丰富经验；特别是水草丰茂、滩多地广，可利用饲草牧草面积达 40 多万亩，年产鲜饲草 200 万吨，发展肉牛产业具有非常优越的条件；同时，我区经过近些年现代农业的快速发展，蔬菜种植、畜禽养殖的现代化水平较高，居于全省，甚至全国前列。二是市场前景广阔。随着新时代推进西部大开发形成新格局和“一带一路”倡议的深入实施，甘州区作为“一带一路”重要节点城市和向西开放重要门户城市的作用更加凸显，农产品“东进西出”具有广阔的国内国际市场，潜力巨大；我区产出的蔬菜、牛肉等农产品品质优良、市场认可度高，深受广大消费者的青睐，每年吸引大量的沿海客商纷纷前来采购、签订单、建基地，发展势头良好。三是政策支撑有力。近些年，从中央到地方高度重视“三农”工作，每年的一号文件都对支持蔬菜、肉牛产业发展提出了要求，特别是甘州区委区政府历年来制定的区委一号文件都聚焦“三农”工作，拿出了许多真金白银的政策措施，为蔬菜、肉牛产业发展壮大，加快形成以产业化经营、规模化布局、标准化生产、品牌化营销的现代农业发展格局提供了坚强保障。四是发展愿望迫切。当前，随着经济社会快速发展，我区农民群众要过好日子、想过富裕生活的愿望日益强烈，但面对农村产业结构单一，农民增收渠道狭窄的现实，大力发展蔬菜、肉牛产业成为促农增收的重要来源和希望，加之蔬菜种植和肉牛养殖对技术要求不高，总体上投入成本低、收益好、见效快，群众更愿意通过加快发展蔬菜、肉牛产业，实现增收致富。

二、做法与经过

一是立足资源优势，持续扩大产业规模。自市委、市政府提出打造“两个百亿级产业体系”后，我区迅速行动、周密安排，在已有蔬菜种植和肉牛养殖规模的基础上，积极调整发展思路，不断优化产业结构，依托土地、饲草等资源优势，采取政府引导、政策激励等方式大力支持群众扩大蔬菜种植和肉牛养殖规模。加大蔬菜种植基地建设力度，结合土地整理项目和高标准农田建设，坚持传统种植和设施种植齐头并进，持续扩大高原夏菜和设施蔬菜种植规模，全区累计建成万亩蔬菜乡镇 7 个、千亩蔬菜村 25 个，发展供港澳、供京沪蔬菜 17 万亩，仅 2020 年就新建日光温室 4000 多座 8000 多亩，蔬菜种植面积增加 2 万亩、稳定扩大至 40 万亩，蔬菜种植种类达到 8 大类 28 种 220 多个品种，蔬菜供应能力不断增强，蔬菜总产量达到 136 万吨，实现了一年四季连续生产、终年上市。全力推进肉牛生产基地化、基地建设规模化、规模养殖园区化进程，设立肉牛产业发展专项基金，通过农户增加散养数量、集中修建养殖小区、企业扩大养殖规模等方式，持续增加肉牛养殖数量，累计建成万头肉牛基地 1 个、规模养殖场 348 个、养殖小区 25 个，2020 年新建和改扩建养殖场 47

个、新增肉牛养殖户 1500 户，肉牛养殖数量从 35 万头增加到了 40 万头，养殖规模呈现持续稳定扩大态势。

二是延伸产业链条，全面提升综合效益。坚持延伸产业链、提升价值链、融通供应链，打造广泛联结、紧密互动、深度融合的现代化产业链条，做优做强蔬菜、肉牛产业集群，不断提升全区产业发展水平和竞争力。蔬菜产业方面，我们注重从蔬菜制种、青苗培育入手，延伸上游产业链，为蔬菜产业发展奠定基础；在流通环节上，以洁净包装、分级筛选、储藏保鲜为主，对蔬菜进行初级加工，提升蔬菜品质，延长保鲜时间，便于更好储存外运销售，建成蔬菜恒温库 51 座、仓储容量达到 20 万吨；同时，依托蔬菜产业基地，不断丰富观光休闲、农事体验等业态，吸引更多城市居民到乡村体验农家生活，实现了农旅产业的互动融合。肉牛产业方面，持续扩大饲草种植面积，加快建设良种繁育基地，全力推进牛肉熟食

图 21–1　祁连牧歌牛肉加工

精深加工和骨、血、皮毛等副产品开发，培育祁连牧歌等肉牛产业龙头企业，建成大中型活畜交易市场12个、肉牛屠宰加工厂3个，实现了从饲草种植、良种繁育到精深加工、物流配送的全产业链发展。着力提高尾菜、粪污资源化利用率，依托尾菜处理中心和3家有机肥生产企业、1家大型沼气生产企业，通过生产有机肥、固体可燃物、沼气等方式，科学高效处理尾菜、粪污，年生产固体有机肥29.8万吨、液体有机肥37.5万吨、沼气700万立方米，尾菜、粪污资源化利用率分别达到58%、91.6%。

三是培育经营主体，引领推动转型升级。我区坚持把培育和发展新型农业经营主体作为推进农业现代化、促进农民增收的重要抓手。采取“壮大一批、引进一批、新建一批”的办法，持续加大扶持力度，培育壮大高质量蔬菜和肉牛产业专业合作社、家庭农（牧）场、农业企业等新型经营主体。在经营主体不断发展壮大的同时，积极引导市场主体和农户通过发展订单农业、参与入股分红等方式完善利益联结机制。全面推行“企业+村集体+合作社+农户”的模式，发挥新型农业经营主体的辐射带动作用，吸纳全区70%以上的农户参与蔬菜和肉牛产业化经营。有效改变了过去单打独斗、零星发展、效率低下的生产经营模式，有力推动蔬菜和肉牛产业实现规模化、集约化、产业化发展。如，张掖市发年农产品有限责任公司与280多户农户签订蔬菜种植订单，建立蔬菜基地3000多亩，公司统一种苗供应、田间管理、收购销售，带动农户户均增收1万元以上。在扩大产业规模的基础上，鼓励更多的市场主体在引进新品种、研发新技术、推广新农具、购买新设备等方面加大投入，不断降低农业生产成本，稳步提升产业发展层次水平、质量效益，有效促进蔬菜和肉牛产业发展由粗放型到精细化转变、由低端向高端迈进，推动产业转型升级。

四是打造特色品牌，不断拓宽销售渠道。按照做靓品牌、做活市场的思路，我区全力克服疫情不利影响，着眼于市场需求，立足农业绿色生态优势，积极推进农业品牌化发展。建成省级以上蔬菜标准园和标准化生产小区 52 个，种植“三品一标”蔬菜 25 万亩；认证绿色、无公害蔬菜产品 91 个，注册“祁连牧歌”“黑牛”等肉牛产品商标 31 个；“金张掖夏菜”荣获“甘肃十大农业区域公用品牌”，“甘州娃娃菜”入选“甘味”农产品区域公用品牌，“祁连牧歌”牌肉及肉制品荣获中国畜牧业协会第二届中国牛肉美食烹饪大赛中国雪花牛肉特优食材奖和京东国产生鲜肉禽类唯一金奖。蔬菜和肉牛产品的品牌辨识度、竞争力不断增强。在培育特色品牌的同时，深度融入“一带一路”建设，大力实施农产品“东进西出”“南北拓展”战略，加快农产品“走出去”步伐。在北上广、深港澳等国内多个城市设立农产品直销窗口 100 多个，建成广西凭祥和新疆霍尔果斯口岸 2 个办事处，发展外贸企业 88 家，培育“发年鑫鼎”等农产品自主出口品牌 50 多个，产品出口到了中亚和俄罗斯以及东南亚市场，蔬菜、肉

图 21-2 张掖农产品国际专列首发

牛优势农产品市场占有率和经济效益不断提高，现已成为西北地区重要的蔬菜和肉牛集散中心。2020 年，我区出口农产品备案基地达到 25.8 万亩，蔬菜年外销 100 多万吨、外销收入 16 亿元，肉牛年外销 14 万头、外销收入 17 亿元。

五是强化党建引领，广泛凝聚发展合力。根据蔬菜、肉牛产业地域分布和发展现状，打破行政区划，跨乡镇、跨行业联合 3 个以上产业相同或相近的行政村和农业产业化龙头企业、专业合作社组建片区党委，开创了我省跨乡镇设立产业发展功能型党委的先河。以党寨镇陈寨村为中心，组建甘州区 227 线乡村振兴示范带设施农业片区党委，通过整体规划、统一打造产业融合、特色鲜明的区域产业经济带，带动周边 5 个联建村发展特色富民产业。积极推广复制成功经验，累计成立 3 个片区党委和 16 个中心村党委，辐射带动 116 个村抱团发展蔬菜和肉牛产业。同时，充分发挥党支部在产业发展中的引领和示范作用，大力探索“党支部 + 企业 + 农户”“党支部 + 合作社 + 农户”等发展方式，引导群众发展蔬菜和肉牛产

图 21–3　片区党委产业布局图

业，凝聚产业发展强大合力，让更多群众在产业发展中受益。比如，我区上秦镇徐赵寨村在春绿种植农民专业合作社成立党组织，以党建为引领，以产业为纽带，引导农户大力发展高原夏菜产业，经过这些年的发展，在当地已形成了集生产种植、冷藏保鲜、冷链运输等为一体的高原夏菜产业集群，辐射带动周边村种植高原夏菜1万多亩，年销售收入4000多万元，有效带动周边群众持续增收致富。

三、成效与反响

1.产业发展让群众腰包更鼓、脑袋更富。一是群众收入持续增加。群众通过自己种植养殖、经营主体入股分红和务工获得劳动报酬等方式，积极参与蔬菜、肉牛产业发展，不断拓宽增收渠道，持续稳定增加收入。4万多户农户参与蔬菜产业发展，户均增收1.2万元以上；1.5万多户群众参与牛产业发展，户均增收1.8万元以上。2020年，农村居民人均可支配收入增长7.1%，达到16843元，高于全省平均水平。二是劳动技能明显增强。坚持把劳动力技能培训作为群众增收致富的重要抓手，根据产业发展和企业需求，采取“菜单式培训”模式，面对面、手把手开展种植、养殖等技能培训。累计培训农村劳动力15万人次，每户农户至少掌握1—2门蔬菜种植、肉牛养殖实用技能技术，农民科学素养和种养技能不断提高。三是生活水平稳步提升。随着群众收入的持续增加，生活质量、生活方式和消费观念都发生了很大的变化。养成了良好的卫生习惯和生活习惯，文化活动丰富多彩、精神面貌积极向上。几乎所有的农户都购置了大家电，绝大多数群众住进了小康住宅楼和砖瓦房，乡亲们的日子越过越红火、生活越来越有品质。

2.产业发展让企业成长更快、实力更强。一方面，市场主体蓬勃发

图 21–4　智能温室育苗

展。产业规模的扩大带来了发展机遇，吸引更多投资者参与到“两个百亿级产业体系”打造中来，因此我们不断深化“放管服”改革，持续优化营商环境，为市场主体发展壮大创造了良好的条件，聚焦推动蔬菜、肉牛产业发展壮大。累计培育家庭农场485个、农民专业合作社2401家、养殖大户5760户、国家级农业产业龙头企业2家、省级农业产业龙头企业10家，7家企业被认定为省级农业产业化重点龙头企业，形成了以农民合作社为纽带、养殖大户和家庭农场为骨干、农业产业化龙头企业为支撑的新型农业经营体系，新型农业经营主体呈现出多元多样的发展态势。另一方面，企业实力不断壮大。坚持以发展产业促进市场主体壮大、以市场主体壮大带动产业发展，参与蔬菜、肉牛产业发展的市场主体，规模以上企业127家，资产规模1亿元以上的有10家、5000万元以上的有13家、1000万元以上的有33家，吸纳就业1600人、年销售总额达到21.52亿元、净利润3.5亿元，有力推动了农业农村高质量发展，实现了企业效益、经济效益和社会效益三赢。

3. 产业发展让农村活力更足、面貌更新。一是助力村集体经济从弱到强。各村结合农村集体产权制度改革，不断盘活农村闲置资源，唤醒农村“沉睡资产”。特别是将土地整理项目、老旧房屋拆除等整理出的多余土地，统一交由村集体建设高效日光温室和养殖小区，发展绿色蔬菜、优质肉牛产业，并且由村集体创办、合办的合作社统一运营，村集体从中获得收益和分红，集体经济实现了从无到有、从弱到强的重大转变。2020年，全区村集体经济实现经营收入3500万元以上，村集体平均收入达14.25万元。二是促进农村基础条件改善。通过产业增加收入，群众的温饱问题得到有效解决，对美好生活的向往日益增长，迫切需要改变农村落后面貌。实施乡村建设行动，通过“一事一议”项目、群众自筹等方式，加快配套完善水、电、路、网络等基础设施和公共服务设施，逐步建立了全域覆盖、普惠共享、城乡一体的基础设施服务网络。目前，全区农村道路实现了“村村通”，家家户户用上了自来水，电力和通信网络实现了全覆盖，基础设施日臻完善，新型城镇化步伐明显加快。三是推动人居环境焕然一新。随着村集体经济和村级产业的发展壮大，村上有条件、有能力拿出一部分钱来推进公益事业。村村建立了保洁员队伍，配备了垃圾清运车、垃圾箱、垃圾桶等设施，着力改善农村人居环境。累计改造农村卫生厕所69503座、拆除老旧房屋1.7万院，创建清洁村庄186个、美丽乡村35个。靖安乡入选国家卫生乡镇，前进村入选中国美丽休闲乡村，4个村入选省级文明村，甘州区上榜“2020中国最美乡村百佳县市”。

4. 典型经验被广泛宣传报道、推广推介。一是得到省市领导充分肯定。2020年3月，省委书记林铎来张掖调研，对甘州区在百亿级产业体系打造和党建引领乡村振兴方面取得的成果给予充分肯定，安排省委组织部、省委政研室、省委改革办实地调研，并在形成的调研报告上批示“这是一种探索，可进一步了解其效果”。省、市其他领导也多次调研甘州区“两个百亿级产业体系”发展，高度评价甘州区在构建生态产业体系方面作出的巨大努力，产业发展方向和工作成绩获得广泛认可。二是在全市范围内进行推广。2020年7月，全市两会期间选择甘州区作为产业发展观摩点，与会代表参观了甘州区陈寨村蔬菜产业发展情况，并在各县区推广典型做法。张掖市委出台《关于强化党建引领乡村振兴工作的意见》，将甘州区中心村党委、片区党委引领产业发展的成果做法在全市范围推行。

图 21–5　甘州有机蔬菜

2020 年 10 月，全市实施乡村振兴战略现场推进会议在甘州区召开。三是被中央、省级媒体广泛报道。由 CCTV17 频道《乡村大舞台》团队承制的“丰收集结号 1”在央视频道播出，展示了由甘州区优质牛肉制成的地方特色美食牛肉小饭。央视农业农村频道《我的美丽乡村》栏目组深入张掖市甘州区双塔村、谢家湾村、平原村、速展村等地取景拍摄，全方位展现了甘州区在产业发展、乡村振兴等方面取得的卓越成就。甘州绿色蔬菜和优质肉牛“两个百亿级产业体系”发展成就越来越多地出现在全国一流媒体的舞台上。

四、探讨与评论

1. 推动产业发展必须坚持多元参与。一是政府引导。一方面，通过组织干部挨家挨户做工作，宣讲涉及产业发展的各类利好政策，带领群众赴外观摩学习，进一步转变了思想观念，使他们发展蔬菜、肉牛产业的信心决心更加高涨。另一方面，区上为发展壮大蔬菜和肉牛产业，聚焦贯彻落实中央和省委、市委一号文件精神，顺应产业发展规律，立足甘州特色资源，先后出台了一系列政策配套文件，加快了标准化生产进程，提高了种养殖产品质量，推动解决了产业发展中的各类难题。二是群众主体。群众是产业发展的主体，我们通过完善基地务工、参股分红、合作经营等利益联结方式，鼓励群众发展家庭农场、专业合作社，适度扩大经营规模，让他们在发展产业中享受到决策权、管理权、经营权和收益权，让他们更多分享产业增值收益，真正尝到了甜头、看到了奔头，变“要我干”为“我要干”，有效激发了群众的内生动力，推动了蔬菜和肉牛产业加快发展。三是企业参与。我们加快培育农民合作社、家庭农场等新型农业经营主体，健全农业专业化社会化服务体系，发展多种形式适度规模经营，通过发展壮大以祁连牧歌等为代表的农业产业化龙头企业，完善农户和企业利益联结机制，实现小农户和现代农业有机衔接，将分散的农户有序组织起来抱团发展，有效降低了生产成本、管理成本、销售成本，提高了市场竞争力，实现了产业收益的最大化，推动了蔬菜和肉牛产业向集约化、规模化、专业化快速迈进。

2. 推动产业发展必须加大投入力度。一是政策扶持。制定出台一号文件和 12 条支持肉牛产业发展的具体举措，投入财政资金近 6 亿元，对连片新建设施农业、集中修建养殖小区、龙头企业培育、冷链物流加工、批发（零售）市场拓展等产业链各环节、各方面给予实实在在的政策扶持，有效带动了群众和企业参与蔬菜和肉牛产业发展的积极性。二是项目申报。高度关注国家和省市支持蔬菜、肉牛产业的发展政策和发展趋势，常态化、不间断地加强与上级相关部门沟通对接，及时掌握国家、省市最新投资动向、项目动态。谋划实施了国家现代农业产业园、甘肃农垦祁连牧歌 3 万头肉牛智慧牧场、西部草业 4 万头肉牛养殖、供粤港澳大湾区优质果蔬示范区等一批重点项目，以大项目建设带动产业大发展。三是资金整合。加大农业农村、水利、交通、科技、扶贫等部门的涉农资金整合力度，利用区农发公司、区农投公司等投融资平台和蔬菜、肉牛产业发展基金，集中财力办大事、办急事、办难事。累计整合财政投入资金 20 亿元发展壮大重点项目，撬动民间资本 50 亿元，为产业发展壮大提供了强有力的资金保障。

3. 推动产业发展必须强化要素保障。一是提高土地效益。坚持最严格的耕地保护制度，深入实施藏粮于地、藏粮于技战略，加大农业水利设施建设力度，通过实施 70 万亩高标准农田建设和高效节水灌溉、水肥一体化等项目，大力推广测土配方施肥、有机肥替代化肥及农作物病虫害统防统治、绿色防控等技术措施，提高机械化使用率，极大地节约了人力成本，促进了化肥农药减量增效，提高了土地利用率和产出率。二是改革激发活力。深化农村集体产权制度改革，发展新型农村集体经济，积极探索农村“三变”改革新模式，有效挖掘整合闲置的资源、土地、资金，通过合作社集约化经营，实现了村集体经济壮大、合作社发展和村民稳定增收的“三方共赢”。全区 244 个村完成集体产权制度改革，219 个村开展“三变”改革，带动农户 5.03 万户，累计实现分红 3015 万元。比如，党寨镇雷寨村聚焦打造“西红柿之村”，以“村级集体经济 + 合作社 + 农户”入股的形式，建成日光温室 160 座、钢架大棚 1450 座，使得群众收入稳步增加，全村农民人均纯收入达到 1.4 万元，设施农业收入占总收入的 65%以上。三是注重夯实基础。结合实施乡村建设行动，建设农产品冷链静态库、陆运公路港、多式联运铁路物流园，稳步推进海关监管场所、农产品监测中心建设，使农产品更好更快走出去，2020 年完成农产品等特色产品进出口外贸总额 3.1 亿元，增长 33%。聚焦提高农民科技文化素质，不断完善科技服务体系，通过选派科技特派员进村入户进行现场技术指导，有效提升了群众种养技术水平和农产品质量品质。持续加大产业技术投入，积极研究推广应用工厂化育苗、膜下滴灌及良种选育等技术，进一步提高了农产品的科技含量和生产水平。

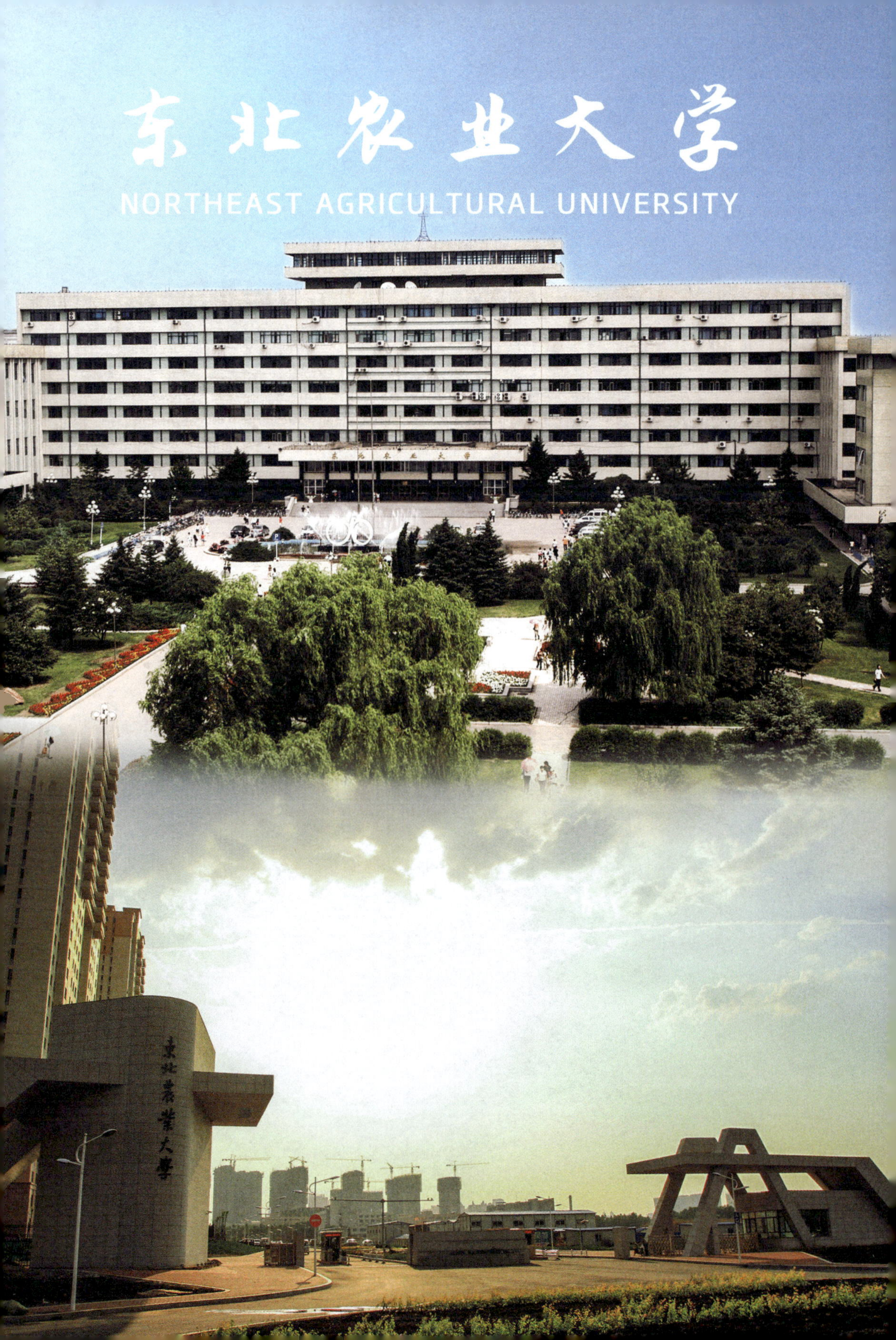

东北农业大学
NORTHEAST AGRICULTURAL UNIVERSITY

东北农业大学

东北农业大学是一所“以农科为优势，以生命科学和食品科学为特色，农、工、理、经、管等多学科协调发展”的国家“211 工程”重点建设大学和“世界一流学科”建设高校，是黑龙江省人民政府与农业部省部共建大学、国家“中西部高校基础能力建设工程”项目入选高校、教育部本科教学工作水平评估优秀院校。学校设有 17 个学院和 1 个教学部。现有 3 个国家重点学科，3 个国家重点（培育）学科，2 个农业部重点学科，2 个省级重点学科群，10 个省级一级重点学科，4 个学科进入 ESI 国际学科排名前 1%。学校是全国首批具有博士、硕士学位授予权的高等学校之一，现有 10 个博士学位授权一级学科点，22 个硕士学位授权一级学科点；1 个博士专业学位授权类别，13 个硕士专业学位授权类别；10 个博士后科研流动站、3 个博士后科研工作站；72 个本科专业，国家级特色专业 10 个，入选首批国家级一流本科专业建设点的专业 10 个，入选国家级综合改革试点专业 1 个。

东北农业大学驻村工作队是东北农业大学党委派驻到齐齐哈尔市甘南县东阳镇东发村的精准扶贫队伍，截至 2019 年底，东发村贫困人口已经全部脱贫退出，实现了党中央提出的“两不愁三保障”的精准扶贫总体目标。

发挥东农科技优势　助力乡村产业振兴[①]

东北农业大学现代农业发展研究中心

齐齐哈尔市甘南县是国家贫困县，该县东阳镇东发村由东北农业大学负责驻村扶贫。为扎实开展帮扶工作，东北农业大学杨辉团队深入实地，充分评估地域气候特点，在该村开展免耕覆秸播种东农豆253品种项目。良种和良法的相结合，既提高了农民的经济效益，又符合环境友好型要求，用产业发展带领全村实现脱贫致富。

一、背景与起因

脱真贫、真脱贫是我们精准扶贫的重要任务，一个不落、一个不少，全面进入小康社会是我们脱贫攻坚的奋斗目标。2020年是我国全面建成小康社会的决胜收官之年，采取切实有效的措施，因地制宜发展产业扶贫项

① 本案例的基金项目：国家社会科学基金重点项目“乡村振兴水平评价与战略驱动机制研究”（项目编号：18AJY016）的阶段性成果。
杨辉，副教授，硕士生导师，博士，东北农业大学现代农业发展研究中心研究员。主要研究方向为农业经济。崔伟涛，齐齐哈尔市甘南县东阳镇东发村第一书记。主要研究方向为农业管理。吴雅南，东北农业大学经济管理学院产业经济学研究生。主要研究方向为农业产业发展。吴珂佳，东北农业大学经济管理学院产业经济学研究生。主要研究方向为农业产业发展。

目，真正带动整村贫困户实现产业脱贫、一般户实现产业致富，是全面进入小康社会、落实乡村振兴战略的必然选择。东北农业大学专家团队经过认真研究对比，确定东发村适合开展免耕覆秸播种东农豆 253 品种项目。

1. 具有自然条件。东发村地处齐齐哈尔市甘南县东阳镇西北端嫩江右岸，地势平坦，面积辽阔、42.2 平方千米，是东阳镇面积最大的村之一，属于黑黏土。属于寒温带大陆季风气候，四季冷暖干湿分明，属于黑龙江省第三积温带，无霜期 125 天，有效积温 2450℃。年平均降水量 455 毫米，境内有黄蒿沟、查哈阳农场排水干渠纵贯南北，水资源丰富。可以为东农豆 253 的种植提供适宜的自然条件。

2. 具有现实需求。东发村的主要作物常年以玉米为主，2016 年，随着中国农业供给侧结构性改革的逐步实施，玉米临储政策退出历史舞台，玉米的市场价格不断下降，种植玉米的比较效益与农民种植玉米的积极性都大幅度受到影响。在此背景之下，根据东发村当地的实际自然条件调整作物种植面积，发展新的产业势在必行。

3. 具有政策优势。为贯彻落实国家关于大豆振兴的战略，黑龙江省农业农村厅制定下发了《2019 年全省大豆扩种工作方案》，成立省级大豆生产专家指导组，按市（地）分片负责指导服务，大力推广东农豆 252、东农豆 253 等一批高产优质大豆品种的种植，促进大豆种植面积的增加和产量的增长，从而继续发掘黑龙江省的大豆种植生产潜力，保障国家粮食安全。

4. 具有良种优势。东农豆 253 是东北农业大学陈庆山教授经过多年研究，选育出的优质大豆品种，紫花、圆叶、亚有限结荚习性，抗倒伏、抗病能力强，具有产量高、油脂含量高、蛋白含量高的商品优势。

5. 具有良法优势。使用免耕覆秸播种技术，能形成农机、农艺、配套品种有机结合、高度轻简化原茬地免耕覆秸精量播种技术体系，具有降低生产成本、保护土壤肥力、保护生态环境的优势和特点。

二、做法与经过

（一）科学选择适宜品种和技术

产业兴旺是乡村振兴战略的重要内容，也是带领东发村脱贫致富的必经之路的必然选择。如何根据东发村的实际情况，选择合适长期发展的产业是需要解决的关键性问题。

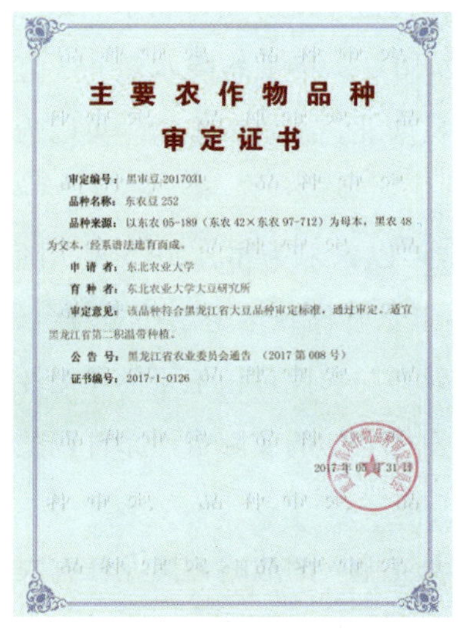

主要农作物品种
审定证书

审定编号：黑审豆2017031
品种名称：东农豆252
品种来源：以东农05-189（东农42×东农97-712）为母本，黑农48为父本，经系谱法选育而成。
申 请 者：东北农业大学
育 种 者：东北农业大学大豆研究所
审定意见：该品种符合黑龙江省大豆品种审定标准，通过审定。适宜黑龙江省第二积温带种植。
公 告 号：黑龙江省农业委员会通告（2017第008号）
证书编号：2017-1-0126

2017年05月31日

图 22–1　审定证书

1. 确定品种。2017 年，结合东发村旱田多的特点，东北农业大学驻村工作队与学校专家反复进行沟通商讨，通过充分的实地调研和翔实的科学论证，专家们一致认为东发村适合种植东农豆253。

2. 确定技术。在栽培模式上，进行高产栽培技术配套，建立了稀植的大豆大面积生产栽培模式。从传统的密植群体效应高产调整为适度稀植的个体效应高产，既保证产量又保证了质量。同时使用将农机、农艺、配套品种有机结合的高度轻简化原茬地免耕覆秸精量播种技术体系，该技术具有多功能作业、节省生产成本、提高土壤肥力、蓄水保墒以及减少化肥农药除草剂施用量等优势。

（二）耐心开展试验示范

开展免耕覆秸播种东农豆 253 品种项目第一个要解决的问题就是获得农民的信任，改变其长期以玉米为主要作物的生产习惯。由于种植玉米具

图 22-2 免耕播种作业

有比较收益高、生产过程较简单等优点，一时之间让农民接受种植生产大豆米确实比较困难。

1. 思想上引导。针对农民传统种植观念转变较难的问题，东北农业大学的驻村工作队并没有气馁，制定精准帮扶规划，采用钉钉子精神，积极做农民的思想工作。充分发挥村两委和老党员的作用，积极转变农民的传统观念。

图 22-3 东农豆 253 成熟测产情况

2. 经济上扶持。积极争取学

校和县委领导支持，在项目经费上取得了强有力的支持，免费给农民提供东农豆253种子、配套栽培技术，免费提供播种机、农机作业费，尽一切努力简化生产难度，农民只要出土地就可以，免除农民在种植成本上的后顾之忧。最终，东北农业大学驻村工作队在东发村实施免耕覆秸播种东农豆253项目600亩，并实现了集中连片生产。

3.让事实说话。有个别农民由于传统观念难以转变，不相信免耕播种技术，虽然签订了试种协议，但还是到地里私自放荒，这为我们做对比实验提供了条件。经过实收测产，放荒地产量为每亩379.17斤，免耕覆秸地产量达到每亩466.45斤。再一次为免耕覆秸播种东农豆253品种项目的科学性提供了有力的支持。

（三）巩固并扩大战果

2017年，自免耕覆秸播种东农豆253品种应用推广以来，大豆保质保量获得丰收，农民收益获得大幅增加。通过2017年的试验示范，很多村民和外地农民都表现出对种植东农豆253的强烈意愿和对新技术新品种的强烈信任。2018年，在没有项目经费支持、玉米价格反弹的情况下，仍然有很多农民种植东农豆253，仅东发村种植面积就超过上年，达到1000多亩。同时，驻村工作队也积极在甘南县域内试验示范种植东农豆253，在东阳镇、宝山乡、平阳镇等六个乡镇试验示范近600亩，对免耕覆秸播种253品种和高产配套技术在甘南县的推广应用起到重要的推动作用。

（四）开创校地合作新模式

为全面推广免耕覆秸播种东农豆253品种项目，甘南县积极制定《免耕覆秸播种东农豆253品种项目三年规划》，从2020年5月始，利用3年时间，大力发展建设甘南县免耕覆秸播种东农豆发展大豆产业综合标准化示范区。一是建设发展大豆产业标准化示范区。建设3000亩免耕覆秸播种东农豆发展大豆产业标准化示范区，对于推进东北大豆振兴计划、大豆标准化生产、带动农民增收致富、推广高标准农业生产技术具有重要意义。二是建立“基地＋中心＋产业联盟”的服务模式。以龙头企业带动，合作社、种养大户共同参与的“政府搭台、企业唱戏、高校助力、农民受益”的产业联盟模式，搭建省内第一个以为地方政府提供招才引智、科技支撑为服务内容的新型科技推广服务平台。“基地＋中心＋产业联盟”的服务模式，将开创一种全新的校地合作共建新模式，有助于将东北农业大学科技成果辐射到整个甘南县。

三、成效与反响

免耕覆秸播种东农豆253品种项目是以东北农业大学的科学技术成果为依托，把农学院优质大豆新品种与工程学院农机装备先进成果有机结合起来，由东北农业大学驻村工作队所主导的产业扶贫项目，良种和良法的完美结合为农民收入增加、推进东发村的产业发展作出了巨大贡献。

（一）实现农业增产、农民增收

在大力实施乡村振兴战略的背景下，实现农业科技创新成果转化为现实生产力，并创造出可观的经济效益和生态效益、社会效益，是乡村种植业发展的关键。免耕覆秸播种东农豆253项目在东发村的推广实施，不仅给农民带来了大豆新品种，也为农民提供了免耕覆秸播种技术，实现了农业增产农民增收，保护了生态环境，为东发村脱贫致富和种植业结构调整提供了优质的大豆品种资源。在2017年东发村的试验示范中，东农豆253项目成效显著，反响良好，免耕覆秸播种600亩，种植户每亩实际产

图 22-4 东农豆 253 长势情况

量在 379 斤—466 斤之间，按照市场价格 1.8 元 / 斤计算，农户亩收入在 682 元 / 亩—838 元 / 亩之间，扣除生产成本 200 元(2017 年工作队投入)，农民亩增收 400 元以上，仅此一项一年就增收 24 万元。在 2018 年播种中，东农豆 253 遭受了涝灾和早霜两大灾害，在此情况下，产量仍然突破了每公顷 6000 斤，这是东发村种植大豆历史上从未有过的产量纪录。高产量让农民接受和相信农业新技术，东发村的农民也纷纷表示会继续扩大种植面积。

截至目前，免耕覆秸播种东农豆 253 项目已经累计推广 8000 亩，辐射甘南县 10 个乡镇种植近 3 万亩，比其他大豆每亩地增收 260 元以上。新品种新技术的推广，切实实现了东发村农业的增收见效，农民也受到了极大的鼓舞，更加坚定战胜贫穷的信心和决心。

（二）脱贫攻坚成效显著

免耕覆秸播种东农豆 253 项目的推广实施推动了东发村及甘南县种植业结构调整，东发村注册成立了大豆种植专业合作社，打造了“大学 + 合作社 + 基地 + 农户”的精准扶贫模式。东发村全村户籍有 1246 户，原有贫困户达 106 户 202 人。东发村实施的一系列科技帮扶成效初显，在 2017 年底，就有 97 户贫困户 183 人脱贫；在 2018 年 6 月，东发村以“零错退、零漏评，满意度 100%”的成绩通过国家第三方评估验收，顺利脱贫摘帽；2019 年底，剩余 7 户贫困户 16 人全部脱贫退出，实现了提前一年脱贫摘帽。东发村的脱贫攻坚工作取得了决定性胜利。东发村以种植业产业的精准扶贫，使贫困人口脱贫增收，也成为村民今后走向致富的倚仗。

四、探讨与评论

党的十九届五中全会再次强调了优先发展农业农村、实施乡村振兴战略的重要意义，并提出了到2035年基本实现农业现代化的远景目标，提出要以推动高质量发展为主题，使农业基础更加稳固，为我国农业农村的未来发展提出了指导性建议和思想。为了进一步发挥免耕覆秸播种东农豆253品种项目作用、实现农民增产增收，在乡村振兴发展新阶段的背景下，东发村可以从以下几个方面推动产业的发展：

首先，要进一步加强产业基础建设。中央农村工作会议强调了推动品种培优、品质提升、品牌打造和标准化生产的重要意义，依靠科技优势是推动产业发展的内在动力。加强产业基础建设，就要不断地完善农田基础设施条件，加强对科技研发的重视，根据实际种植情况不断优化大豆品种，创新种植技术，为东发村大豆产业发展奠定了坚实的基础。

其次，要加快标准化基地建设，延伸产业链。十九届五中全会提出要大力提高农业质量效益和竞争力，在解决了粮食安全问题的基础上，品质提升与标准化生产、提高农产品的质量将是农业发展的重中之重。以免耕覆秸播种技术以及东农豆253优质品种为依托建立标准化生产基地，在保障产量的基础之上保证大豆质量，简化流通环节、进行规模生产，对大豆进行深加工，提升其附加价值，从生产、加工、销售各环节延伸产业链，从而提高其市场竞争力，增加农民收入，进一步推动产业化发展。

最后，要大力推动品牌建设。中央经济工作会议、中央农村工作会议提出，产业振兴要打造新的“三品一标”，即：品种、品牌、品质，还有标准化生产。东农豆253具有抗倒伏、抗病能力强、产量高、油脂含量高、蛋白含量高等优势，为其产业发展，品牌化建设奠定了良好的基础。在完善产业基础设施、进行高质量标准化生产的基础之上，打响东发村大豆品牌，将其绿色健康、营养丰富的特质进行推广宣传，推动区域农产品品牌的形成，提高东发村大豆产品的市场竞争力。

免耕覆秸播种东农豆253项目是以东北农业大学的科技优势为依托，由东北农业大学驻村工作队所主导的产业扶贫项目。该项目不仅推动了东发村种植业结构变化，促进了农民收入的增长，也符合绿色发展理念要求。

该项目通过为东发村提供优质的大豆品种资源，使东发村及乡镇拥有一个市场潜力大、区域特色明显、附加值高的主导产品和产业，增加农民收入，带动全村脱贫致富，同时也改变了东发村的种植业结构，符合深化农业供给侧结构性改革的战略要求。十九届五中全会提出了到2035年广泛形成绿色生产生活方式、生态环境根本好转的远景目标。免耕覆秸播种东农豆253项目使用了农机、农艺、配套品种有机结合、高度轻简化原茬地免耕覆秸精量播种技术体系。该技术体系一次作业即可完成“侧向抛秸、分层施肥、精量播种、覆土镇压、封闭除草、秸秆覆盖”六个环节，作业工程中的侧深施肥技术可以减少肥料分解和淋溶，从而提高肥料利用效率，同时将农药喷洒在地表和秸秆覆盖层之间，使得农药作用持续期和药效大幅度提高，降低农药施用量，秸秆不用清理出田、不用焚烧，有效减少温室气体的排放，提高空气质量，保护生态环境。免耕覆秸播种东农豆253项目依托技术创新实现了绿色生产，不仅为东发村带来了经济效益，也为其带来了巨大的生态效益和社会效益。乡村振兴最核心的任务是要增加农民收入，而农业产业收入是农民的主要收入，农业科技创新是农民增收增产的重要方式。因此，推进农业新品种新技术扶贫，能够有效帮助农民实现增收致富。通过免耕覆秸播种东农豆 253 项目在精准扶贫中的推广应用，总结得出以下经验启示：

一是优质高产新品种新技术的推广应用是提高农业生产水平的重要手段。优质高产品种新技术的好处不言而喻。随着信息时代的到来，农民对新品种新技术的渴求愈发强烈，但是苦于没有渠道、没有看到新品种新技术的效果，道听途说的效果他们也轻易不敢尝试。只有政府牵头示范带动，见到实实在在的效果，他们才敢更换品种和栽培技术。

二是提高农民素质、实现农业生产的组织化是实现脱贫致富的根本途径。对贫困村的农民来说，素质不高、能力不强是制约农民脱贫致富的重要原因。因此，加强新型职业农民培训、提高农民科学种田能力，提升农民素质势在必行。同时适时成立农业生产合作社，提高农民组织化生产程度，实现农业生产机械化、规模化、科学化，可以提高农业生产水平和农民抗风险能力，促进农民脱贫致富。

三是增强内生动力、发挥主观能动性是农民脱贫致富的核心因素。对农民的事情不能大包大揽，要充分发挥其主观能动性，改变“等靠要”的思想，增强其内生动力，树立脱贫致富的信心，充分调动农民的积极性和主动性，变“输血”为“造血”可以有效巩固脱贫成果，保证农民脱贫不返贫，实现共同富裕。

图 22–5　免耕覆秸播种东农豆 253 现场

四是扶贫要因地制宜培育产

业，真帮实扶才能帮助农民顺利脱贫。“精准扶贫”不是一句空口号。帮扶工作中遇到的困难和问题，要敢于直面矛盾，善于破解难题，认真分析当地贫困的原因，深入了解贫困农民的需求，依托脱贫资源，用数据说话，让脱贫成效真正获得群众认可、经得起实践和历史检验。扶贫先扶志，发挥贫困农民的主体作用，在帮扶下依靠自身努力增收致富。

五是农业帮扶要重视经济效益、社会效益、生态效益相统一的可持续发展。发展农业不应以牺牲环境为代价。农业新项目的推广实施，给农民带来增收的同时，更要注重其生态效益和社会效益的可持续发展。只有三者相统一，才能将扶贫工作进行到底，使农民走上致富道路，过上小康奔向大康。

习近平总书记曾说过，“贫困之冰，非一日之寒；破冰之功，非一春之暖”。脱贫摘帽不是终点，而是贫困农民新奋斗的起点，稳定脱贫才是硬道理。东发村在脱贫工作取得显著成效的同时，更要持续巩固和提升成果，建立风险防范机制，防止返贫和新致贫。同时需要夯实基础，发展综合产业，增加农民的综合收益，加快推进乡村振兴战略。

智慧党建

构建基层“网上党支部”

平安乡村

实时监控联防联动

智慧广播

一键喊话及时传递

视频会议

快速工作部署

中国电信是国有特大型通信骨干企业，资产规模超过 9000 亿元，年收入规模超过 4600 亿元，连续多年位列《财富》杂志全球 500 强，2019 年排名第 158 位。作为中央企业和基础电信运营商，中国电信持续推进农村通信网络的建设，因地制宜建设农村服务网点，积极促进农村信息化应用及电商发展，助力乡村振兴。截至 2019 年底，中国电信拥有移动电话、有线宽带、天翼高清、物联网、固定电话等各类用户总量近 9 亿户；目前行政村光纤宽带和 4G 的覆盖率均已达 99%，卫星网络宽带国内总容量达 300MHz。

为进一步贯彻落实乡村振兴战略，推动数字乡村建设，推动社会治理和服务重心向基层下移，打通乡村信息服务“最后一公里”，中国电信主动作为，结合云网资源、服务体系、研发能力、项目经验等优势，自主研发了“数字乡村”综合信息服务平台——“村村享”，2019 年 3 月正式启动试点，10 月面向全国进行推广服务，取得了较好的进展和成效，截至 2020 年底已覆盖全国 26 个省 601 个县区 2.9 万个行政村，还涌现了很多如甘肃两当、江西武宁、陕西鄠邑等优秀标杆。

“村村享”助力“智慧两当”乡村建设

中国电信集团有限公司

为进一步贯彻落实乡村振兴战略，推动数字乡村建设，推动社会治理和服务重心向基层下移，打通乡村信息服务“最后一公里”，中国电信自主研发的“数字乡村”综合信息服务平台——“村村享”，于2019年3月正式启动试点，10月面向全国进行推广服务，取得了较好的进展和成效。截至2020年底，已覆盖全国26个省，601个县区，2.9万个行政村，涌现出甘肃两当、江西武宁、陕西鄠邑等优秀标杆。

一、背景与起因

甘肃省陇南市两当县曾是国家级贫困县。2017年6月，陇南电信分公司与两当县签订了“智慧两当”战略合作协议，在全县实施“智慧乡镇”信息平台建设。2018年，两当县退出贫困县序列，并于当年获得商务部“电子商务进农村综合示范县”荣誉称号。2019年初，电信两当分公司积极落实集团公司“村村享”试点工作，在已建的四个“智慧乡镇”基础上，快速动作部署“村村享”平台。

二、做法与经过

（一）全县域推进“村村享”

2019年，两当县抢抓“全省数字乡村试点县”机遇，按照“政企联动、优势互补、合作共赢、百姓受益”的原则，采用“电信投资建设、政府购买服务”的模式，总投资280万元建设数字乡村“村村享”信息平台。为快速推进“村村享”建设，中国电信集团公司政企客户事业部偕同省公司政企部、万维公司，抽调专人现场督导，梳理存在的问题、优化“村村享”平台、支撑数据录入。市、县公司倒排工期，分乡镇、分乡村进行实施。按照“三限六定”，成立团队，明确奖罚。全县签约14个乡镇，130个点；包含：百兆宽带130条、IPTV账号130个、新视通会议系统账号130个、智慧视频云监控260个、“村村享”平台130个，成功开辟了“村村享”

图23–1 “村村享”建设启动仪式

自上而下的签约模式。

（二）建设完善乡村信息基础设施

为助力打赢脱贫攻坚战，不断加强基础设施建设，实现全县所有建制村有线宽带网络和4G全覆盖，提升农村信息服务水平。全县累计总投资3786万元新建基站58处，在陇南市率先实现行政村4G网络全覆盖；投资6663万元实施完成农村宽带普遍服务项目，实现全县116个行政村（48个贫困村）宽带网络全覆盖；开展主要公共场所及旅游景点WiFi站点建设，已建成热点154个，免费对公众开放，推动乡村旅游信息化。

（三）发展农业农村数字经济

两当县立足自然资源禀赋，在“村村享”信息平台基础上，搭建了网络媒体与自媒体互动的旅游营销宣传模块，培育壮大两当县农业农村数字经济。一是着力打造旅游品牌。全方位展示两当旅游特色、住宿美食、自驾攻略、交通路线以及人文历史，让游客在出行前依据平台旅游相关资讯规划旅游行程，提升游客旅游获得感与认同感。二是通过VR网络实景展示景点特色。以生动直观的方式体现两当兵变纪念馆和云屏三峡景区两个4A级景区、乔河国家2A级景区、张家黑河省级森林公园等重要景点的旅游特色，全面宣传两当县特色景区和人文景观。三是延伸乡村旅游产业链。线上宣传本地农产品，打造旅游商品，延伸产业链，带动群众创业就业；线上宣传农家院、农家客栈，拓展农民增收渠道，共享旅游红利。

（四）推进乡村治理能力现代化

通过“村村享”信息化平台应急指挥模块，政府应急处置公共安全、突发事件等指挥、调度及决策能力得到明显提升。一是建立应急指挥体系。以视频监控、大喇叭为核心，建成全县应急视频、监控调度网，实现联防联动，实时监控，安全监管；县委、县政府在应对突发事件时，5分钟即可实现到乡、到村的指挥。二是完善县乡村三级视频监控体系。实现县、乡、村、户视频上云，统一监控录像存储，按照权限分级管理，通过手机APP即可查看监控、回放录像。实现紧急情况下报警联动，有效预防偷盗、打击犯罪，为公共安全和突发事件应急处置提供保障。特别是疫情期间，各乡镇通过视频体系，对重要时段、重点路段进行严密监控，严防外来人口流入及群众聚集现象发生，对全县疫情网格化防控起到了积极作用。三是创新了乡村“大喇叭”。通过手机APP一键喊话、文字转语音、广播室播音等方式为村民提供政策法规宣传、农业气象播报、农业知识普及、农村文化教育、农村娱乐生活等应用场景。四是提高各部门间的沟通效率。“村村享”信息平台可同时支持专业会议终端、PC、Pad及4G手机等多种类型终端灵活接入。

（五）深化信息惠民服务

受山区地理环境制约，村民出行办事存在一定困难，通过“村村享”信息平台推进政务服务进村入户，打通了联系群众的“最后一公里”。一是解决群众办事难问题。建立健全便民事项网上“一键办”服务体系，将民政局、农业农村局等9个部门、7大类、32项民生服务事项上网，“互联网+政务服务”向乡村延伸，村民足不出户就能查看各类补贴发放、事项办理及相关政策信息。二是提升农民办事效率。村民利用“村村享”信息平台便民服务累计办理各类事项1650余次，查看公示类、政策类信息3万余条，切实享受到了便捷服务。此外，还延伸建设了“村村享”移动客户端、微信公众号等，实现多渠道办理，村民通过手机一键提交资料即可预约办事，办理结果实时推送、传达。截至目前，全县有60%以上干部群众通过手机客户端实现业务办理。三是提高工作透明度。充分运用ITV、手机、PC等信息化载体为村民提供信息服务，多方面、多渠道将信息和服务送到田间地头，全面保障了群众的知情权、参与权、监督权。

（六）积极构建乡村治理体系

县委、县政府推行网格化管理和服务，夯实基层社会治理基础，着力为广大群众更好提供精准化、精细化服务。一是"党组织+党员+群众"，联结党群和谐关系。通过手机APP建成以村党组织为核心、村民群众为主体、党员干部共同参与的"民事直说"线上新模式。通过"说事、议事、办事、督事、评事"形式，从主体、内容、方法等角度丰富党建模式，促使互联网和党建融合发展。二是"党务+政务+村务"，提供诉求解决途径。以党建平台"民事直说"建设为抓手，按照村务类别和商议主题，通过网上干部集体议、民主决策议、分解流转议等途径，及时有效解决群众反映的问题。三是"代办+自办+联办"，办出干部工作能力。创新运用"全程代办、村级自办、乡村联办"工作机制，在村"两委"班子成员（含村第一书记）、党员、驻村帮扶工作队员、驻村干部中，探索实行乡村干部联合办理制度，合力解决基层热点、难点问题。四是"监督+评价"，抓出事项办理成效。结合"转变作风改善发展环境建设年"活动，建立健全"民事直说"县乡村三级线上监督管理体系，对群众反

图 23-2 网络化乡村治理建设

映事项的办理进度、办事成效、干部作风等方面，进行严格网上监督管控，将议定事项、办理结果，进行网上公示，实现事前、事中、事后群众全程参与、全程监督，办理过程公开透明。

三、成效与反响

（一）带动基础业务保存激增

1. 移动业务保存激增。依据“村村享”手机 APP 账号运营及“村村享”手机 APP 手机在线办事、足不出户、反映急事难事的便捷通道，查看本村村务公开情况、查询自己是否是建档立卡贫困户、不用开证明等便捷服务内容，确保移动业务保存激增。

图 23–3 “村村享”建设活动

2. 固网业务保存激增。“村村享”门户重要功能模块将接入 ITV 平台，依托中国电信千兆光网为村民提供超高清视频内容服务，实现“村村享”客户端和 ITV 电视端同步更新，确保宽带、ITV 业务保存激增。

（二）全面促进政企平台应用

“村村享”是电信在农村政企市场的一个平台战略。智能视频云监控、会议系统、智慧党建、便民服务、乡村旅游等功能均是乡镇、乡村、村民的痛点诉求，能为乡镇管理人员提高管理、减少成本、提升效率，能为用户提供便民服务、足不出户办事、信息及时共享。围绕乡村振兴战略，统一乡村平台，以党建为统领，聚焦精准扶贫，聚焦乡村旅游，聚焦指挥调度乡村安全的基础上叠加了“村村享”平台，以此占领乡村政企市场，提升电信在农村市场的指导地位，提升用户认可度，带动移动、宽带、ITV等传统提质增效。

（三）全面促进乡村治理能力提升

在国家农业农村部指导下，“数字乡村—村村享”积极运用现代技术和信息化手段，以“民事直说”活动为载体，通过“说事、议事、办事、督事、评事”形式，从主体、内容、方法等角度丰富党建模式，实现服务群众“零距离”，为农村基层党组织增添了新活力。在对群众反映事项的办理进度、办事成效、干部作风等方面，严格进行网上监督管控，将议定事项、办理结果进行网上公示，实现事前、事中、事后群众全程参与、全程监督，办理过程公开透明。

图 23-4 “村村享”疫情防控平台

此外，2020年初，新冠肺炎疫情暴发。为加强农村地区疫情防控力度，中国电信勇担央企责任，在“村村享”平台上开辟了“疫情防控专区”，并为乡村地区免费提供平台服务。利用“大喇叭”一键喊话宣传疫情防控要点，以视频会议系统加强乡村防疫部署和远程指挥，通过ITV、APP、微信公众号和小程序“四屏联动”传递防疫讯息。

四、探讨与评论

“村村享”信息平台为两当县利用数字化、信息化手段提升乡村治理能力、构建新型乡村治理体系开辟了新路子，有力提升了政府指挥、调度及决策能力。同时，将不断促进党建、旅游、政务、民生、产业等领域与互联网的全面深度融合发展。2020年5月25日，第十三届全国人民代表大会第三次会议听取最高人民法院工作报告，报告中用“党建引领、民事直说办实事”等字样高度评价“两当经验”，“村村享”信息平台发挥了不可替代的作用。

“村村享”信息平台下一步将按照十九届五中全会提出坚持把解决好“三农”问题作为全党工作重中之重的会议精神，运用云计算、大数据、人工智能、物联网等先进技术，紧紧围绕农业产业体系、生产体系、经营体系、服务体系，打造一个线上线下良好互动的乡村共同体。一是向数字乡村的延伸。平台致力于为每一个乡镇打造个性化互联网名片，具体构建“1+1+N”的智慧体系，打造五个支撑平台，整合N个智慧应用。一网，即通信网、物联网；一中心，即“村村享”运营管理中心，具体包括五个平台，即政务服务平台、产业支撑平台、生活支撑平台、管理支撑平台和数据支撑平台；多个应用包括智慧政务、智慧产业、智慧民生、智慧医疗等，有效推动数字乡村生态圈的形成。二是快速复制全面推进。借两当整县签约、实施效果，邀请全市8县1区领导、乡镇领导召开现场会，借势全市全面推进。三是打造、填充特色应用。针对不同乡、不同村打造具有本土特色的应用并填充，以此加大客户黏性，带动公众市场发展，保存量，激增量。四是结合活动线上评选促进使用。家庭评选、乡村文艺活动等，以积攒、分享、关注等方式，开展在线宣传、在线评选、在线直播等特色功能，配置小奖品。五是对接陇南乡村大数据平台。由于陇南市乡村大数据平台功能应用80%与“村村享”相同，对接乡村大数据平台，有利于陇南“村村享”全面推进。六是引导客户全面使用。实施完成后，以便民服务、党建、扶贫、乡村旅游、安防为切入，引导客户全县使用“村村享”平台，并建立通报考评机制，拉入政府评优体制。七是依托平台发力公众市场。按照各乡镇村民注册APP的信息，筛选梳理异网公众市场客户，组织人员，精准入村、精准入户开展营销，拉动公众市场高质量规模增长。

平安银行
PINGAN BANK

平安银行

平安银行是一家总部设在深圳的全国性股份制商业银行。其前身深圳发展银行是中国内地首家公开上市的全国性股份制银行。中国平安及其控股子公司为本行控股股东。截至2020年6月末，在职员工34980人，通过全国92家分行、1078家营业机构为客户提供多种金融服务。

平安银行以打造“中国最卓越、全球领先的智能化零售银行”为战略目标，以“科技引领、零售突破、对公做精”为策略方针，“坚持三不变”，即坚持零售转型方向不变，坚持“综合金融、科技赋能”两大核心优势不变，坚持均衡、协同发展思路不变；着力打造“数字银行、生态银行、平台银行”三张名片。

近年来，平安银行的业务发展和经营特色深受权威机构好评。2020年，荣膺《欧洲货币》颁发的2020年度卓越大奖“全球最佳数字银行”；《亚洲银行家》颁发的“最佳网络安全产品”“中国最佳贸易金融银行奖”“中国最佳手机银行应用”；《环球金融》颁发的第十三届中国之星的“最佳私人银行”；《证券时报》颁发的“中国银行理财品牌君鼎奖”等诸多奖项。

强化金融服务投入　支持乡村振兴发展

平安银行股份有限公司

中国平安秉承“专业创造价值”的文化理念，在为股东、员工、客户创造价值的同时，积极履行企业的社会责任，响应党和政府的号召，在成立30周年之际，全面启动“三村工程”，实施产业扶贫、健康扶贫、教育扶贫，助力新时代美好生活的实现和美丽乡村的建设。平安银行作为金融扶贫的主要实施者，近3年累计投放产业扶贫资金249亿元，覆盖和惠及建档立卡贫困人口超过83万人，脱贫攻坚帮扶成效获得社会各级的认可。为做好脱贫攻坚与乡村振兴有效衔接，集团牵头启动了“乡村振兴三年规划”，依托数字乡村生态圈聚焦优质区域、精准定位乡村振兴目标客户，强化金融服务投入和落地，为金融支持乡村振兴发展贡献力量。

图 24-1　平安银行大厦

一、晓大义，勇于服务乡村振兴

实施乡村振兴战略，要按照“产业兴旺、生态宜居、乡风文明、治理有效、生活富裕”的“五位一体”总要求，通过“农村经济建设、政治建设、文化建设、社会建设、生态文明建设、党的建设”等“六大建设”加快推进农业农村现代化和乡村治理现代化。最终实现农业有奔头，农民有乐头，农村有看头的新乡村局面。

乡村振兴战略充分阐述了农业、农村各个层面，对金融支持乡村振兴提出了更高的要求。随着乡村振兴战略的全面深入实施，农业将加快现代化发展的步伐，产业链融合局面将会呈现；农村基建将加大改善农民的生活环境，生态保护将为乡村嵌入新动能，美丽乡村指日可待；农民收入将持续增加，对美好丰富的生活更加向往并切实提高多元化消费。以上种种情况均表明，广阔的客群还待金融机构持续发掘，同时也必将给金融机构带来巨大红利。

通过服务乡村振兴战略，可以充分发挥“金融 + 科技”金融服务科技赋能集合一体的独特优势，可以为优质客户提供“保险 + 银行 + 投资”“智慧 +”“融资 + 融智”“对公 + 零售”的全方位综合化金融服务，对金融机构的市场竞争力和社会影响力以巨大的巩固和提升。

二、强基础，全面服务乡村振兴

平安银行以“金融 + 科技”为引导、“融资 + 融智”为途径、“风险防控”为保障，逐步形成“银行 + 政府 + 龙头企业 +N”参与，“思想升级、产业带动、品牌打造、消费升级、生态宜居”的乡村振兴矩阵模式。

（一）重点聚焦乡村产业，开发乡村发展新功能

在坚持商业化服务“乡村振兴”的总原则下，切实找准金融服务的切入点和聚焦点，积极支持重点地区、重点行业、重点企业、重点项目以及“三农”、民生等领域上乡村振兴项目的发展，实行“一村一品”“一镇一策”策略，找寻目标地区优势产业，采用“银行 + 政府 + 核心企业”联合支持、“传统授信 + 综合金融”融合配置的方式加强提供金融支持。

图 24–2　乡村座谈

（二）持续完成脱贫攻坚任务，金融助力增收创收

1. 开展金融精准扶贫。平安银行作为金融扶贫的实施主体，自 2018 年启动以来，创新开发了“产业扶贫贷款 + 扶贫政府债 + 扶贫企业债 + 消费扶贫 + 驻村扶贫 + 扶智培训”等多种业务模式。在整合各类扶贫模式的基础上，平安银行创新扶贫助农生态圈（扶智培训、产业造血、一村

一品、产销赋能），业务覆盖全国 23 个省市，累计投放产业扶贫资金 249 亿元，覆盖和惠及建档立卡贫困人口超过 83 万人，用“授人以渔”的方式实现产业扶贫从 0 到 1 的模式设计和从 1 到 N 的项目推广。

2. 支持农业品牌培育，扩大品牌影响力。借助平安自身平台和外部电商优势，推动农业由增产导向转向提质导向。例如，联合推出“平安橙”“平安果”“枣安”等农产品品牌，提升其品牌市场竞争力和影响力。创新开发旅游扶贫，充分挖掘贫困地区旅游生态资源，利用平安集团的金融流量为贫困地区引流，提升贫困地区利用特色资源造血能力，打造旅游扶贫品牌知名度。

3. 支持美丽乡村建设。持续关注各地美丽乡村建设示范工程，通过“政府 + 企业 + 银行”的合作形式，运用“传统授信 + 投行发债 + 综合配置”的模式协助项目落地。分地区、分阶段有序推进乡村建设进度，对基础设施落后的乡村保证完善其基础设施，保障村民日常生活方便；对相对发展较快的乡村采用改善优化乡村基础环境，为美丽乡村建设打下坚实的基础。一是通过支持水电建设，为当地产业提供基本能源，改善当地农田灌溉、用水安全、生

图 24–3 “三村工程”

态环境改善。二是通过提供资金、技术、销路和培训，为村集体经济赋能。三是通过道路桥梁新建修缮，改善村民出行条件及乡村居住环境，方便货物运输和资源引入，优化农产品销售路径，实现乡村居民持续增收。累计投放水电建设资金70.79亿元，用于支持云南、四川等省市水电站建设，并通过改善乡村设施、升级供水管网等方式反哺当地乡村发展。

（三）强化乡村振兴人才支撑，夯实乡村振兴基础

着力完善“村官工程”，培育新型职业农民。平安银行在国家农业农村部、国务院扶贫办等部委的指导下，围绕“支持新型职业农民通过弹性学制参加中高等农业职业教育”的指导方针，创新设计出一套完整的“扶智”培训方案，即“一条主线，两种方式，三类基地，四大课程”。针对产业政策、财务管理、电商运营、种养殖技术、创业指导等内容进行深入研讨。通过产业项目对接、专业合作社和农业基地参访等方式，为学员开阔视野，激活观念。培训结束后一年内，学员还将持续接受平安提供的技术支持和导师辅导。截至目前，平安银行已为全国21个省市87县培育3678余名致富带头人。

（四）强化科技赋能，践行科技兴农战略

1. 资金监管。利用区块链技术，将平安支持乡村振兴建设项目的资金上到区块链，通过区块链技术进行资金监管和跟踪，实现全流程资金管控。

2. 乡村电商。在乡村振兴建设过程中，借助平安网上商城、知名电商平台，通过打造美丽乡村专区或特色板块（如一县一品、特色产品馆等）发展乡村电商，帮农产品进行线上营销策划，让乡村建设成果惠及村民。

3. 商品溯源。通过用“物联网+区块链”技术，对乡村振兴过程中滞销的农产品进行科技赋能。一方面，通过智能物联网设备，实现销售管理

和数据采集的自动化；另一方面，通过农产品信息可追溯，对农产品质量及其对乡村振兴的贡献进行溯源，提高农产品质量，提升消费者购买体验、增加购买黏性，助力美丽乡村建设。

三、重创新，扎实服务乡村振兴

（一）运用“双轻”通道，金融支持乡村发展产业

借用“双轻”业务模式，联合银行投资部门积极投资地方乡村振兴地方债券，联合投行、证券、信托、保险等共同营销央国企客户的乡村振兴项目。逐渐将传统授信业务向“轻资本、轻资产”模式转换，用更低的资本消耗更高效地服务乡村振兴，强化“银企、银政”合作，最终实现银行、政府、企业的共赢，金融、实体经济、乡村振兴的共赢。

（二）充分发挥集团资源，综合化经营模式融合

在金融服务中，平安银行充分发挥自身优势，对内融合集团各专业公司的特色，对外强化与当地政府、核心企业、合作社、贫困户的联系，因地制宜找寻当地产业发展方向，打造“银 + 政 + 企 + 合作社 +N 个贫困户”的多方联合模式。

除金融服务外，还联合兄弟公司平安好医生、平安租赁、平安产险、平安养老险，配套“村医”和“村教”，提升村卫硬件水平，做好村民健康管理；通过“4+1”综合教育帮扶行动，用科技赋能乡村教育，提升当地乡村教育发展水平，助力学校教学水平提升和师资能力建设。

（三）立足国家战略，助力脱贫攻坚与乡村振兴有效衔接

脱贫攻坚已进入决胜年，平安通过“扶智培训、产业造血、一村一品、

产销赋能”的扶贫助农生态圈，打造了“铜川模式”“雷山模式”“凉山模式”等扶贫典型，并根据国务院扶贫办的安排举办了2019年、2020年国家扶贫日论坛。平安的扶贫工作获得了国务院扶贫办、银保监会、人民银行等重点部委的高度评价。

同时，在做好脱贫攻坚任务的基础上，平安也在努力探索与乡村振兴战略的有效衔接模式。立足国家“两个一百年”奋斗目标，制定乡村振兴规划和实施方案；创新乡村振兴服务和产品模式；与政府、核心企业共同完善脱贫攻坚与乡村振兴无缝衔接渠道，助力乡村振兴全面落成。该模式已向农业农村部进行汇报，得到部里的认可和指导，为下一步推动乡村振兴发展，全面建成小康社会以及平安品牌提升打下坚实的基础。

四、做准备，持续服务乡村振兴

扶贫金融办公室在实施平安“村官工程”精准扶贫的基础上，努力拓展和延伸服务渠道和模式，在内外部将平安“科技+金融”“科技+生态”服务乡村振兴模式进行推广。

（一）制定金融机构服务乡村振兴规划

通过学习国家乡村振兴政策，在金融机构服务乡村振兴的意义、乡村振兴的难点和痛点、金融同业做法、平安银行发展乡村振兴的优势、平安银行服务乡村振兴的模式、业务可持续及盈利分析、实施计划等7大方面做出课题研究，为金融服务乡村振兴做理论支撑。

（二）加强与主管部委沟通，提升乡村振兴战略层面

在前期与国务院扶贫办、银保监会、人民银行等重点部委在扶贫领域

紧密合作的基础上，于 2019 年底启动乡村振兴规划并向主管部委各级领导做出汇报，并根据要求结合自身实际情况制定服务提升乡村振兴的进一步措施，提升平安服务乡村振兴的战略层面。

共同编写首部金融机构服务乡村振兴蓝皮书。现已联合农业农村部农村经济研究中心、农科院农业经济与发展研究所共同确定“金融机构支持脱贫攻坚及乡村振兴”蓝皮书工作方案。现方案框架已确定，正式进入编写阶段，预计于 2021 年正式向全国发布。

（三）积极打造乡村振兴示范村

在脱贫攻坚的基础上，就前期拟发展的陕西、四川、云南、新疆等乡村振兴示范村振兴方案进行沟通。通过“五位一体”的乡村振兴发展方向与金融产品和模式进行融合，试点金融落地可行性。

（四）持续乡村振兴产业扶持投入，精准聚焦重点行业

在扶贫产业授信投入的基础上，与主办分行进行沟通协同营销。精准定位我行战略客户、基石客户，选取银行十大行业龙头企业客户作为业务突破点；精准聚焦乡村基建、生态环保、医疗健康等行业作为着力点；积极投资乡村振兴专项债、绿色债等重点产品作为切入点，持续加大乡村振兴的扶持投入。

（五）深化多部门联合，创新服务模式

加强公私联动，例如在贵州做的雷山乡村旅游项目，客户为分行私银高端客户，扶贫金融办联合当地政府、企业、旅行社结合自然风光特色为高端客户设计“旅游＋公益”的定制乡村游，与乡村家庭结对子、爱心捐赠、学习非遗等亲子类活动，打造特色旅游扶贫品牌，挖掘乡村多种功能

和价值，把资源变成资产，实践好“绿水青山就是金山银山”的理念，此次活动受到零售客户好评，短期内新增零售存款近 6 亿元。

加强与集团内专业公司合作，“团金 + 个金”综合金融嵌入。与产、寿、养保险机构结合，引入保险机制，缓释行业风险的同时实现资源共享批量获客；在村医、村教项目的基础上，加大医疗资源和教育资源投入，进一步配置远程诊疗、移动体检、双师课堂等软硬件设施。

（六）完善人才培养机制，激活乡村振兴观念

根据中宣部的工作安排，与部委联合组织实施“新时代文明实践致富带头人培训”，学员来自全国重点部委定点的乡村干部和致富带头人，通过为学员提供企业管理、农业知识并实地考察美丽乡村等方式激活其观念，更好地带动乡村振兴的发展。

积极参与“中国平安发起‘金融消费者素养提升计划’护航消费者金融财产安全”活动，普及金融基础知识，提升消费者金融素养；树立正确金融消费理念，引导理性消费投资；防范非法金融活动，及时进行风险提示；营造风清气正的金融互联网生态环境，争做新时代金融好网民。

（七）叠加科技赋能，助力乡村振兴发展

现已上线智能客服、资金监管系统、农产品溯源系统。可实时解答“村官工程”扶贫政策和业务流程等问题，乡村振兴知识库正在更新；资金监管系统可将乡村振兴资金专项监管，专款专用；农产品溯源系统已在芒果、平安橙等农产品使用，扫码可了解产品、产地以及平安信息；现正与智慧城市、平安科技等进行沟通，就智慧农业等科技兴农进行探讨，寻找适合模式加快落地。

京东集团
JINGDONG GROUP

2018年4月，京东集团正式启动京东农场项目。借助京东集团在电商、物流、营销、品牌等多方面的资源优势，依托物联网、区块链、人工智能、大数据等技术能力，深入到农业生产前端，全面解决农产品产供销供应链能力建设问题。致力于通过农产品品质提升，品牌创建的模式，引领农业高质量发展，推动乡村振兴战略实施。

京东农场携手合作伙伴共建数字化、智能化农场，从农场信息化系统建设、种植生产标准行为规范、全程可视化溯源体系农产品上行销售通路、农产品品牌建设5方面打造高品质农产品生产示范基地，按照京东农场管理标准进行科学种植，规范生产，同时依托物联网、人工智能、区块链等技术和设备，进行农产品全程信息的可视化追溯，并按照"一物一码"标准实现溯源信息的公开和透明，最终所产农产品将按照"优质优价"销售原则，通过京东农场线上专属平台"京品源"旗舰店进行销售，搭建从田间到餐桌的"京造"模式，守护千万家庭餐桌健康，带动农民增收致富。并帮助农场实现从种植到销售全方位标准化的拉动和提升，打造从田间到餐桌的全链闭环，构建农产品消费信任通路，守护千万家庭"舌尖"上的安全。

截至目前，落地京东农场项目近40个，数字基地建设面积近40万亩，带动10余个省份的13类农业产业发展，覆盖大米、小米、芥花油、苹果、柑橘、枸杞等13类产品40多个SKU系列，并线上专属"京品源"旗舰店为合作伙伴营销助力。

京东农场数智化
助力丰县苹果产业升级及品牌发展

京东集团

京东农场以积极践行国家乡村振兴战略，助推以农业高质量发展要求为宗旨，坚持质量兴农、绿色兴农、品牌强农部署路线。以“农业生态、餐桌健康”为使命，着手数字农业发展之路，深入到农业生产前端，全面解决农产品产供销供应链能力建设问题。致力于通过农产品品质提升，品牌创建模式，引领农业高质量发展，推动乡村振兴战略实施。

一、背景与起因

为积极践行国家乡村振兴战略，坚持质量兴农、绿色兴农、品牌强农国家部署，2018 年 4 月，京东集团正式启动京东农场项目，设立京东农业研究院和京东数字农业共同体，以“农业生态、餐桌健康”为使命，着手数字农业发展之路。京东农场项目借助京东集团在电商、物流、营销、品牌等多方面的资源优势，依托物联网、区块链、人工智能、大数据等技术能力，深入到农业生产、流通和销售环节，通过全面提升农业企业产供销供应链能力建设，助力产业数字化升级，产品品牌化发展之路。

具体模式为生产端携手企业共创高品质生产基地，开展生产标准化探索，推进管理数字化建设，搭建从种子到筷子全程可视化溯源体系。流通端依托京东物流智能供应链能力，建立起仓储、运输、配送系统解决方案，实现高品质农产品从基地到消费者快速送达。销售端开辟一站式销售平台“京品源”旗舰店，搭建起从田间到餐桌的“京东京造”模式，实现农产品从优地优品到优质优价。

2020年年初，京东农场项目组接触丰县大数据管理局，双方合作重点聚焦在丰县苹果产业如何进行产业数字化升级及品牌化发展问题。丰县位于江苏省徐州市，是农业大县，也是江苏省农业产业化试点县，农业资源十分丰富。在2003年被评为“中国果菜十强县（市、区）”，被誉为“红富士之乡”“苏北果都”。丰县苹果主导品种为晚熟红富士丰富1号，是红富士的地方品种，具有爽口多汁、甜脆味美、色泽艳丽、可溶性固形物含量高和耐储藏等独特优点，因此逐步发展成为丰县农业主导产业之一。

但是，随着最近几年陕西、山东、甘肃等苹果核心优势产区发展壮大，丰县苹果产业发展优势愈发不明显，面临如下困难。

（一）生产方式传统粗放

丰县苹果生产大部分以家庭为单位，规模小，组织性差，缺少产业龙头企业示范带动，面临生产管理粗放传统，标准和规范化推广缓慢的问题。新植果园标准化，老果园提档升级，促进产业从传统生产模式向现代生产模式转变，从而实现产业提质增效是发展需求。

（二）果品质量提高相对缓慢

丰县地理位置处于苹果生产南缘，是苹果生产的次适宜区，较之地缘优势明显的胶东半岛，以及光照充足，昼夜温差大的山西、陕西苹果质量优势不明显，相当一部分果农在疏花疏果、配方施肥等优质生产方面措施不到位，果品农残意识淡薄，喷药频繁、不重视农业防治、生物防治、物理防治，土壤改良缺乏，影响了果品外观质量和内在品质。

（三）销售渠道传统单一，单价水平低

丰县苹果的流通渠道主要以农批市场为主，数据显示 2019 年农批市场渠道占比 52%，近 5 年的平均收购价在 1.22 元 / 斤，鲜货批发价在 2.32 元 / 斤，平均批发毛利在 1.1 元 / 斤。综合产值不高，进一步提升产品溢价能力，让生产端享受更多收益是下一步发展需求，近 2 年，政府重视电商渠道培养，为丰县苹果扩展渠道，增加产品溢价能力做好基础和铺垫。

（四）品牌认知度低，品牌发展模式未建立

随着陕西、山西、甘肃等地区苹果优势产区发展，消费者对苹果消费的认知越发趋向该区域市场，加之丰县苹果产业分散，缺少农业龙头企业，虽然丰县苹果为地标产品，但是市场仍以价格作为导向，通过品牌发展带动产业升级及产品溢价的模式尚未建立起来。

二、做法与经过

针对丰县苹果以上发展问题，京东农场与丰县大数据管理局达成一致，按照“从品控、品质到品牌”发展思路，进行 3 年发展规划，先从示范基地导入京东农场模式，建立全县标杆和样板。在此基础上，逐步扩展到对整个产业的数字化升级和丰县苹果品牌升级，最终打造成以科技为依托，标准为支持，品牌价值为导向的产业发展新模式。

2020 年 4 月，京东农场落地丰县梁寨镇新腰里王村苹果园，针对核心区域 200 亩红富士苹果基地，从农场信息化系统建设、种植生产标准行

为规范、全程可视化溯源体系、农产品上行销售通路、农产品品牌建设等5个方面与农场合作，帮助农场实现从种植到销售全方位标准化的拉动和提升，打造从田间到餐桌的全链闭环。

（一）建立数字化基地，导入智能化管理

该数字基地由地面物联网数据采集设备、图像视频采集设备、智能虫情采集设备、气象监测设备等组成，实现了对种植基地的四情（农情、苗情、虫情、墒情）的实时数据采集和结果呈现，有效地提升了基地的管理效率和可视化管理能力。

京东农场自主研发的"谷·语"智能管控系统，作为数据汇聚和管理中枢，有效地实现了农药用药限制管理、农资进销存管理、田间种植管理等种植环节核心业务的数字化；同时，通过加工管理模块的应用，实现了对基地加工过程的全程监控和管理，通过与数字化基地的合作，利用数字化工具，较好地保证了基地认证体系的执行效果，后续通过对人工工时、投入品的分析，还可以进一步优化基地的管理效率，降低生产投入成本，

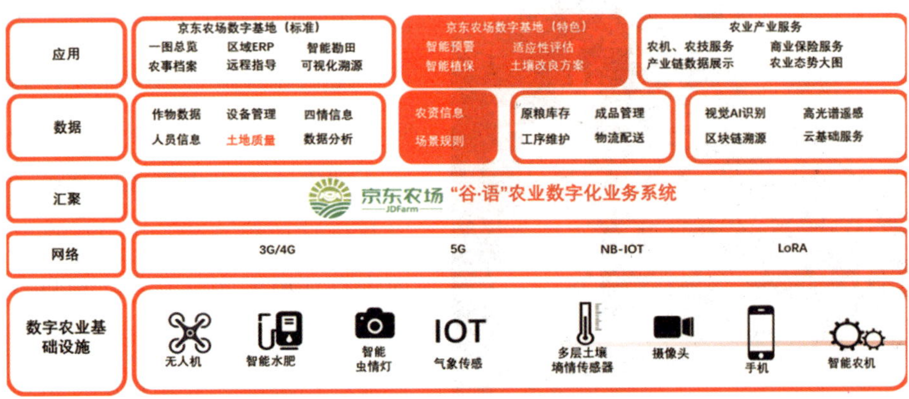

图 25–1 "谷·语"农业数字化业务系统

更好地支持企业的有序发展。

（二）建立起《京东农场丰县苹果生产管理标准》

京东农场项目组针对丰县苹果合作基地，专门组织包括西北农林、中国农大、八一农垦等院校专家，制定京东农场丰县苹果生产和管理标准，该标准从产地环境质量标准、农药使用准则、肥料使用准则、产品加工准则、采后处理与贮藏运输准则、包装通用准则、标识使用与销售准则、生产操作规范等 16 项标准制定，每个季度组织相关专家，深入合作基地进行标准落地指导工作，以期通过标准建立生产管理的规范化，以标准促进产品商品化，为品牌打造建立品质基础。

（三）搭建起基于区块链技术的全程可视化溯源体系

该合作基地内以耕、种、管、收、储、运、销的全程可视化溯源体系为抓手，依靠物联网、区块链、人工智能等技术和设备以及“谷·语”智能管控系统，实现对水源、土壤、气象、病虫害等自然环境的监控，以及化肥、农药等投入品，除草、施肥等农事行为的监管，同时通过这些技术和设备，改进种植管理方案，实现精准施肥施药以及科学种植管理，提升生产基地生态环境健康，提高作物自身抗性。在源头把控农产品基础上，增加把溯源前伸到种植端，把所有种植关键环节完全呈现给消费

图 25–2　可视溯源设备

者，最终通过区块链二维码呈现到苹果产品外包装上，按照一物一码标准，消费者通过扫描苹果包装盒上区块链二维码，可以查看红富士苹果生命周期内关键生产信息，让苹果的好品质通过数字、图像、视频等资料全面呈现，真正让消费者买着放心，吃着安心。打造京东农场标准下的生态优品，重构消费者信任。

（四）京东物流一站式配送解决方案

针对合作基地苹果的物流运输问题，京东华东物流大区一方面制定了关于针对合作基地物流费用优惠活动，同时还专门制定了“京东小哥进基地”扶持政策。为了加快物流配送效率，京东物流小哥深入基地收揽包裹，在销售高峰期安排中大型货车进入基地，解决“最后一公里”的快速配送问题，最终通过全国京东物流网络快速送达消费者手中。统计数据显示，合作基地产品 50%实现京东 211 配送服务，30%实现 48 小时内送达。

（五）打通京品源旗舰店，推动优质优价销售模式

京品源旗舰店是京东农场线上专属渠道，致力于通过农产品“京东京造”模式，打造高品质农产品销售渠道。

针对合作基地内缺少电商运营团队，电商运营经验缺乏的现实情况，京东农场专门组建了丰县苹果京品源运营项目组。项目组通过“保姆式服务”进行电商营销服务，针对丰县苹果进行产品定价策略制定、产品线设计、包装设计、卖点提炼、宣传口径制

图 25-3 直播平台

定、店铺进驻、客户接入等上行服务工作，以及店铺日常运营管理、营销推广活动策划等服务工作。

项目团队结合丰县苹果合作基地高品质管理标准、全程可视化溯源监控，以及京东农场和京品源的背书，按照优质优价模式，自 2020 年 11 月正式启动丰县苹果线上运营工作。

三、成效与反响

按照《京东农场管理标准》完成了京东农场数字化平台（“谷·语”）的部署和数字化园区的建设，基于京东农场数字化体系的应用，实现了合作基地的降本、增效和安全生产，为丰县苹果的商品化做出了良好示范，配合京东农场模式下的营销服务，完成了丰县苹果在京东平台的首秀，践行了“优地—优品—优价”的可持续农业产业发展新模式。

（一）生产管理方面效果

1. 大数据管理有效降低人力成本投入

通过在园区中部署的各类物联网设备、图像采集设备和无人机组成的数据传输网络，结合京东农场“谷·语”系统的数据分析能力，为农场的管理人员优化种植管理过程，科学合理的安排农业生产的各项工作时间，降低因寒潮、降水、极端天气等环境因素带来的生产损失；同时，通过对长势、环境数据的综合分析，减少巡园人力，提高人员工作效率，全年人力投入累计降低 45%以上，有效提高了合作基地产品的市场竞争力。

2. 精准农业助力减肥控药

在丰县苹果基地中，京东农场利用了无人机遥感技术，为苹果种植的全过程提供了数字化应用支持，通过对土壤墒情、土壤肥力、果树长势和病虫害的动态监测，配合京东农场土肥专家、植保专家团队的支持，实现了园区肥料有效施用率提升30%，肥料使用量降低25%，药剂使用量降低30%的效果，有效降低了农业前端种植过程中的过量投入，在发展环境友好型农业的同时，降低了种植成本，确保了农产品的安全性。

3. 生产管理标准贯彻助力优品率提升

为了有效贯彻《京东农场丰县苹果生产管理标准》落地，京东农场专家团队，在苹果生产花期、坐果期、膨大期和成熟期等关键节点，进行农事活动指导、用药用肥指导、病虫害防治指导等工作，以期保证苹果的质量和品质，对比去年合作基地苹果的良品率提升了20%。

（二）物流配送方面效果

通过京东物流推出的“京东小哥进基地”扶持政策，实现苹果“厂直直发模式”大大提升了产品从基地到消费者的物流周转效率，降低仓储存储成本达到20%，其中通过京品源旗舰店销售的产品，50%产品实现京东物流24小时送达配送服务，30%产品实现48小时内配送服务，有效降低苹果后熟时间导致变皱、压坏、风味值降低等一系列售后问题。

图25–4 物流运输

同时，在疫情期间，京东物流针对丰县苹果合作基地，推出专项扶持政策，按照每单原价基础上享7折优惠，大大降低物流配送的成本。

（三）销售及议价带动方面

1.基地收益提升

自2020年11月，丰县苹果合作基地正式上线京品源旗舰店。项目运营团队，通过挖掘丰县苹果自然成熟，脆甜多汁优势，在产品线设计方面，以尝鲜款+走量款+礼品款等不同组合满足消费者需求，通过锁定目标人群传递京东农场高品质全程溯源的理念，进行京东站内站外精准营销推广。截至2021年1月底，通过京品源旗舰店实现销售收入超过100万元。其中2020年12月18日，丰县苹果单日销量突破22万元，平均每小时成交436件，在整个京东商城，苹果品类排名第一。

2.产品溢价

布瑞克农业数据库数据显示，近5年来丰县苹果地头平均收购价在1.22元/斤，鲜货批发价在2.32元/斤，平均批发毛利在1.1元/斤。京品源丰县苹果项目组，对特大果按照49元/2.5公斤和89元/5公斤规划进行产品线设计，通过一些折扣优惠，平均售价不低于5元，较之产地批发价，京品源旗舰店销售带动溢价增长100%。其中，该合作基地产品70%通过京品源旗舰店完成销售，较去年同期收入增收率超过70%。

（四）带动就业方面

由于京品源旗舰店销量提升，也带来了产品销售辅助性工作，合作基地带动周边农民就业2000人次，带动了周边农民收入增长。

（五）京东农场项目综合效益展示

京东农场数字化农场，线上专属“京品源旗舰店”，吸纳了全国各地的优质农产品合作参与，在严格把控和提升源产地农产品品质的同时，利用京东在高品质电商领域20多年的经验和资源优势建立了京东特色的“京东农场”供应链体系，使得合作地方农产品平均价格提升30%—50%，销售提升15%。

截至目前，以“京东农场”的形式，通过线上+线下的培训方式使超过1万名的农村从业者对现代农村生产和流通体系有了不同层次的了解，已经在东北、西北、西南、华东、华南等多地实现了创新落地，落地京东农场项目近40个，基地合作面积超30万亩，上线产品覆盖10余个省市、13个品类，为地方高品质发展现代农业，高效率促进农产品商贸流通打造了样板、树立了榜样，也为当地的农民创收、增收起到了极大的推动和示范作用，成为脱贫攻坚最后阶段的有效手段。

图25–5　京东农场服务全景图

（六）行业认可及鼓励

2019年度，京东农场项目荣获农业农村部“2019数字农业农村新技术新产品新模式优秀项目”，在“2020年度中国商业联合会科学技术奖”中依托“物联网+区块链关键技术及示范应用”项目，获得技术创新二等奖。在广东省举办的世界数字农业大会上，京东农场“谷·语”系统获得十大数字农业应用技术奖。

四、探讨与评论

在企业服务模式上，京东农场项目积极探索县域数字化农业发展解决方案，通过携手生态伙伴，致力于解决当地政府及农业产业农村金融、产业信息化、产业数字化、区域品牌打造产品品质提升、产品销售等核心问题，帮助地方政府搭建商流、物流、资金流、信息流“四流合一”的产业供应链公共服务平台，协助县域农业产业“数字化”“智能化”“标准化”“电商化”“品牌化”发展。助力县域产业兴旺，乡村振兴。

对京东农场未来业务发展来说，随着5G技术、物联网和人工智能等技术在各个领域的应用探索，接下来京东数字农业也将在卫星遥感成像技术、无人机低空光谱成像技术、AI图像识别、物联网传感器、智能气象站等技术和设备领域进行探索和应用，同时依托京东商城海量数据和农业前端大数据，构建农业智能大脑，打通需求和供给信息孤岛，在供给侧，通过智能化、数字化技术实现精准科学种植；在需求端，运用大数据进行客户识别和精准营销，以销带产，切实推动科技在农业领域的应用和价值。

北京一亩田
BEI JING YI MU TIAN

北京一亩田新农网络科技有限公司是一家基于移动互联网技术、深耕农产品产地、促进农产品流通效率的互联网公司。公司成立10年来，着眼于全品类农产品，打造了全国领先的农产品B2B电子商务平台。平台定位于推动“农产品进城”，致力于“让每一亩田更有价值”。

一亩田采取B2B电商业态，主要为具备一定规模的农产品经营主体提供交易撮合服务。一亩田依托移动互联网技术，开发运营着具有多重功能的手机APP。形成系统的移动电商平台，功能包括：供销发布、行情查询、交易撮合、精准对接、线上支付、诚信档案、实力认证、农资服务和生意关系。

平台的供应商主要有农村合作社、经纪人、种植大户、家庭农场等，采购商主要有农产品批发商、加工企业、超市、餐饮连锁企业、B2C卖家、出口贸易企业、集团购买等。

截至2020年底，一亩田平台用户总数已突破3000万，平台在售农产品1.5万余种，产品来源于2800多个县，已经发展为全国领先的农业电商平台。

用互联网科技　让每一亩田更有价值

北京一亩田新农网络科技有限公司

北京一亩田新农网络科技有限公司农产品 B2B 电子商务平台，定位于推动“农产品进城”，致力于“让每一亩田更有价值”。根据市场中第三方数据监测平台数据，在用户规模、周打开次数、日人均在线时长等电商核心指标中，一亩田在农业电商领域中均处于领先位置。

一、成立的初心

10 年前，一亩田创立时，农业最需要解决的是信息不对称的问题。城市端的互联网热潮蓬勃兴起的时候，广大的农村还是一个互联网空白，很多农户的农产品都没办法找到合适的买家。一亩田的成立初心，就是服务乡村，就是要用互联网来彻底解决传统农产品交易过程中信息不对称、交易成本高、流通效率低等问题。

在成立之初，一亩田以解决农村面临的最重要问题——“农产品销售”为切入点，利用互联网自身优势，有效缓解了农村地区因地理位置偏远道路不通畅，信息相对闭塞带来的农产品销路难、滞销等问题，带动农产品走向更广阔的市场。

二、主要经验与做法

（一）发挥 B2B 业态优势，有效推动农产品上行

一亩田主要采用 B2B 电商业态，平台买方主要为农产品批发商、餐饮连锁企业、商超、电商平台等，卖方主要为合作社、家庭农场、种养殖大户、农产品经纪人等。通过有效解决农产品电商交易成本过高问题，一亩田成为推动农产品上行的重要模式之一。

一亩田为农产品交易市场构建了一个公平公正的营商环境。通过收集平台中大数据产生的信息详情、实力体现、信用标准、产品分级以及匹配程度（地域和交易习惯）等不断优化用户排序规则，信用越好，流量和商机越多，不断提高交易信息精准匹配能力和交易撮合能力，提升农产品流通环节的效率。

借助一亩田搭建的产销对接平台，全国已经有超过 1000 万名农业生

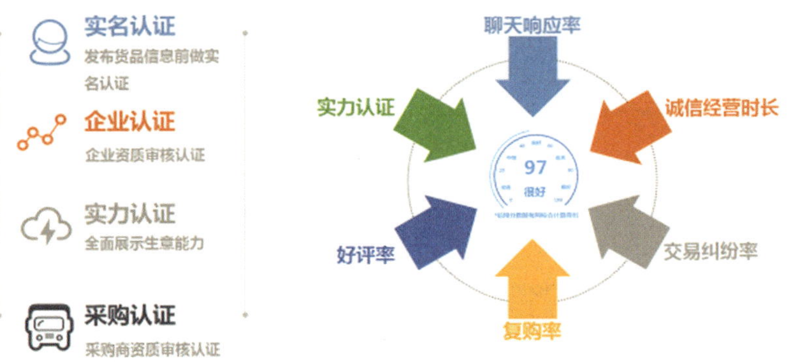

图 26–1 一亩田——用数据和算法营造更好的经商环境

产经营者在平台中对接了全国2000万大宗农产品采购商，每年成功撮合次数上亿次。

（二）以用户需求为出发点，延伸农业产业链配套服务

一亩田平台中的每个用户，在农业产业链中均扮演着多重角色。从农产品交易撮合环节入手，根据用户的角色转变延伸出的多方面需求，开发了物流叫车、农资服务、农技服务、生意圈、视频直播查看等农业产业链服务功能。综合农业产前生产资料购买、产中农技知识服务及产后农产品销售等服务环节，形成了农业领域移动互联网化的产品群服务，即单一窗口下的高效行业流程，获得了千万用户的口碑相传。

（三）建立覆盖全国的智能批发市场业务

在线下市场销售渠道建设中，一亩田已在全国50多个一级批发市场设立了3000个签约档口，建立了一整套市场行情大数据和物流信息大数

图 26–2 一亩田——智能批发市场业务

据，打造了一张庞大的农产品流通产业互联网和农产品流通品牌渠道。

豆牛代卖提供售前行情调查服务，售卖过程全程监督服务，售完 24 小时之内回款服务。产地货主可根据全国各大市场行情数据，自主选择发车市场，一亩田在各大批发市场的代卖人员帮助进行销售，销售过程货主可实时监督，售完后快速结款。代卖帮助货主解决了几个痛点：不知道往哪个市场发货、对各个市场的规则不了解、销售不顺、账期过长等问题。通过一亩田豆牛代卖，让农户足不出户就可以了解各大批发市场行情、物流成本、市场费用等，足不出户就可以把货卖到全国最赚钱的批发市场。

（四）积极履行社会责任，一亩田践行电商扶贫

贫困地区丰富多样的自然环境资源和独特的区域优势孕育着很多优质特色的农产品，然而大多数贫困地区因山脉绵延、河谷深切、地形崎岖、交通不便成为阻碍贫困地区优质特色农产品销售的一大难点。借助互联网力量，一亩田成为贫困地区农产品销售的主要渠道之一。平台中涉及 824

图 26–3 一亩田——扶贫之星

个贫困地区355万农业从业者，每年成功撮合次数超过3000万次，订单上百亿。

一亩田在平台发起“扶贫之星”评选活动，讲述身边普通人的扶贫故事，鼓励和带动更多人参与扶贫事业，带动贫困户脱贫致富，涌现出一批生活在我们身边，却扎实带动农民脱贫致富的典型。广西省凤山县“扶贫之星”马良建通过一亩田将当地1万多亩百香果销售到全国，带动100多家贫困户，户均增收2000—3000元。

2020年上半年，一亩田联合百度和一点资讯举办的“县长走田间——中国农业直播大联盟助农百县行”活动，极大地推动了贫困县农产品经销。以施甸县和龙陵县为例，自直播活动开展以来，两县销售农产品575万斤，销售总额达1360万元。

（五）齐心协力抗疫情，保供稳价安民心

新冠肺炎疫情暴发的危难时刻，一亩田公司上下齐心协力共同抗疫，充分发挥在市场代卖、产地代采和物流运力方面的撮合调动能力，帮助农户缓解销售困境，保证城市“菜篮子”的稳定供应，用实际行动为打赢疫情防控阻击战贡献力量。

1.建立湖北专属农产品绿色直通车。疫情期间，一亩田在APP首页搭建了湖北农产品采购需求专区，实现24小时待命，保障了湖北地区农产品货源供应和价格稳定。仅2020年1月26日至2月1日，就协调了178吨各类蔬菜送达武汉四季美农贸市场。

2.建立“农业战疫联盟”。一亩田汇聚平台及产业各方力量，在APP平台上线组建了“农业战疫联盟”。其中，“全国市场恢复指数”“每日直播”以及“有困难，告诉我们”栏目，有效缓解了疫情期间农产品供需对接问题，得到了政府、采购商和广大农户的一致好评。

3. 建立农产品采购商联盟。为了缓解疫情期间供应压力，一亩田专门组建农产品采购商联盟，搭建“保供稳价安心平台”。以广东省为例，陆续设置了湾区优品、放心农资平台、徐闻网络菠萝节、广东国际网络荔枝节、雷州覃斗芒果节、粤鄂同心——湖北抗疫、湖北农产品大湾区网络交易会等营销专区；定期举办“采购商会客室”“网红直播间”活动；开展高州荔枝文化节、惠来鲍鱼“网络节 + 云展会”、广东百万农民线上免费培训工程等活动，助力广东农产品销售。

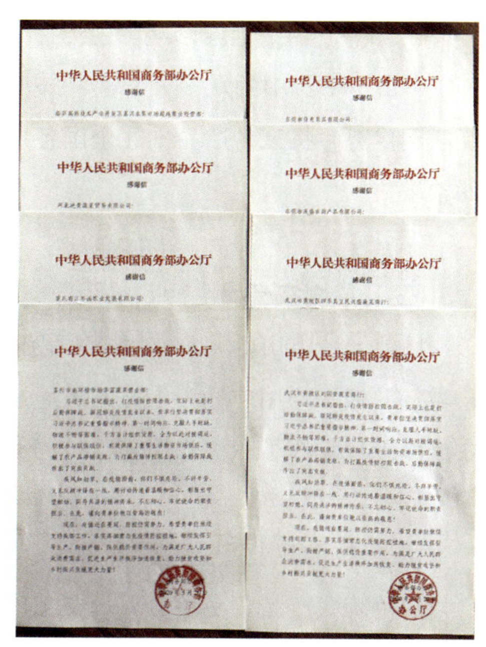
中华人民共和国商务部办公厅
感谢信
中华人民共和国商务部办公厅
感谢信
中华人民共和国商务部办公厅
感谢信
中华人民共和国商务部办公厅
感谢信
中华人民共和国商务部办公厅
感谢信
中华人民共和国商务部办公厅
感谢信
中华人民共和国商务部办公厅
感谢信
中华人民共和国商务部办公厅
感谢信

图 26–4　商务部感谢信

因表现突出，在国务院联防联控机制新闻发布会现场，获农业农村部点名表扬。先后收到来自商务部、上海市闵行区人民政府和湖北农业农村厅的感谢信。

三、取得的成效

一亩田在推进现代农业发展中的努力，促进了县域农产品上行，为广大用户带来实实在在的收益，为电商扶贫、抗击疫情作出了贡献，还多次解决了农产品滞销难题，得到了有关政府及部门、行业协会、农业从业者的支持和鼓励。

（一）广大用户得到实际利益

一亩田平台中的众多大学生、外出务工人员、退伍转业军人通过利用互联网优势，将家乡产品推往全国各地，在返乡创业的道路上找到了成功的希望。

（二）县域农产品上行效果明显

目前，一亩田的用户来源于国内的2800多个县域，涉及全国99%的县域，县域平均用户量为1万人。通过对这些用户赋能，一亩田为各地的农产品上行发挥了积极作用。

（三）推动农业产业转型升级

在传统农产品贸易环境下，在交通不便和信息闭塞的影响下，销路难题成为制约地区农业产业发展的主要因素。现如今，越来越多的新农人利用互联网优势，通过一亩田扩大和积累全国的采购资源，推进了地区标准化种植基地建设，推动了产业转型升级。

（四）赋能B2B农产品流通

随着互联网创新技术的不断迭代，一亩田也不断探索技术赋能农业的新路径，对平台持续进行产品优化、功能创新，提供持续良好的用户体验。

1. 提升了产销对接效率。一亩田以AI、大数据等核心技术为依托，为货源、市场的数据处理提供支持，通过对庞大数据的精准处理，实现农产品产销双方的毫秒级匹配。目前，每天可实现30万对的有效交易匹配。

2. 织就了庞大市场网络。市场网络化是平台对农产品批发市场的改造，一亩田已打通全国54个一二级大型批发市场，3000多个档口的销售服务渠道，积累了庞大的市场数据，可以帮助种植者根据全国范围市场的数据变化，灵活匹配批发市场，一部手机，货卖全国。

3. 开创了农村地区电商产业新模式。一亩田研发的“天机”农业大数据服务系统，能够帮助农业生产经营者判断未来农产品的市场需求情况和销售趋势，合理安排生产销售计划；帮助地区农业主管部门了解竞争地区发展情况，做到科学决策，精准施策，提升县域农业竞争优势。

（五）助力人才振兴

一亩田自成立以来，已经在全国举办了上百场线下培训活动，培训人数超过 20 万人次，其中贫困地区占一半以上。参与的“广东百万农民线上免费培训工程”，建设了一个“没有围墙的农民大学”，为 100 万农业从业者提供了培训分享。

截至 2020 年 11 月，一亩田平台用户总数已突破 3000 万，其中企业

图 26–5 一亩田——培训

用户数量超过 1000 万，平台在售农产品 1.5 万余种，产品来源于 2800 多个县，是截至目前移动端 APP 用户数量最多的农业电商服务平台。

四、探讨与评论

我国农业正处于由传统农业向现代农业转型跨越的关键时期，一亩田及其创立的业务模式对于提高农产品流通效率、推动农业转型升级、实现农业现代化建设和发展具有非常重要的现实意义。

一亩田在农业电商领域中作出了突出贡献，已经获得了各级政府的支持和认可。2016 年，一亩田作为“农产品进城”的电商代表，在国家商务部“全国电商进农村示范县焦作培训会”上介绍业务模式，参加了商务部组织的农商互联活动。2016 年，一亩田受邀参加全国精准扶贫论坛，并作书面经验交流。2017 年 9 月 15 日，一亩田受到时任副总理汪洋同志的亲切接见；一亩田连续两年被农业农村部评为“助农 APP 榜样”。

党的十九届五中全会提出，要优先发展农业农村，全面推进乡村振兴。对于乡村振兴，因地制宜发展产业才是基础。一亩田期待未来能通过科技的力量为农业产业赋能。一方面，以 AI、大数据等核心技术为依托，为货源、市场的数据处理提供支持，实现对买家的精准推荐，提升大宗农产品流通效率，让数据成为农产品流通的新引擎；另一方面，通过线上贸易规模的成长，一亩田去推动线下运力、仓储、供应链资源的交易场景线上转移，提高农村基础物流设施的有效使用度，推动农业行业投资和建设的积极性。

时代的进步需要引领者，在数字农业的高速公路上，一亩田将继续以先锋企业的精神指引，以技术为带动，以数据为驱动，立足流通端，做乡村振兴路上的领头羊、排头兵，让每一亩田更有价值。

甲骨文超级码
JIA GU WEN CHAO JI MA
甲骨文超级码 JIAGUWEN 三产融合示范项目
素手纤纤采春芽 茶香袅袅酬来客

浙江甲骨文超级码科技股份有限公司是国家级高新技术企业，致力于为政府和企业提供以“区块链数字身份”为载体的数字“三农”与产品数字身份系统化整体解决方案；致力于为传统产业数字化升级提供顶层设计和产业互联网平台建设及运营方案。

作为数字“三农”系统化服务开创者、产品合格评定标准应用的先行者、国家三大标准的起草单位，超级码是国内较早践行“区块链+数字孪生农业”模式的弄潮儿，自主研发具有完全自主知识产权的“满天星区块链”已在国家级备案，并且获得全国区块链服务网络（BSN）合格开发者证书。公司目前已获得国家及省市 200 多项荣誉以及知识产权专利证书，聚焦为政府智慧监管、乡村振兴“助力”，为企业品牌数字化转型赋能。已为全国 400 多个地方政府、5000 多个智慧农业基地、2 万多家知名品牌企业、300 多亿件商品提供“区块链防伪溯源、IOT 农业物联网、数字农业大脑、数字乡村大脑、产业互联网平台建设、开放码平台、一物一码营销、公用品牌培育、智能包装、供应链金融”等一站式技术应用服务。

在服务企业 B 端，公司通过核心产品“超级码—产品区块链数字身份 SaaS 云平台”，为每个商品赋予独一无二的“数字孪生”身份 ID，打造产品全流程可信追溯，赋能一物一码全生命周期全产业链的应用场景。公司经过十几年的耕耘，目前已服务了全国各地 2 万多家品牌企业。

在服务政府 G 端，公司把企业端的优势进一步整合，为政府开发了“满天星—数字农业大脑”和“满天星—数字乡村大脑”两大产品线，助力农企数字化转型，助推乡村振兴。目前已为 400 多个地方政府 5000 多个智慧农业基地打造了整体数字化应用解决方案。

公司多次获得公安部主管的中国防伪技术协会评选的全国安全技术最高奖“蓝盾杯”技术创新奖、应用成果奖、优秀案例奖等，同时也是“杭州市农业信息化龙头企业”“杭州市后备重点培育上市企业单位”“杭州市级名牌企业”“杭州市企业社会责任建设最佳企业”。

公司核心团队顶层设计并直接参与打造了众陶联、众农联、众家联等 10 多个产业互联网平台项目。其中，广东佛山众陶联项目 2017 年 7 月，收录到为党的十九大献礼政论片《将改革进行到底》第二集“引领经济发展新常态”之中，成为中国供给侧结构性改革标杆项目。

满天星数字乡村大脑
打造乡村振兴产业发展数字新名片

浙江甲骨文超级码科技股份有限公司

浙江甲骨文超级码科技股份有限公司，作为国内数字“三农”领域的领跑者，以产业振兴为核心，牢牢把握乡村振兴产业发展示范建设要求，构建数字农业农村发展体系，促进数字经济新技术、新设施、新业态在乡村产业发展领域的应用和转化，进一步激发乡村内在活力，着力推动乡村智慧化发展、农业绿色发展、城乡融合发展，探索建立以数据为关键要素、以机制创新为主要引领的乡村产业高质量发展。打造国内先进的农业产业数字样板、省内领先的数字农业发展样板、省内领先的三产融合发展样板，在农业发展上实现“数字产业化、产业数字化”，促进区域农业发展方式转变和实现农业产业高质量发展，最终实现生产管理数字化、品牌营销数字化、行业监管数字化、公共服务数字化的建设目标。

一、提供“三农”服务解决方案

公司以打造品质供应链为切入口，以农村电商服务为抓手，开启了数字“三农”服务的新征程。提供全面融合数字兴业、数字治理、科学决策为一体的“三农”服务一站式解决方案，服务内容涵盖乡村治理、产业提升规划、农产品品质供应链建设、品牌及营销体系建设、农村科技及电商创业从业人才培训等内容。

（一）一个中心

构建区块链农业农村大数据中心，采集和建立天、空、地、人“四位一体”的数据体系，通过智能设备、业务系统对接、定点获取、人工采集等多种方式，将农业农村领域涉及的农业自然资源大数据、重要农业种质资源大数据、农村集体资产大数据、农村宅基地大数据、农户和新型农业经营主体大数据等多维度基础数据进行统一采集、转化、存储、管理、大数据分析、可视化展示及智能化应用，构建农业农村数字化发展底层基础大数据支撑。基于农业农村基础数据，利用区块链、物联网、3S 技术、云计算、大数据、人工智能等信息技术，打造区域数字农业农村大数据中心，开发对应的管理决策大数据驾驶舱，将农业全产业链及相关涉农数据融合汇总，全局、全方位、全要素的汇总分析区域各类农业产业数据资源。为政府指挥决策提供科学的数据支撑，为企业生产提供及时精准的生产管理，为产业发展提供优质高效的信息服务。

（二）三个平台

1. 乡村振兴公共管理服务平台

通过搭建乡村振兴公共管理服务平台，向社会公众提供便捷的网络资讯和服务窗口，将乡村振兴建设内容、建设成果、服务内容，展示在公共服务平台中，并通过互联网技术，在线提供便捷的服务。

2. 产业数字化管理平台

（1）管得好。农场管理系统，高清无人机航拍地图，地块、作物、资产可视化。

(2) 种得好。生产管理系统、智慧农业物联网、智能生产管理系统，水肥一体化、病虫害监控，农机自动化管理系统。

(3) 卖得掉。产销对接平台、外部渠道对接（电商平台、线下渠道）、B2B 交易平台。

(4) 卖得好。品牌营销一体化体系、品控追溯与标准化、农产品品牌、企业品牌电商、客户订单管理。

(5) 保存长。加工运输、自动化包装、冷链物流过程监控。

3. 数字乡村综合治理平台

围绕产业兴旺、生态宜居、乡风文明、治理有效、生活富裕，集成生产管理数字化、行业监管数字化、市场流通数字化、公共服务数字化、乡村治理数字化 5 大业务体系，基于“区块链 + 一户一码”以及村里办小程序，搭建数字乡村管理平台。

（三）四大体系

1. 质量安全标准化体系。建设农产品质量安全区块链追溯体系，明确质量管控关键点，健全农产品生产档案，严格质量安全标准；将农产品的质量安全落实到每一个生产环节上；对于问题产品能够及早预警，防患于未然，且能够准确、及时召回。在此基础上，通过配套的品控与标准化服务，引入保险机制，最终实现农产品生产质量安全标准化的目标。

2. 生产管理智能化体系。通过建立智慧农业物联网综合管理平台及其应用系统，使农业生产经营主体提高信息化、科技化、智能化管理水平，提升互联网与物联网的应用，促进农业信息服务网络化、农业资源管理数字化、农业生产过程管理精准化、农业装备智能化，改变传统农业“靠天吃饭”的生产现状，实现生产管理智能化的目标。

3. 政府监管信息化体系。为政府监管部门有效的信息化管理手段，对辖区内的农产品生产过程的质量安全状况实施信息化监管。建立信用管理平台，通过大数据的技术手段，化繁为简，将监管工作转化为简单明了的信用分数及等级，为监管部门行政决策、政策制定、绩效考核、项目评比等工作提供有效数据依据，利用数字化技术手段提升政府管理与服务水平。

4. 产业发展品牌化体系。很多县域和乡村都拥有优质的农产品资源，但由于宣传等问题困扰，很难让更多消费者知晓。通过从地域文化、产品品质、产品特色等方面培育农产品区域公用品牌，借助现代化的营销手段让更多消费群体认识，提升知名度，提升品牌溢价，实现产业发展品牌化的目标。

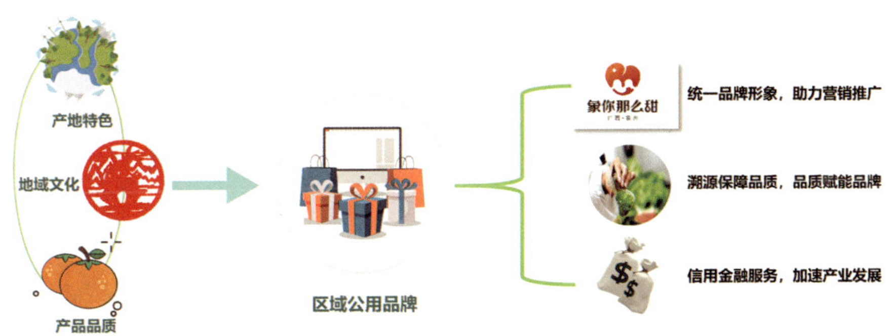

图 27–1　产业发展品牌化体系

（四）N 个示范场景

1. 智慧种植。为大田、果园、茶园、大棚等各类种植提供智慧种植综合解决方案，构建天空地一体的农业物联网监控体系，对种植基地环境信息、作物长势、病虫害等进行实时的监测预警，同时接入各类绿色防控设备、智能农机、电磁阀、控制设备等多种农业智能设施装备，实现耕种管收各个环节的自动化与智能化。以产销一体、农技服务、农资服务、农机服务、金融服务为主要内容，搭建线上智慧种植管理系统，提供智慧农业一站式服务。

2. 智慧养殖。利用物联网技术，围绕设施化牧场生产和管理环节，通过智能传感器在线采集养殖场环境信息（二氧化碳、氨气、硫化氢、空气温湿度等），同时集成改造现有的养殖场环境控制设备，实现牧场的智能生产与科学管理。养殖户可以通过手机、PDA、计算机等信息终端，实时掌握养殖场环境信息，及时获取异常报警信息，并可以根据监测结果，远程控制相应设备，实现健康养殖、节能降耗的目的。

3. 智慧水产。智慧水产综合解决方案满足水产养殖集约、高产、高效、生态、安全的发展需求，基于智能传感、无线传感网、无线通信、智能处理与智能控制等物联网技术，集水质环境参数在线采集、网络传输、智能处理、预警信息发布、决策支持、远程自动控制、质量安全追溯等功能于一体。

二、案例应用

公司利用自身优势和平台产品，通过完善信息化体系架构，实现原有各信息化系统的数据共享并拓展大数据应用，为上虞区建设“四季仙果”数字化管理项目。推进数字技术与农业农村生产经营相融合，提升全区农业数字化生产、智慧化管理、网络化经营与便捷化服务水平。2019 年底，上虞区成功列入第一批省级乡村振兴产业示范建设范围，通过平台搭建、试点示范，深化物联网、大数据等先进技术在“四季仙果”全产业链上的应用，全面提升生产、管理、营销水平，将上虞打造成为“长三角”地区数字农业应用创新高地和示范区。

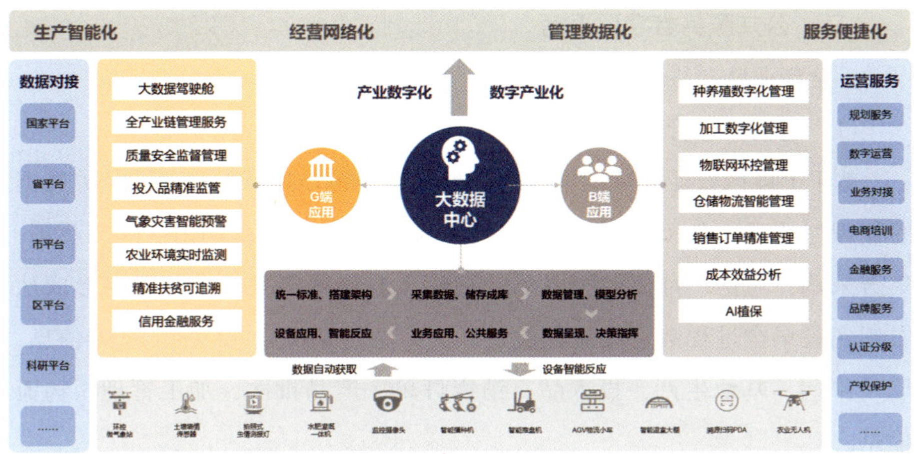

图 27–2 建设思路整体框架

（一）农业大数据中心

1. 搭建农业大数据中心框架，通过对接省智慧农业云平台已有的数字资源，利用抽取、清晰、转换、加载等技术手段，建立自然资源、技术装备、主体人才、产业产品、经济政策、社会事业、市场营销、农村信用、乡村文化、美丽乡村 10 大类数据库，完成基础数据库的创建，并根据上虞特色产业构建上虞专题数据库。

2. 打通省农业农村厅智慧农业云平台与上虞农业大数据中心、上虞大数据中心与各业务部门之间的数据互通，实现数据共享交换。

3. 利用三维 GIS 的特点，对农业农村一张图、“四季仙果”全产业链可视化专题、“四季仙果”营销可视化专题、产业融合数据可视化专题，数字可视化专题进行缩放 / 拉伸，360 度旋转、点位聚焦、区域子图切换，实现宏观微观一体化，数据与地图、表格的结合。

（二）公共服务数字化平台

1. 全产业链二维码追溯管理系统

（1）追溯信息管理

基于上虞区农业大数据中心的数据标准规范，进行全产业链相关数据的梳理与整理，全面涵盖种植业、水产业、畜牧业、食用菌、蜂产业等，集合采购、生产、加工、投入品、销售、流通等多类相关信息，形成从农田到餐桌全过程数字化流程覆盖。全产业链追溯信息包括：基础信息、原料采购、基地生产、投入品、销售订单、产品批次、加工管理、物流信息。

（2）追溯信息发布

以农业大数据中心为枢纽发布可公开的数据内容。提供追溯码、红黑名单、优质农产品查询、先进经营主体等。支持消费者通过二维码查询上虞特色农产品相关信息，包括生产主体信息、种植信息、质量检测、采收信息、销售信息和产地认证等。

（3）追溯数据统计

用于展示溯源统计信息，包含加入溯源主体分布统计、主体汇总数据、预产量统计、投入品统计等。具有数据统计分析、数据筛选、预警等功能。

（4）溯源管理系统手机端应用

基于上虞区农业大数据平台掌上应用，建立溯源管理的掌上应用模块，主要功能是扫码查询溯源信息，并可以补充和录入相关数据。

2. 智能专家系统

通过智能专家系统，为农技工作者和农民提供方便的、全面的、实用的农业生产技术咨询和决策服务，实现生产主体和专家的有效互动，既服务了农民也获取了宝贵的数据。

（三）生产管理数字化平台

1. 智慧生产管理系统

通过智慧生产管理系统实现对农产品生产过程关键控制点进行信息的自动、精准、批量采集，自动生成电子台账，建立安全生产档案。包括：资源管理、基地展示、种植管理、采收管理、库存管理、营销管理、订单管理、质量追溯 8 大子系统。

2. 全域农业物联网公共服务系统

建设统一的农业物联网公共服务系统，形成省区互为一体的农业生产远程智能监测和管理应用。根据标准采集生产环境数据、投入品数据、生产过程等农业生产数据，实现对农业生产的数字化、网络化全程动态监测。降低农业主体智能化生产成本，提升农业生产企业智能化管理水平，实现政府对区域内农业物联网进行统一的监管。

（四）品牌营销数字化平台

1. 产销一体化系统

通过数字化技术手段与农业生产、销售等产业链环节融合，推进农产品产销一体化深度融合应用。减少无效和低端供给，扩大有效和中高端供给，增强供给结构对需求变化的适应性和灵活性，提高全要素生产率和农业质量效益、竞争力。催化一三产业融合及农业科技化、智能化、信息化发展，优化互联网农产品销售经营模式，助推农产品产销一体化协调发展。

2. 品牌营销管理

构建上虞区“四季仙果之旅”农旅品牌营销系统，为政府和经营主体提供农旅资源管理功能，为游客提供“四季仙果之旅”的掌上应用，游客通过“四季仙果之旅”掌上应用，查看精品路线、旅游点等信息。

（五）行业监管数字化平台

1. 项目资金管理系统

为规范农村建设类项目资金管理能力，规范资金申报、项目评审、资金发放和项目验收等程序，提高项目管理水平，实现项目申报和批复的网络化管理，对项目的实施进度和绩效情况做整体把控，做到对从项目申报到项目验收全程的跟踪和管理，建设上虞区项目资金管理系统。主要包括省级及以上、区级二类项目的审核管理、项目库管理、项目实施管理、项目绩效管理、查询统计、系统管理、专项资金设置和实施主体管理设置等几方面内容。

2. 农资监管系统

通过农资监管系统，对投入品进行严格的审批和管理，从源头上进行农资店准入渠道的监管。应用“二维码”技术追溯农资产品，应用“人脸识别”技术落实实名制监管。

基于上虞区农业大数据中心数据标准规范，实现与农资店端软件部分系统数据对接，智慧生产管理系统对接，实现投入品信息同步，对农资购买量和施用量进行监管。

基于农技专家、植保专家对农资施用量的规范设计设置和主体种植作物的面积等信息设置指定农资用量阈值计算公示，当主体购买超过阈值进行预警。

建立农药废弃包装物流向的电子台账追溯功能，从农药销售环节开始记录农药的去向，记录购买农药的农户信息，同时记录农药废弃包装物的回收数据，上虞区农业执法部门通过系统能够实时监控到管辖区域内所有废弃农药包装物的收集情况，根据实际情况进行奖惩。

3. 智慧农机管理系统

通过智慧农机管理系统实现农机管理和调度智能化。整合农机系统数

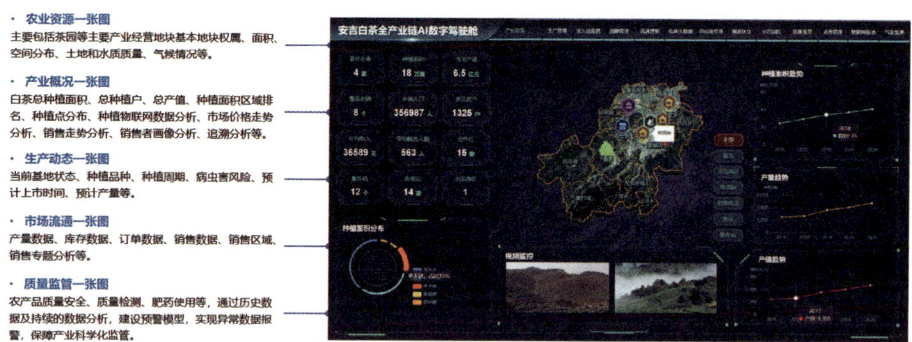

图 27–3 政府监管信息化体系

据，进行有效优质数据展示，提供领导决策支持；通过北斗高精度定位及面积测算技术，为作业补贴提供高质量数据支撑；对主体安全监管提供统一的管理途径，对农机倒买倒卖现象进行有效监控。

4. 乡村治理数字系统

立足场景数字化、管理高效化、服务在线化、应用便捷化，运用人工智能、时空地理等信息技术，聚焦乡村治理中的人、财、环境等要素，以发现问题智能化、处理过程自动化、事件管理全流程为核心，构建覆盖美丽乡村建设、基础设施长效管理、闲置资源激活、村级治理和三资管理等功能的乡村治理数字化平台，统筹推动数据资源整合汇聚、辅助决策，动态掌握乡村生产、生活、生态发展态势，探索乡村智治新模式。

三、成效与反响

（一）经济成效

“四季仙果”通过数字化管理项目的建设与运行，帮助绍兴市上虞区果品产业重塑了产业组织结构，产生了新的商业模式与业态，提高了当地果业经济运行效率，优化产业资源配置，精准把握“四季仙果”产业的内部规律，减少资源浪费，降低机会成本与交易成本，提高产品附加价值，极大提升全产业链的经济效益，进而提高产业发展质量和综合效益。盖北镇、谢塘镇、丁宅乡与明康汇签订2021年“四季仙果”收购框架协议，意向收购葡萄、水蜜桃、梨等水果近百万斤。

（二）社会效益

为政府、企业及消费者提供全方位的数字化生态服务，实现“四季仙果”产业资源现状、生产管理、品牌推广、商品营销的数字化，为乡村产业发展培育新动能、打造新平台。产业提升示范引领。通过项目软硬件平台搭建，使农村产业经营进一步规模化、农业新品种新技术转化应用进一步深化、新型经营主体和人才培育进一步优化、电子商务平台资源进一步整合、金融资本和社会资本投入进一步聚集，推动了区域数字经济农业产业多元、融合发展。通过深化“四季仙果”全产业链数字化应用，打造出具有上虞特色的产业数字化发展示范建设区域，实现了“四季仙果”的智慧生产、数字管理、订单式销售和精准化营销，助推全区果业“品质+品牌”双轮驱动升级，有效推动了农民降本增收，实现产业富民的最终目的。数字化技术应用基本覆盖葡萄、翠冠梨、杨梅等主导产业试点，核心区域建设面积1000余亩，辐射周边果园3.74万亩；建成电商镇1个、电商专业村12个、电商示范村4个、电商示范服务站2个。

（三）预期生态效益

一是通过建设生产基地内基础设施得以维护提升，田间沟渠涵闸配套完善，农田及设施用地的用水环境得到改善；二是通过遥感、云计算、大数据等数字技术的应用，实现对当地果业种植过程中水、肥、药的精准控制，规范农业投入品的使用；三是开展测土配方施肥、有机肥替代工程等工作，区内化肥实现零增长，农药使用量逐年下降；四是通过发展休闲农业和乡村旅游，带动村庄、农业主体主动减少农业面源污染，保证自然生态和生产环境清洁、美化；五是通过农产品“肥药两制”数字管理系统，可以精准识别病虫草害病理型特征与缺素型特征，最大化避免因施药过量与无效施药造成的农产品质量安全问题与生态环境污染。预计一年内可使得水、肥、药使用量可减少 30%，生态环境污染面积降低 50%。

四、甲骨文超级码——满天星数字乡村大脑建设意义

（一）可以推进农业产业质量变革

驱动农业由增产导向转向提质导向。产业兴旺是乡村振兴的重点，发展数字农业是驱动农业产业高质量发展的重要举措。数字农业利用现代信息技术加强农产品产地环境和投入品使用监测、产地安全保障与风险预警的网络化监控与诊断，实现农产品从“田间”到“舌尖”的全程监控，破解农产品同质竞争和“增产不增收”的难题；发挥数字连接人、连接商业、连接产业的作用，开发农业多种功能，延长产业链、提升价值链、完善利益链，加速农村一二三产业融合，让农民合理分享全产业链增值的收益。

（二）可以推进农业经济效率变革

驱动农业由生产导向转向需求导向。农业供给侧结构性改革是乡村振兴战略的重要内容，发展数字农业是驱动农业由生产导向转向需求导向的重要手段。数字农业通过对传统农业全方位、全角度、全链条的数字化改造，提高了全要素生产率，释放数字化对农业产业发展的放大、叠加、倍增作用。利用数字建立以消费需求为导向的农业生产经营体系，实现小农

户与大市场的有效对接，带动流通市场化、倒逼种养标准化、促进生产规模化、提升农民组织化、引领产品品牌化，实现区域特色农产品优质优价；数字农业鼓励支持各类市场主体创新发展基于电子商务的农业产业模式，利用农业数字经济培育特色优势产业，发展生态农业、设施农业、体验农业、定制农业、分享农业等新产业新业态新模式，建立健全农产品产销稳定衔接的机制，提升小农户的抗风险能力。

（三）可以推进农业发展动力变革

驱动城乡由二元结构转向融合发展。坚持城乡融合发展是实施乡村振兴战略的基本原则，发展数字农业是推动城乡融合发展的有力抓手。数字可以打破城乡之间的物理壁垒，以信息流带动技术流、资金流、人才流、物资流向农村地区集聚，优化配置城乡之间的劳动力、资本、土地、技术

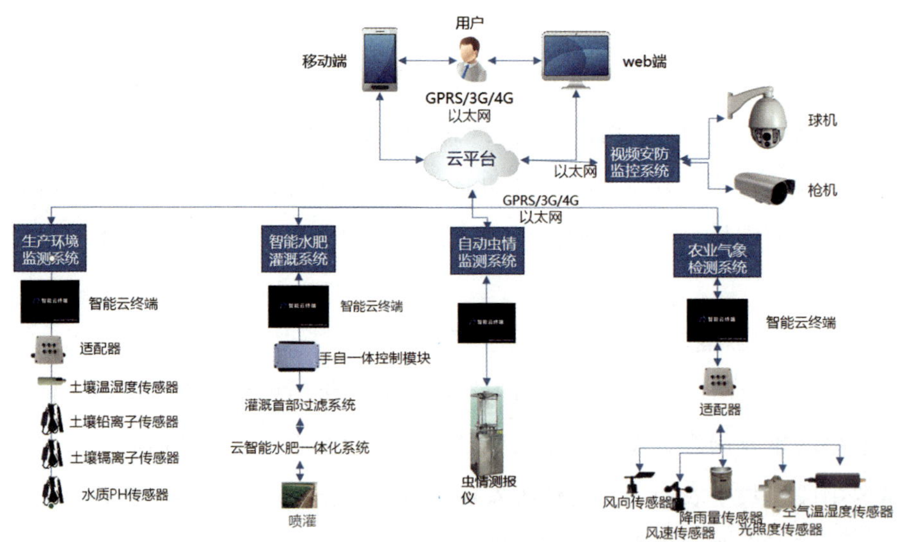

图 27–4 是　智慧互联网系统

等资源要素，为乡村发展注入新动力、提供新路径。数字农业有效弥合城乡数字鸿沟，打通“绿水青山”变为“金山银山”的通道，使独具特色的乡村地域资源优势转化为市场竞争优势。

（四）可以推进农业发展方式变革

驱动农业由小规模分散经营转向适度规模经营。发展多种形式适度规模经营是乡村振兴战略的重要内容，发展数字农业是聚合小规模分散经营的有效途径。利用数字技术和信息化手段打破小农户之间的物理隔离，实现虚拟聚合，促进小农户与现代农业发展有机衔接。数字农业运用互联网探索创新农村产权交易方式和模式，促进农村产权交易体系市场化、规范化，切实保障农民财产权益；推动农业市场信息服务、农资供应服务、农业绿色生产技术服务、农业废弃物资源化利用服务、农机作业及维修服务、农产品初加工服务、农产品营销服务等农业生产性服务业发展，促进农户和新型农业经营主体生产经营规模化、集约化、组织化、专业化。

同福集团
TONGFU GROUP
乡村振兴
中央厨房
首届中国乡村振兴高峰论坛
同福智慧农场

同福集团

同福集团是一家集现代农业产业、健康食品产业、连锁餐饮产业、文旅康养产业等四大产业于一体的现代化企业集团，主要从事大型现代化农业项目建设，粮食及农副产品精深加工，营养粥品、蛋白饮料、果汁饮料生产，粥铺、馒头工坊连锁餐饮店经营，特供食品、主食产品、学生营养餐、糖尿病食品及其他大健康食品研发、生产和销售。总投资 50 亿元，员工 5000 余人，销售渠道覆盖 20 多个省份，拥有 2000 多家一级经销商和 30 万家重点销售网点。

集团非常重视科研创新，成立有健康食品产业技术研究院、院士工作站、博士后工作站。聘请杂交水稻之父、中国工程院院士袁隆平担任公司总顾问。与中国农业大学、河北农业大学、安徽农业大学、中国食品发酵工业研究院、江南大学等十几家国内一流的科研院所建立了紧密的产学研合作关系，并获得省企业技术中心、米制方便食品工程技术研究中心等认证。先后荣获中国驰名商标、农业产业化国家重点龙头企业、中国主食加工业示范企业、中国产学研合作创新示范企业、辉煌十一五中国农业产业化优秀企业、全国青少年农业科普示范基地、国家级高新技术企业、安徽省优秀民营企业、国家级企业管理现代化创新成果二等奖 、中国著名品牌等荣誉称号。

同福集团秉承“靠义求利、以利报义”的经营理念，发扬“敬业奉献、超越自我、务实创新、勇攀高峰”的企业精神，致力成为国家现代农业新标杆，新时代乡村振兴典范，打造健康生活目的地，传播健康生活新理念，为消费者提供生态、绿色、健康、营养食品，为实现同福集团“健康中国、天下同福”的使命而努力奋斗！

村企联合　共创塔元庄乡村振兴示范园

河北同福集团

乘着乡村振兴的东风，塔元庄村党支部携手同福集团发挥各自优势共同打造了塔元庄·同福乡村振兴示范园。园区以“乡村文旅”为引擎，以“4A”景区为标准，把塔元庄打造成一个集会议会展、职业培训、研学教育、智慧农业、观光娱乐等为一体的乡村旅游打卡地、健康生活目的地，生态理念体验地、现场教学培训基地。全方面促进了塔元庄农业产业化、养老市场化、旅游规范化，提前奔小康的建设目标，打造成全国乡村振兴的标杆与典范。

一、背景与起因

塔元庄村是全国文明村、国家环境卫生示范村、河北省文明生态先进村、农村新民居建设示范村，习近平总书记曾先后两次到该村调研。同福集团是国家农业产业化重点龙头企业，拥有全国驰名商标，并建立了覆盖全国的销售网络。受制于地理位置等因素，塔元庄村产业发展面临诸多短板。此次与同福集团的合作对补齐塔元庄产业短板起到了关键作用。既结合了乡村振兴，又结合了城镇化，同时还结合了正定历史文化名城建设与全域旅游建设，尤其是结合了后疫情时期社会对大健康产业的关注和需求。

二、做法与经过

塔元庄同福乡村振兴示范园借助同福集团三产融合的优势，以生态为依托，旅游为引擎，农业为支撑，市场为导向，打造以旅游休闲为主导，集乡村振兴模式展示、观光采摘、科普教育、亲子娱乐、餐饮住宿等功能为一体的综合性农旅融合休闲旅游和乡村振兴的示范标杆。

项目总投资 20 亿，规划占地面积 1000 余亩，其中一期建设总占地面积近 500 亩，主要建设塔元庄同福乡村振兴模式展馆、同福中央厨房展示线、同福盛宴、同福会展中心、同福智慧农场、四季生态农场、研学教育营地、儿童乐园（含萌宠乐园、室内高定游乐园、室外无动力游乐园）、新型职业农民培训学校、塔元庄同福大舞台等诸多内容。二期总占地面积 600 亩，规划建设民宿、酒店、婚庆广场、花卉基地、啤酒广场、大型康养中心、农耕体验区、净菜产业园、文艺汇演中心、国际教育园区等业态。

图 28–1　儿童乐园

1. 村企联合，共同振兴

塔元庄村集体以土地入股，共同成立合资公司，依托“共建、共治、共享、共创”模式，建设乡村振兴农文旅示范项目，改善乡村产业条件，提升产业配套功能，拉动乡村人员就业，盘活低效土地资源，共享发展红利，推动乡村富裕发展。

2. 三产融合，全面植入

同福集团深耕市场近30年，集现代农业、大健康食品、连锁餐饮、文旅康养四大产业于一体，实现一二三产业融合发展。此次与塔元庄村联合建设乡村振兴示范园区，将多产业植入塔元庄，填补了塔元庄村乡村旅游、智慧农业、研学教育、儿童娱乐、农民培训、生态种养殖等多方面的不足与缺失，多方面实现产业拉动，助力实现产业兴旺。

3. 搭建平台，创建模式

单单靠一家企业去拉动乡村振兴的力量无疑是薄弱的，同福集团在项

图 28–2 中央厨房

目建立之初就对这一点有着清醒的认知。所以，我们创建了独有的“塔元庄同福乡村振兴模式”，以合作联盟作为发展的支撑，搭建合作平台。秉持“让专业的人做专业的事”的理念，我们与河北农业大学、省农科院、市农科院、农业开发银行、北京京鹏、北京明德未来等高校和机构以及各行各业的领军团队合作，吸纳更多、更专业的单位和优秀人才共同实现乡村振兴这项伟大的壮举。

4. 多元化、链条化发展

依据塔元庄村历史文化、地理位置、生态环境、发展现状、人口密度等各项情况，因地制宜，引入建设高科技智慧农业、四季生态采摘农业等兼顾采摘与观光，发展现代农业的同时推动观光业的发展。另外，基于正定、塔元庄丰厚的历史文化底蕴，聘请专业团队针对性研发多款适合不同学段的研学课程及冬夏令营。同时打造党建基地和党建课程，吸引例如铁道大学、退伍老兵、政府机构等来此党建，传承正定红色基因。“抓重点、

图 28–3 智慧农场

挖亮点”，从多产业、教育、文化、历史、休闲等多方面实现多元化及链条化发展。

5.绿色循环，生态宜居

习近平总书记的“两山”论，即“绿水青山就是金山银山”，是同福集团快速发展始终遵循的生态理念，经济发展不应该也不能以牺牲环境为代价。在建设之初，我们就明确以生态循环为一切发展的基础。因此，在各业态建设发展的同时，我们同步建设了有机肥生产厂，把植物秸秆、动物粪便、厨余垃圾等进行统一的分类处理和加工，生产生态有机肥，返用于土壤改良，形成完善的生态闭环，保障生态宜居环境的建设。

6.拳头产品，引领发展

有产业更要有产品。比如，在农产品深加工方面，发扬工匠精神，把馒头做到极致，既传承古法制作工艺，又利用现代高科技，30 道严格把控工序，制作出了 53 万多层传统麦香味的同福大馒头，一经问世，便迅速爆红市场，供不应求。此外，还有纯天然林下散养走地鸡、古法养殖一

图 28–4　研学教育基地

年出栏的生态散养黑猪。以“生态、自然、健康、营养”的内核，打出一套漂亮的产品“组合拳”。

7. 联合经营，延伸服务

采取“大园区 + 合作联盟”的模式，形成特色产业组团，如现代农业、乡村旅游、研学基地、田园康养、农民培训等，实现一二三产业融合发展。此外还有联合经营，报规报建，代建服务，营销推广，金融服务，物业服务等服务收益。

三、成效与反响

（一）促成“三农”转变

园区通过产业发展，深入贯彻生态循环、科技研发、农业服务、乡村文旅、田园康养的发展理念，用更新的理念设计农业、用更新的产业拓展农业、用更新的技术支撑农业。通过统一规划、统一管理、统一建设、分散经营，整合多方资源，以平台思维开创独一无二的生产 + 生活 + 生态的“全国首例乡村振兴示范园”，实现“三农”转变。

1. 农民

生产角色转变：由农民和个体生产者转为雇员、产业工人、创业者。

收入水平转变：由单一的农业收入来源，转为多元化的收入来源。

需求层次转变：建立农民培训学校为农民提供文化培训。

2. 农业

产业形态转变：由单一种植形态，转为观光休闲农业、乡村旅游、文创售卖、民宿康养酒店等高附加值的产业。

技术水平转变：大力推行科学技术种植的现代有机农业。

组织形式转变：由以家庭为单位的分散生产，转为由运营平台统一规模经营的模式。

3. 农村

基础设施转变：传统乡村转变为智慧乡村。

生态环境转变：通过公司设计院整体景观规划进一步提升乡村环境。

乡情升华：和气融融、以家乡为荣。

（二）带来突出效益

1. 生态效益：通过有机肥生产、土壤改良、生态种植、生态养殖等现代高新技术高效利用资源，实现真正的生态循环。有效改善和保护农业生态环境，保障农业生态持续、稳定、健康发展，打造健康生活目的地。为200万市民提供生态、绿色、健康食材的同时，传播健康生活新理念。

2. 社会效益：项目自投入运营以来，合作联盟平台已经成功带动10多个关联行业的参与，间接带动200多个合作社的发展；全链条多元化的发展所呈现出的岗位需求，已经直接带动近2000农民的就业与增收致富，吸引50名大学生回乡就业，参与到乡村振兴的事业中来，二期建设的田园康养产业则会直接解决农村养老问题，真正实现“老有所养，幼有所育”。

3. 经济效益：得益于项目多元化发展，从门票、住宿、餐饮、休闲体验、种植生产、加工、研学教育、农民培训、产品销售等多方面获取直接效益，村集体每年保1000万的租金收入，真正拉动当地经济发展，改善人民生活水平。

四、探讨与评论

现代农业是健康农业、有机农业、绿色农业、循环农业、再生农业、观光农业的统一，是田园综合体和新型城镇化的统一，是农业、农村、农民现代化的统一。现代农业是现代产业体系的基础。发展现代农业可以加快产业升级、解决就业问题、消除城乡差距、开发国内市场、形成可持续发展的新的经济增长点。

园区以标准化管理、品牌化运营和平台化建设将一二三产业深度融合，开创了以组织建设为保障、生态循环为基础、合作联盟为支撑、乡村文旅为纽带、田园康养为抓手、同福产业为核心的“六位一体”模式，引入旅游、研学、儿童娱乐、康养、健康食品生产、现代农业等产业业态，突破了农村一元产业格局，打破了城乡壁垒，为产业发展开辟了新天地，产业活力和创造力竞相迸发。

乡村振兴是一项长期复杂的系统工程，要达到产业兴旺、生态宜居、乡村文明、治理有效、生活富裕的要求，靠单一举措、单打独斗不会取得较好效果，必须打出“组合拳”。塔元庄同福乡村振兴模式开辟了乡村振兴的有效路径，打破传统的引入单体项目的发展思路，通过搭建平台、提

图 28–5　模式展馆

供舞台，让不同产业、不同行业都在乡村振兴的大舞台上找到自己的角色、自己的位置，充分发挥作用，多元主体共建共享，为农业强、农村美、农民富开辟了新路径。

齐全集团
QIQUAN GROUP
齐全集团

齐全集团

齐全农牧集团股份有限公司成立于1994年，位于遂宁市经济技术开发区，注册资本8088万元，共计11个全资子公司、2个控股子公司及1个二级全资控股子公司，现有员工2300余人，其中大专以上学历500余人。有高级畜牧师、高级兽医师、高级工程师、高级经济师等68人、专业技术人员300余人。

集团为国家重点龙头企业和国家扶贫龙头企业。连续多年荣获“中国科技博览会金像奖”“四川省重合同守信用单位”“四川省质量达标企业”“四川省消费者喜爱商品”“农业部农产品质量安全中心无公害农产品证书”“ 国家绿色食品发展中心认证的绿色玉米基地、绿色饲料和绿色生猪证书”等荣誉，被评为国家级生猪标准化示范场、国家农业部饲料研发分中心、四川省核心育种场。

集团现种植青花椒1万余亩，存栏种猪3.5万余头，年出栏优质育肥猪70万余头。集团积极探索建立了“齐全四六开零风险”养殖模式和齐全“两统一分”青花椒种植新模式，带动农民上千户，年助农增收上亿元，为农村产业发展起到了积极作用。

创新利益联结机制　让农民共享丰收成果

齐全农牧集团股份有限公司

推进乡村振兴战略是党的十九大作出的重要部署，作为国家级农业产业化重点龙头企业，齐全农牧集团积极响应党的号召，将公司更多的资源向农村聚集，探索出了生猪养殖“四六开”零风险和青花椒种植的“两统一分”“二八开”齐全模式，为促进农民增收、农村产业发展起到了积极作用。

集团现种植青花椒 1 万余亩，存栏种猪 3.5 万余头，年出栏优质育肥猪 70 万余头。通过创新利益联结机制，带动 855 户农户参与养殖，累计为养殖户分红 19 亿元，累计户均增收 222.2 万元；带动 1000 户参与青花椒种植，预计户均增收 10 万元。既壮大了公司发展规模，也与种养户共享了丰收成果。

一、背景与起因

党的十九大报告提出，实施乡村振兴战略。要坚持农业农村优先发展，按照产业兴旺、生态宜居、乡风文明、治理有效、生活富裕的总要求，建立健全城乡融合发展体制机制和政策体系，加快推进农业农村现代化。齐全集团切实抢抓历史机遇，不断增强责任感、使命感、紧迫感，创新实施“四六开零风险”生猪养殖、“两统一分”青花椒种植利益联结新模式，着力把乡村振兴战略贯彻好、规划好、实施好。

1. 让土地焕发新活力。集团所处的四川遂宁市位于四川盆地中部，属于典型丘陵地貌。农村产业基础薄弱，常年在外务工农民较多，部分地区存在土地撂荒现象。面对问题，齐全集团勇于担当，通过不断探索，在不断发展生猪养殖和青花椒种植产业的同时，积极创新利益联结机制，调动农民发展养殖和种植的积极性，让土地重新焕发活力。

2. 让农民快乐种养。遂宁农村一直有养猪和种植青花椒的习惯，但规模较小。在面对市场风险时，部分农民缺乏有效应对手段。在市场低潮期，农民往往失去养殖和种植的信心。齐全模式的利益联结机制不仅能有效增强农民抗击市场风险的能力，还能有效保障农民收益，树立了普通农民背靠齐全集团致富奔小康的信心。

3. 让农村产业更兴旺。实施乡村振兴战略，产业兴旺是核心，产业发展离不开农民的广泛参与。集团推出新的利益联结机制后，农民不仅自己主动养猪，还帮公司养猪，生猪产业规模也随之不断扩大，青花椒产业的发展也是如此。齐全模式，开创了农村养殖和种植产业不断发展的良好局面。

二、做法与经过

（一）夯实产业基础

1. 打造绿色生猪生产基地。集团围绕乡村振兴战略部署和农业供给侧结构性改革，精心组织人力、财力和物力，大力实施“100 万头绿色生猪生产基地”建设。先后投资 4.63 亿元，在遂宁市 3 个县区的 7 个乡镇 9 个村建成种猪繁育场、育肥猪场、绿色生猪标准化养殖示范小区 17

图 29–1 养猪大楼

处。共存栏祖代和PIC父母代能繁母猪2.5万余头，每年向养殖户提供优质仔猪50余万头，为“四六开零风险”生猪养殖模式提供了坚实的基础。

2. 打造青花椒生产加工基地。青花椒种植经济效益较好，属于一年种植多年受益的生态型产业项目。虽然前期投入较大，但花椒树寿命可达30年以上，是效益明显的助农增收产业。2018年，集团投资2.6亿元，在船山区桂花镇和射洪市伏河乡流转土地8000亩，建设齐全现代生态农业科技示范园青花椒种植基地。2021年，计划投资1.5亿元建设青花椒贮藏加工厂。统一青花椒产品收购、贮藏、加工、销售，打造自主品牌，持续带动农民增收致富。

图 29–2 青花椒基地

（二）创新利益联结

1.“四六开零风险”生猪养殖模式

“四六开零风险”生猪养殖模式，是“公司 + 合作社 + 养殖户”利益联结机制的创新。即：由集团统一提供猪苗、饲料、兽药、生猪保险、技术及饲养管理，养殖户提供圈舍和劳力，生猪育肥后由集团、合作社、养殖户共同在销售平台上出售，所获利润四六分成（公司占 40%，养殖户占 60%）；在市场行情低谷时，由集团承担全部风险，实行养殖户最低收入 120 元 / 头保底分红。

2. 青花椒“两统一分”种植模式

集团青花椒基地实行“两统一分”“二八开”种植模式。“两统”：土地由集团出资流转集中，前三年由集团统一栽培、施肥、防病虫害；花椒进入盛果期后由集团统一负责技术服务、肥料、生物农药、收购、加工、研发和销售。“一分”：从第四年花椒进入盛果期时，由合作社根据社员积极性和劳动力情况进行承包管护，每户承包5—30亩（每亩栽种100株）。“二八开”：按每株收成10公斤计算，农户交集团2公斤/株（第一年交1公斤/株），剩余8公斤/株为农户收益，形成集团与农户之间二八分成。遇到市场行情低谷时，公司按6元/kg的保底价收购；遇到自然灾害无收成时，公司保证按1千元/亩补助给农户。

（三）注重科技研发

集团非常注重科技研发，以提高企业核心竞争力。于2016年成立了齐全研究院，下设无抗生猪微生态生物工程技术研究中心、种猪繁殖选育研究中心、饲料营养分析研究中心、青花椒种植及深加工研究中心、人才培训中心等五个分支机构。2017年，研究院获得四川省科技厅批准，成立四川省唯一一家生猪无抗养殖工程技术研究中心。

2019年，集团与北京农信互联及相关院校联合开发西南片区，率先在四川创建大数据智能化全生态立体式种猪繁育场。在船山区桂花镇齐全生态现代农业科技示范园内，建成9层楼的智能化生态立体式种猪繁育场，存栏父母代种猪8000头，种公猪60头，年产优质仔猪20万头。蓬溪县等3个种猪繁育场、4个育肥猪场正在紧锣密鼓的建设中，预计项目全部建成后公司可新增存栏PIC种母猪2.8万头，2021年存栏优质种猪可超过5万头，出栏肥猪100万头以上，可带动养殖户2000余户。

（四）强化服务保障

1.组建专业化养殖服务团队。专业技术服务团队，以中国农大、四川农大、四川省畜科院、西南农大为依托，以饲料营养博士、高级畜牧师、

图 29–3 指导养殖户

高级兽医师为骨干，成员 50 余人；专业运输队，以运送仔猪、饲料、育肥猪以及防疫消毒为服务内容，拥有各类专业车辆 60 余辆。服务团队实行网格化管理，每 10 人为一小组，负责一片区，免费为养殖户提供全程技术指导与服务。

2. 组建专业化种植服务团队。为保障青花椒种植效益，集团为管护农户提供精准服务。重金聘请西南农业大学、重庆农科院的专家学者，与江津天知椒公司青花椒种植技术员一道，成立青花椒种植技术服务部，现共有技术人员 25 人，技术服务人员工资、下乡补助及车旅费全部由公司负责承担，公司定期对椒农进行技术培训，并常年提供管护咨询服务。

（五）助力乡村振兴

1. 参与财政资产收益扶贫行动，实行股权量化分红

2016 年率先参与财政 100 万项目资金精准扶贫行动，实施贫困社员

股权量化，把遂宁市船山区桂花镇响堂村、金井村 21 户计 75 人作为重点扶贫对象。将项目资产收益试点资金投资建成圈舍，形成了固定资产股权量化到每人。如遇猪价市场低迷，由齐全公司按照“四六开”养殖模式对贫困户社员人均实行不低于 446 元保底分红。经过两年多的创新试点，2017 年贫困社员分红为每人 1100 元，2018 年贫困社员分红为每人 600 元。

2. 整合资金打捆使用，创新扶贫股金保底分红模式

2016 年，利用省、区、市扶贫打捆资金，在船山区采取扶贫资金入股的方式，实施产业扶贫保底分红模式，分别在复桥镇唐春村和老池乡铜锣村各建一处 PIC 父母代种猪繁育场。其中，唐春村（贫困村）流转土地 50 亩，投资 1230 万余元（含扶贫资金 150 万元），年存栏种猪 600 头，保底分红 12 万元；铜锣村投资 2000 万元（含扶贫资金 900 万元），年存

图 29–4 “四六开”养殖户分红

栏种猪1500头，保底分红50万元。在猪价行情好的情况下，按经营所产生的利润实行上不封顶入股资金分红。桂花镇入股猪场项目扶贫资金按7%每年进行固定分红，2020年分红超过7万元。

3. 变“输血”为“造血”，帮扶贫困人口脱贫致富

集团以生猪养殖扶贫为切入点，针对部分有劳动能力、有土地且符合养殖区域规划的贫困户，统一规划设计修建圈舍（资金为集团担保、银行贷款、政府付息，集团每平方米再补助100元），统一提供仔猪、饲料、兽药、防疫、技术、保险，按“四六开零风险”模式（保底分红提高到150元/头），不断激发贫困户内生动力，开创齐全脱贫致富“造血”模式。共扶持100余户贫困户养猪脱贫，户均增收9万元。

4. 推动乡村产业兴旺，带动农民富裕富足

齐全模式在企业发展壮大，农民在增收的同时，也推动了乡村养殖产业和青花椒种植产业的发展。自推出“四六开零风险”养殖模式以来，集团四川遂宁基地、吉林松原基地、黑龙江哈尔滨基地共向855户养殖户提供优质仔猪500万余头，实现增收19亿元，户均实现纯增收222.2万余元。集团已种植青花椒1万亩，预计进入盛果期后，至少需要1000户承包管护，每年户均纯收入在10万元以上。

三、成效与反响

“四六开零风险”养殖模式的创新，解决了长期困扰养殖户的资金、技术、市场风险问题，推动了生猪产业健康快速发展，深受养殖户好评。

蓬溪县下东乡长虹村黎春明便是齐全“四六开”模式的众多受益者之一。黎春明是村里的建档立卡贫困户，由于大女儿长期卧病在床需要照顾，靠外出务工脱贫变得不可能。务农土地又少，养猪没技术又没资金。

正在一筹莫展时，齐全模式带来了希望。在集团的帮助下，黎春明修建了600多平方米的猪圈，第一批便饲养了300多头生猪。生猪出栏后，黎春明每头分到了309元，五个月左右便挣了9万余元，黎春明心里乐开了花，也渐渐实现了脱贫的目标。黎春明的脱贫故事也让更多的贫困户加入到齐全“四六开”养殖模式中来。

四、探讨与评论

1. 利益共享是齐全模式的根本核心

当前，随着乡村振兴战略的深入推进，乡村产业发展也生机勃勃，但并不是任何产业落户乡村，就能开花结果。很多产业在乡村频频受阻，究其原因，无非就是企业与农户没有形成利益共同体。齐全集团创新推出的“四六开零风险”生猪养殖模式和青花椒“两统一分”“二八开”种植模式正好解决了此类问题，通过利益联结机制将企业与农户捆绑发展，形成了利益共享的共同体。这样做不仅提升了农户的养殖和种植积极性，扩大了农民增收渠道，同时也壮大了公司规模，推进了乡村产业发展。

2. 改革创新是齐全模式的动力源泉

立足当前和未来，推动乡村产业发展，不能简单地依靠龙头企业带动农户发展这种模式来推进，必须得让龙头企业和农户心往一处想，劲往一处使，才能为乡村产业发展提供源源不断的动力。为此，齐全集团通过不断改革和探索，创新推出了自己特有的利益联结机制。从生猪养殖齐全模式，到青花椒种植齐全模式，极大地激发了农户增收致富的活力，将龙头企业带农户的产业发展格局升华成龙头企业和农户齐头并进的产业发展格局。

3. 发展壮大是齐全模式的重要保障

集团在一市两区两县建设五个项目，现已全部动工。五个项目预计总投资 27.24 亿元，其中，射洪市青岗镇里仁农场投资 9.78 亿元；船山区桂花镇投资 5.11 亿元；安居区三家镇投资 4.37 亿元；蓬溪县红江镇投资 3.35 亿元；大英县金元镇投资 4.63 亿元。建设大数据智能化全生态立体式种猪养殖大楼 3 栋；建设无抗育肥生猪养殖大楼 5 栋。

项目建成后，可新增存栏种猪 2.8 万余头，加公司原有种猪 2.5 万余头，存栏规模可达 5.3 万头以上，可年提供优质仔猪 150 万头以上，实现销售收入 60 余亿元，加上饲料、兽药、有机肥、青花椒等销售。预计到 2022 年公司销售收入可超 100 亿元。

4. 回报社会是齐全模式的初心使命

作为一家立足于农村、发展于农村的农业企业，齐全集团深知企业的发展离不开广大农民的参与。为此，集团坚持把带动农户增收致富作为企业的价值取向，坚持让利于民的初心，创新推出“四六开零风险”生猪养殖模式和青花椒“两统一分”种植模式，将更多的利益让给农民，为更多的农户服务，为乡村振兴服务。

朗坤物联网
LANGKUN INTERNET OF THINGS
2020-10-31
土地规划利用一张图
09:39:08

朗坤物联网

安徽朗坤物联网有限公司成立于2011年，是国内领先的智慧“三农”与农业大数据整体解决方案提供商，是农业农村部“农业物联网技术集成与应用重点实验室”的依托单位。我们秉持“智慧‘三农’领航·一切为了健康”的核心理念，致力于将智慧“三农”技术和应用融入到乡村建设的方方面面，坚持开放创新，运用农业新产品、新技术和新模式全面提升农业农村生产智能化、经营网络化、管理高效化、服务便捷化水平，在国内率先开展农村新基建、物联网农业特色小镇、智慧型田园综合体、数字乡村示范基地等项目的规划、投资、建设和运营，并提出集“农业全产业链”融合，服务“人的全生命周期”，促成“三生”和谐发展的“五谷丰登”战略规划，助力乡村振兴。

打造农业高质量发展新引擎
奏响乡村振兴最强音

安徽朗坤物联网有限公司

滨海县位于黄海之滨，处于国家“一带一路”、长三角一体化、淮河生态经济带及江苏沿海开发等战略叠加区域，为国家和省“一带、两基地”（国家淮河生态经济带，国家综合能源基地、新型精品钢生产基地）交汇区，是淮河流域的出海门户、江苏沿海开发的主阵地。滨海县农业以蔬果、粮食产业为主导，是国家级商品粮基地县、全国林业生产大县、全国草柳编织大县，全国唯一的白首乌之乡。

一、背景与起因

滨海县近年来坚持工业立县、农业强县、富民安县、实干兴县的发展战略，全力打造高品质、高附加值的品牌农产品，奋力争当江苏省现代农业建设排头兵。然而，农业数据搜集、处理、分析、应用、管理的现状严重制约着现代农业高质量发展。一方面，农业数据管理方式上一直是分散封闭的，各行业、各部门数据片段化、不连贯、不共享；另一方面，市场上还没有持续全面获取信息的成熟配套体系。

为拓展农业发展新路径，深入实施滨海县“农业强县”战略，国内智

图 30-1 滨海县智慧农业区

慧农业领军企业朗坤物联网与世界 IT 巨头华为公司强强联合，联手打造了滨海三农云大数据平台，搭建了乡村建设数字底座，为滨海县农业产业发展、运营、管理与服务，提供全县统一的时空信息“工作底盘”，为推动数字乡村建设创造了可复制、可推广的“滨海模式”。

二、做法与经过

第一部曲 打造乡村建设新典型，为产业振兴蓄势加油

产业振兴是乡村振兴的基石。近年来，滨海县全面贯彻落实乡村振兴战略，坚持以农业供给侧结构性改革为主线，加速网络化、信息化和数字化在农业农村经济社会发展中的应用，着力拓展农民稳定就业和持续增收渠道，走出了一条富有地方特色的乡村振兴之路。

历经 4 个月的基层调研、数据采集、应用场景设计，滨海三农云大数据平台在江苏滨海上线运行。三农云大数据平台集物联网、移动互联网、云计算等技术为一体，创立了以农业数据管理应用为核心的现代农业大数据中心，开辟了新的农业生产方式。云平台汇聚了农业生产、物联网应

用、植保、农机、农资、农经、科教等各级农业业务应用及数据，构建了互联共享的“互联网+农业”信息服务体系，具有科学化指导农业生产经营、智慧化处理政府决策监管、智能化为社会公众提供便捷服务等强大功能。强大的数据支撑与多元的应用场景，为乡村产业高质量发展注入了强劲动力，使得滨海县级农业大数据具备高效、便捷、接地气的实用功能。

三农云大数据平台建设立足乡村特色，盘活乡村资源，深挖乡村潜力，着力培育新动能，打造新业态。以产业振兴为抓手，紧抓富民产业，优化农业产业结构，促进了农村一二三产业融合发展。以建设“数字乡村”助力乡村全面振兴，力争将资源优势转化成产业优势、经济优势和富民优势。

第二部曲 “四个一”保驾护航，弥合城乡发展数字鸿沟

依托三农云大数据平台致力于滨海县的农业信息化建设，打造“虚拟滨海、智慧滨海”，为政府机关、企事业单位及公众用户提供一站式、全方位的“管家服务”。推动政府信息和公共数据互联、开放、共享，全面提升农业农村生产智能化、经营网络化、管理高效化、服务便捷化水平。用数字化引领驱动农业农村现代化，为实现乡村全面振兴提供有力支撑。平台通过“四个一”工程（即农业信息服务一张网、农村集体“三资”一本账、数字农业农村一张图和智慧三农一朵云），建立全县数字农业农村发展服务体系。

1. 农业信息服务一张网

农业信息一张网由滨海互联网+农业社会化信息服务网、滨海农产品品牌电商服务网、滨海乡村旅游信息服务网和滨海农产品质量安全追溯服务网组成。通过一张互联网，实现“互联网+农业社会化服务”“互联

网＋品牌农业”“互联网＋乡村旅游”，促进滨海农业数字化转型，推进推动乡村数字经济发展。

2. 农村集体“三资”一本账

厘清农村家底工作历来是农村工作的重点和难点，政策性强，涉及面广，工作量大，是农民群众普遍关心的问题，也是影响农村改革、发展和稳定的重大问题。农村集体“三资”监督管理是当前基层干部、群众普遍关心的热点，也是容易滋生消极腐败现象的重点领域。通过农村集体“三资”一本账，增强农村基层组织的凝聚力，保持农村社会稳定，促进农业和农村经济发展。

3. 数字农业农村一张图

数字农业农村一张图，是数字乡村战略重要内容，是农业现代化建设的重要支撑。依托遥感监测、物联网、地理信息、地面观测、大数据等信息技术，搭建天空地一体化观测网络。通过农业土地资源、农村清产核资、农村宅基地、脱贫攻坚、生态治理、重要农产品等一张图的建设，逐步建立健全农业农村数据采集体系，不断提升农业农村管理数字化水平。

4. 智慧三农一朵云

智慧三农一朵云，是通过华为朗坤三农云基础设施建设，构建服务于全县农业农村农民大数据开放云。汇聚各行业、各领域专题数据，按照统一标准进行数据共享交汇、运算分析等，形成跨部门、跨区域、跨行业的农业农村数据汇聚。通过数据汇聚，形成对全县农业农村资源，重要农产品和农业社会化服务等数据进行搜索。同时结合底层硬件、数据资源以及智慧农业农村应用场景，打造一个服务全县的智慧三农云平台，为种植业、畜牧业和渔业提供精细化管理和智能化服务，为乡村党务、政务、综合治理等核心业务智慧化应用。

第三部曲　数字赋能乡村建设，撬动乡村振兴发展新路径

依托自身信息化建设实践经验，综合运用人工智能、大数据、物联网、5G、互联网等新一代信息技术，提供了以“一个中心、两大平台、N个应用场景”为核心的数字乡村解决方案。通过建设三农云大数据中心，构筑新一代信息基础设施体系、标准规范体系、网络安全体系。结合乡村实际，开展农村数字经济、乡村治理、绿色乡村、惠民服务等智能创新应用，统筹推进农村经济、政治、文化、社会、生态文明等各领域信息化建设，助力构建乡村数字治理新体系，快速提升乡村振兴新动力和新引擎。

华为朗坤三农云基础设施建设，开创了乡村产业的新模式，借助三农云大数据平台挖掘乡村散落数据，实现数据共享应用，是乡村治理体系和治理能力现代化、产业集约高效化的典型示范。一方面，依托大数据，汇聚海量数据，不断破除信息壁垒，以更广阔的视野审视农业农村产业发展生态、洞察市场变化，为滨海县农业发展规划和决策提供更加科学、合理的支撑；另一方面，将大数据具体应用到农业资源和环境管理、精准安排生产、调节农产品供需、农产品和食品安全管理等各环节，真正实现用数据说话、靠数据决策，从而提升生产质量和效益。

三、成效与反响

三农云大数据平台是滨海农业农村大数据、人工智能和物联网技术创新应用的展示平台，也是支撑保障“数字滨海”建设运行的数字底座，是检验社会治理各应用场景的实战实测平台。目前，在滨海县已完成张果老白首乌基地、锦天勤蝴蝶兰基地、大套万亩果园、大套万亩菜园、明峰牧业等 10 多个点的数据接入。未来将进一步覆盖全县所有乡镇，接入各类涉农企业，为基层政府和企业提供数据化服务，为全县“三农”全面发展

赋能。项目建设过程中形成多主体参与、多要素聚集、多业态发展、多模式推进的融合格局，促进乡村一二三产业融合发展，为推动乡村振兴发展提质增效。

四、探讨与评论

在实施乡村振兴战略的背景下，科技创新是乡村振兴战略实施的关键。当前，我国仍处在新型城镇化的快速发展期，亟须拓展农业发展模式，夯实产业发展根基，以科技创新为支撑，提升农业全要素生产率，进而推动乡村振兴战略的稳健实施。最有效的途径就是将大数据与乡村振兴进行深度融合，发挥大数据的“助推器”作用，推动农业生产智能化、农业经营管理高效化、农业信息便捷化，从而为推进乡村振兴战略的实施提供全方位的有力支撑。

科技的进步与创新打通了城乡发展的数字化壁垒，使得乡村在数字经济领域有了更大建设的空间和可能性，为数字乡村战略的落实开启一片新蓝海。华为朗坤三农云基础设施建设，聚力培育新型农业经营主体，提高滨海县农业科技含量，提升农业社会化服务体系能力，全力推动一二三产业融合发展，彰显了国际顶尖高科技赋能滨海农业示范引领作用。

后 记

全面推进乡村振兴，是脱贫攻坚取得胜利后，“三农”工作重心的历史性转移。习近平总书记指出，要举全党全社会之力推动乡村振兴。中国小康建设研究会作为社团组织，担负着义不容辞的使命。为贯彻落实乡村振兴战略，中国小康建设研究会乡村振兴工作委员会从 2019 年 10 月起，面向全国征集各地乡村振兴战略实施中有特色、有亮点、有成效的典型案例，以期为各地提供可学习参考、可借鉴复制、可交流推广的经验材料。第一册已于 2020 年 5 月出版，受到了社会各界的一致好评。本书是全国乡村振兴优秀案例第二册，是从 2020 年征集的上百个乡村振兴典型案例中精选的优秀案例汇编。

案例征集编辑工作烦冗复杂，耗时费力，责任重大，意义非凡。自乡村振兴战略实施以来，广大“三农”工作者殚精竭虑、夙夜在公，因时、因势、因地制宜，创造性地描绘出一幅幅乡村振兴的美丽画卷。可以负责任地说，各地投送的上百个案例个个都是经典、篇篇都是精品。受本书篇幅所限，我们充分考虑了地区差异性以及案例内容的创新性、实效性、典型性等综合情况，本着五大振兴都能涵盖、不同地域都有可借鉴样板、内容相近案例择优入编等原则，通过网上投票和线下评审相结合的方式进行，最终推选出30个优秀案例编入本书。

在案例征集过程中，采纳有关专家学者建议，增加了企业助力乡村振兴的案例。由于是临时决定，时间较为仓促，因而企业案例覆盖面较窄，不足以代表企业界在推进乡村振兴战略中的努力与付出。在入编的8个企业案例中，有5个案例从不同角度涉及数字乡村建设。基于数字乡村作为乡村振兴的战略方向，在农业农村现代化发展中的重要作用，我们对此未作取舍。

除上述说明外，受能力和经验所限，本书在案例征集、评选以及编辑过程中，难免还有疏漏与不足之处，恳请读者和各方人士批评指正。本次案例征集与编辑工作得到了各级农业农村主管部门、涉农企业、高等院校以及村级组织的大力支持；得到了有关领导、专家学者的大力支持；得到了中国小康建设研究会及各分支机构的大力支持。在此，一并表示感谢！

中国小康建设研究会《全国乡村振兴优秀案例》编委会

2021年2月

责任编辑：刘松弢
责任校对：白　玥

图书在版编目（CIP）数据

全国乡村振兴优秀案例 / 中国小康建设研究会 编 . — 北京：
人民出版社，2021.11
ISBN 978 - 7 - 01 - 023929 - 3

I. ①全…　II. ①中…　III. ①农村 – 社会主义建设 – 案例 – 中国
IV. ① F320.3

中国版本图书馆 CIP 数据核字（2021）第 220209 号

全国乡村振兴优秀案例
QUANGUO XIANGCUN ZHENXING YOUXIU ANLI

中国小康建设研究会　编

人民出版社 出版发行
（100706　北京市东城区隆福寺街 99 号）

中煤（北京）印务有限公司印刷　新华书店经销

2021 年 11 月第 1 版　2021 年 11 月北京第 1 次印刷
开本：710 毫米 ×1000 毫米 1/16　印张：26
字数：333 千字

ISBN 978 – 7 – 01 – 023929 – 3　定价：198.00 元

邮购地址 100706　北京市东城区隆福寺街 99 号
人民东方图书销售中心　电话（010）65250042　65289539